甦《よみがえ》る孔子の六芸《りくげい》

中国文化漫談

文化漫譚

孔子75代直系
孔　祥楷先生 著

青木　俊一郎　訳

一般財団法人 アジア・ユーラシア総合研究所

2011 年、韓国国立忠南大学より文学博士を授与

生民未有

生民未有

21世紀初に復活した孔子大典の現場

2008/05/29 11:42

序言　人生体験の結晶

元衢州学院文管教学副委員長　葉碧

孔祥楷先生はいつも人に驚きを持ってやってこられる。

二〇一二年三月、〈衢州日報〉は先生が主筆される〈文化漫談〉のコラムを設けられる際に、私が一篇の文章を書き、先生が我が校の〈文化漫談〉課に於いて数年間に亘り、私に五つの「思いがけない意外な事」を話されて、私が先生の授業をされた驚きと敬意に対して伝えられたことがあった。今日、私は心を集中して〈文化漫談〉のコラムの全ての文章を拝読した後、驚きと敬服の気持ちがさらに強くなった。先生の文章は心がこもって親しく素朴であり、生き生きとして興味深く、広くゆったりとして味わいが尽きないものであり極まりなく、忘れ難いものであった。

先生の文章は風格があり親しみ深く素朴である。先生の文章を読むと、あなたはまるで先生の面前に座っているかのようで、先生がその自分自身が過ぎ去った事柄を上手に話されるのを聴くとあなたはその場に一緒にいるような感じになり、先生と一緒に尼寺に入り、鉱山に行き，小説を書き、塑像を作り、音楽を創作し、合唱を指揮し、式典を整える…、合わせて知らず知らずの内に、先生の心の中の世界で、先生と一緒に体験し、構想し、配慮することになる。あなたが書を閉じて、深く考える時に、あなたは自分が成長して多くの事跡をしたように感じ、先生がしてきたことを自分もできるような感じになる。私は先生が現代劇を演出する文章を読んだ後、一種の演出をする衝動に駆られるよに感じた。

この文章の中で、先生は如何にして演出計画を編成し、如何にして出演者が脚本を読むことを組織し、如何にして、〝二人の間の出場場面〟と〝グループの出場場面〟をリハーサルするか等々、の課題に対し、すべて本物の細かい描写をして、「このようにすれば成功する」と言われている。この事から私は古人が語った〝文はその人なり〟を思いだす。それは実際に一種の非常に高い文章力の境地であり、基礎的な技能が一定の深さに達していないと、その文は一人の思想と才能を本当に表現することはできない。先生の言語の修練ぶりとその深さ厚さは、これに加えて生活に対する悟りが奥深い意味を持っており、それ故に心の内をはっきりと書き下すことができ、印象深さを増すことができる。先生の文章思想は見事に生き生きしている。先生の文章を読むと、あなたはきっと引き付けられ、謹厳な中に活発な感銘を受け、ユーモアの中に深く悟ることができる。

先生が散文を話される時、意外にもその〝傘〟という比喩を出され、初めて「風馬牛も及ばずという」諺のように「互いに少しも関係が無いこと」ということを聞いて、注意深く考えてみると反って又十分散文の「形は散らばってしまうが傘は散らばらない」という経典の定義であり、その上生き生きとした様相を加えている。

二〇〇五年、先生は招聘に応じて日本へ訪問した時に、位の高い高官又は政治家が中国の大学生は日本の内閣の閣僚が靖国神社にしばしば参拝していることに抗議していることに対し、遠回しな非難をした時に、このような情景に対して、先生は「大先生、政治問題は政治家達が解決しており、貴方や私には分からないのです」と応答した。このような応答は双方の地位に適合しているのみだけでなく、当時の状況と文化訪問の主旨には肝腎な問題であり、温和でもあり厳格、威厳でもあり激しくなく、本当に我々を気持ちよくすっきりさせた。

先生は衢州二中建学五〇周年三〇〇日カウントダウンの祝賀記念会で即席の演説をされた時の、絶妙な話が称賛された。

「五〇年前の今日、私は皆さんと同じようにここの演台の下にたって先生のお話を聴きました。五〇年後の今日、私は三万人の校友を代表してお話をしています。もう五〇年過ぎると皆さん方の校友が学生に話をしているでしょう。その時我々の二中はすでに百年の誕生日を迎えているでしょう」

華麗な語句は使われてないけれど、衢州二中五〇年の過去、現在と未来を取り巻く、臨席している一人一人の学生が歴史を背にして、輝かしい未来に向かって頑張ってくれる。

先生の文章の内容は自由で広々として、しっかりしている。先生の文章を読むと一つの貫通した古今に立って、南北の大舞台の上で溶け合って、果てしなくぐるりと見わたし、深奥で底のない所まで直視される。ここには江南の桃の花の雨、また北方の熱い鉱夫の頭、深い情愛の追想の中で躍動している年長者、また簡体字で生き生きとした心の無邪気な子供達、鉱山長の苦労と仕事の重要なこと、また祭祀を主宰される荘重さと独力で進める巧みな苦夫、芸術創作の独特さ透徹さと、また現代劇演出の念入さと巧妙さ、即興講演のユーモアと英知、また合唱指揮の落ち着きと息使いである。特に芸術創作方面では、先生は領域が広範的であるだけでなく、表現がその意気込みと自由闊達な風格を融合する表現をしている。その上どの分野に対しても独特の見解を有しておられ、人にその構想の広がりと思想の火花を味わわせ、深刻な啓発を与える。

この啓発とは何だろうか？先生はその最後の一篇で「生活を畏敬する」このような一連の話をしておられる。「私は自分を文芸のある一部門の内容は自分の理解、思索を経て、自分が実践してきた経歴を以て、自分が体得したことを用いて文章にしたものである」先生が書かれたこれらの語句は、私が特に嬉しかったのである。先生が私に話された感覚とほぼ一致していたからである。私が見るところによれば、先生は授業をされるにしろ、文章を書かれるにしろ、すべて〝人生〟（我々の多くの先生方は却って「書」を講じられている）を語られ、彼自身の経歴と感銘、体験してきた人生、とりわけ彼の音楽はすべて人生経験であり、空論を連結した人生ではなく、先生の小説、先生の散文、先生の脚本、特に先生の人生経歴の結晶と昇華であった。

先生の講義を聴き、先生の多芸多才，英知ユーモアは驚いて感心せざるをえず、常に極めて普通の言葉の中に明らかに深い哲理があらわれている。

原因は何にあるのか？私は原因が先生が自分の経験だけではなく、体験が有った。体験と経歴は感銘が同じものではない。

経歴は「現場に在る」感銘は官能器官の「受け入れること」を強調する、しかし体験は自分と対象の〝融合〟を強調している。体験から来る「私」と「あなた」は互いに受け入れ、仁愛大同世界を育成することでき、天と人が合一する境地を育てることができる。人はこれにより孤独にならないし、自閉症にもならない。このお互いに融合することは心の対話をすることができ、意義の啓示を得ることもでき、外部の束縛を超越して、先生のこれらの文章が我々に啓示したものは人生を体験することである。

先生の〈文化漫談〉講義原稿は、私に先生があの教室で次々に興味深く教えられた記憶をよびさました。先生が講義された課目はすでに我が校の歴史にまとめ入れられ、我々は益々遠くなった。しかし〈文化漫談〉の授業の原稿が結集出版され、先生が我が校で心をこめて語られた事柄がこの教育成果として、大学生文化素質教育読本を永遠に留められて、我が校の学生と先生の人生実践は大いなる助けになり、多いなる啓発を生むであろう。

目次

一、綺麗な策略

二〇〇五年の秋も深まり出したが、なお立秋すぎの厳しい残暑が続いていた。ある夜、澄みきった夜空に数え切れないほどの星がきらきらと輝いていた。

孔子の生誕二五五六周年の式典が終了して間もなく、すべての活動の苦労はやっとのことで円満に成功したと言える。楽になった後、はじめて少しくたびれたことを感じた。夜になって、私は一人で孔府の庭園に座って茶を飲んでいた。〝名月の嫦娥はどこに隠れているのかな……〟澄み切った夜空を見上げて少し詩の味わいが蘇ってきたようであった。

突然、灯の光がまさにつきようとしている長廊下のあたりに一人の人物がやってくるのを感じた。近づいて来て、しっかり見ると、なんと学院の院長であった。

「先生、貴方はなぜお越しになったのですか」私は少し奇妙に思った。

「私がなぜ来てはいけないのかな?」彼は反問した。我々二人はむかしから良く知り合った仲であった。彼は共和国の最初の博士グループの一人であった。この人は少し理屈が多く融通が利かない点があり、多分彼が数学を教えていたせいであるかも知れない。

「どうして君は一人だけなの?」庭園はふだん夜は閉めており、もし開けている場合でも私はきっと庭園にいた。

今度は私が詰問した。「どうして、私が一人ではいけないのですか?」

「本当に呑気なのですね!」彼は笑っているようであった。

「どうぞお掛け下さい。どうぞ。」私は急いで彼の為に一杯の新茶を入れて、よもやま話を始めた。

あの時期、丁度学院は本科院校を立ち上げる準備に盛大な触れ込みをしていた。学院が本科に昇格する活動について、彼はこれまでやってきた過去を話した。本科に昇格した後、学院をどうやって行くか計画を準備することであった。

「ああ、何年の何月に本科昇格が成功できるか分からないですね、いま心配するのは少し早すぎませんか?」と私は言った。偶然薄い雲が夜空から吹いて来て、夜陰はさらに話が佳境に入ってくるのを助けた。

彼は言った。「雨が降らないうちに窓や戸を修繕しておくことだ。まずは良く準備してから事を行えということですよ。いくつかの事は事前によく考えて計画を立てることですよ」

「先生、先に近いことを心配し、それから先々のことを深く考えよ」この時、一陣の微風が垂柳の間からゆっくりと吹いて来て、しばらくずっと涼しく爽やかになった。「先生、私は逆に感じているのです、専科本科にかかわらず皆学生の素質教育は重要な位置に置かねばなりません。学生が自律して知識面を開拓することを励まし、学校はそれにふさわしいプラットフォームを提供すべきです」

「君はそんな風に考えているのですか?」彼は非常に嬉しそうであった。「君、詳しく意見を話してみてくれ」

「私は知っています、受験教育、素質教育は本来あなたは私に良く、私はあなたに良いということであるけれども、反ってある人たちは対立しだした。すべての学歴教育から見れば、小学段階の子供は元気が旺盛である、教師は学生と〝遊ぶ〟、〝遊ぶ〟中で重点を強化し、記憶力を開発し、今後の学習の為に丈夫で着実な基礎を作ることです」

「中学はどうでしょう」

「中学は学生が個性を主張することを励ますべきです。それぞれの学生が自分の趣味を延ばすよう激励することです」

「高校はどうでしょう？」彼は又尋ねた。

「高校は逆に受験教育を強調しなければなりません、大学試検に合格することです」私は一口茶を飲んだ、「素質教育の重点は即ち大学段階であり、大学段階の一部分の課程は圧縮できます。いくつかの課目はできるだけ少なくし、選りすぐった点を講義し、課外選修課を拡大して、大学生の自修能力を育成し知識面を拡大する。幾つかの課目はあまり深く講義する必要はありません。しかし学科の真の意義ははっきり教えるべきです。教師は実力が無ければいけません」

「その通りだ、その通りですね」先生は大変興奮しているようであった。「ある時は会議し、参観したり、高校の校長先生たちと一緒に、皆もまた常にこの件のことについて話し合っています」

私は尋ねた、「どんなことですか？」

「ああ、まったく、私が先に聞きたかった一つの事ですよ」

彼は茶碗を水平に捧げ持ってあたかもどのように私に答えようかと考えているようであった。

「私はあなたに尋ねますが、あなたの大合唱指揮の能力はどこで学ばれたのですか？」

「これですかね?」私は確かに指揮を学んだことはなかった、しかし私はこの種の公演を見ることとCDを聴くことが好きであった。私は「自分で目覚めたのです」と答えざるをえなかった。

「これもまた目覚めることができるのですか?」

私は話題を変えて彼に尋ねた。「あなたが先ほど校長達に話されていた事はどんな事ですか?」

彼は立ち上がって、池の石の欄干のあたりまで歩いて行って、又一歩一歩ゆっくりと歩いて帰って来た。「文化芸術は本科の学生にとって非常に大切です。現在工学を学ぶものは文化が不足しており、他でもなく文化を学ぶものも単一すぎます。文化を学ぶものは音楽が分からない、美術も分からないのです。どうすればいいのですかね?」

そこで、私はこの話題をめぐって話し始めた。私は大学で五年勉強した、後に又大学で数年仕事をしてきた。当時またこの問題を考えた、その上心の中でずっと考えていた、ずっと今まで我々の大学は専門が詳細すぎた、カリキュラムは単一すぎた、文、理、工、専門で自分がその一点を勉強する。文化を学ぶ者、理工を学ぶ者にかかわらず、すべて専門を踏み出さねばならない、専門一筋の知識を越えて少しでも知ることは、すなわち素質である。現在幾つかの本科卒業生が仕事をする相手側と付き合うことができるのだろうか? 専門の本科が専門を変える数は少なく無かった。私はかつて一篇の銭学森の文章を読んだことがある。文章には銭学森がアメリカの大学を卒業後、元々その大学を離れるつもりであった。有る時、銭学森と関係が非常に良かった博士号取得の指導者は世界的に有名な空気力学の教授であり、将来どうするのかと彼に聞いた時に、銭学森は自分の考え方を教師に告げた。この博士指導者は、彼が気にいっていたのは銭学森の学科成績だけでなく、さらに銭学森と彼はいつも音楽方面のことについて話し合っていたことであった。このドイツ人の教師は銭学森に言った。「行かないでください、あなたは私の博士号講座を学んでほしいのです」この提案が意外にも銭学森の後の事業を決定した。考えてごらんなさい、もし銭学森が音楽に対してさっぱり要領がわからなかったら、そのドイツの教師と共通の趣味が無かったら、教師も銭学森を引き留めて彼の博士号課題を研究することができなかったら、銭学森のその後はどのようになっていたか？

当然、その夜私はこの話をしなかった。これはただのチャンスと特例であっただけのことだから。

「おい、おい！」彼は私を大声で呼んだ、お茶が少し濃いすぎたから、意外にも私をぼんやりさせていた、「あなたは却ってあなたの考え方を話してみてくださいよ！」彼の二言の「おい」が私を驚かせた。「どんな考え方ですか？」

「大学生の素質教育のことですよ」

「あなたが言って下さいよ」彼はしばらく考えて言った。「私が思うには、一つの学部を開設できないだろうか、この学部はどんなこともすべて講義する、文学や、美術や、音楽や、思想や、修養や……」薄い月光の下で、私は彼が私を一目見たように感じた。「一科目は履修単位を有する選択科目をする」

「これは大きな寄せ集め学部ですね」

「大きな寄せ集め学部ではなく、一つの大学問であり、雑学と呼ぶことにします。」

「講座を開設するのですね」

彼は頭を振った。「講座は駄目ですよ、講座は学生が自由に聴くものです。一つの学部の履修単位は、一人の教師が頭から尻尾まで一貫して講義する」。この学部は誰が開設できるのか?文学を講義しなければならないし、又美術を講義し、又作曲を講義し、さらに政治思想を講義する、本当に五花八門―多種多様で変化に富む内容である。

「〃一人が講義するのですか?この学部を誰が講義することができるのですか?」私は冗談で笑って言った。「私の他に誰もできませんね」

先生が太腿を叩くのだけが見えた。「その通りです、ほかでもなくあなたにお願いします」私は慌ててたずねた。「私に何をたのまれるのですか?」「どうかあなたにこの学部を開設していただきたいのです」彼は一字一字語った、「この学部は〈文化漫談〉と呼びます。

あなたはさっき話されたように、あなたに講義をしていただきたいのです」

あの綺麗な夜、私は一つの綺麗なわなに掛かった、この校長はひとつの策略をたてていた、私自

身はおろかにも穴にはまってしまった。後になって私は思った、これは正に〝請君入甕―自分の案出した方法で自分自身が懲らしめられるの意〟の陰謀であった。その夜別れる時、その先生はずる賢い満足を味わった顔つきであった。対談を終えた時、夜は既に深まり、知らぬ間に明るい月は既に大空に在り、銀色の光は水のようであり、空を満たしていた星の群れは何時隠れてしまったのか?このように、私は衢州学院の〈文化漫談〉の教壇で思い出になる価値のある年月を過ごす事になった。

二、二枚の翼の鳥

どこに一枚の翼の鳥がいるものか。私は一枚の翼の壮健な鳥を指さし、二枚の翼のはいずれも壮健でなければならない。人は，無論誰であれ、この一生は長い生活道路の上なり、或いは積極的に或いは消極的にいずれも文学、美術、音楽等の方面に接触することができる。この種の接触は或いは多く或いは少なく、或いは浅く或いは深くある。ある一部の人は接触することにより趣味になり、継いでさらに一歩深く「専業」になる。この例は少なからずあり、更に多くの人が趣味から〝アマチュア〟に渡り、「某某アマチュア」になリ、ここで立ち止まる。「アマチュア」も又非常に素晴らしいというべきである。

それではどうして仕事の余暇にアマチュアの道をいくのか?分かりやすく紹介するなら、学生が多くの芸術部門の中で多少は知っていれば、学生がアマチュア趣味の門を開く手伝いをする、これは〝文化漫談〟のこの科目の目的であるに違いない。

私はかつてアマチュア文学、アマチュア美術、アマチュア音楽の愛好者に対して羨ましく思った。後になって時間が長くなるにつれて、私は意外にもこの道を往くことになった。

五年間の大学に上がって、学生文交団（戯劇、美術、歌謡、舞踊等を通じ、当面の政治の目標をわかり易く具体的に民衆に教え教育することを図る団体活動の意）で四年半ぼやっと過ごし、主に音楽をした。卒業時に教師が私の留言ノートに一段の意味深長な言葉を書いていた。それには〝鳥は二枚の翼で飛び立つのだ〞それは私が一生心に刻みこんだ鳥の一枚の翼は専門能力であり、別の一枚の翼は余暇の趣味である。二枚の翼はいずれも豊満で壮健でなければならない。

このようになるだけで、鳥は正に高く飛び，青空の下広く転回することができる。人生もようやく多才多芸で、やっと高いレベルの生活を得ることができる。学校に進んで文学芸術専門にに進んだが、結局少数の人だけが機会を持つことになっている。私の経歴が私に告げた、文学芸術方面に一筋の「余暇」の道が在り、ただ貴方に本当の願望があるだけで完全にやり通すことができる。

「文化漫談」が各科目を開始した時に、私は最初に思いついたことは、私自身の、「余暇の道」の過程と体験であり、又これは私がこの科目では必ず教科書で詳しく述べられた専門理論の講義はしないことであった。（それに私にはこの能力がなかった）私は自分の経歴、自分が以前に実践してきたことを以てこの科目の内容とする。私は建築を専門に学んだ。学校では文学芸術の内容を学ばなかった。私は自分の余暇と自分がすでに持っていた成果を以て講義を始めた。はっきりと得意とする方面を生かし、不得手な方面からの影響を少なくすることにあった。この構想は正しかったし、またこの様にするだけで、この科目は生命力を持った。これもまた「星の夜の談話」で私が敢えて「文化漫談」の科目を引受ける重要な役割を演ずる意欲と自信のよって来るところであった。

例を挙げて話すと、先に話した指揮のほかに、私の作曲もまた自分が趣味から着手したことであり、私は各種各類の西側の古典交響楽、中国の民族管弦楽、美声歌唱、民家民謡、外国、民族の各種楽器、等々を愛好し、私は、簡単な歌曲等を少なからず自分が素晴らしいと思ったものの中で、多くの作品を書き写してみながら、多くの音楽界の友人の容易なものから難しいが音楽界の友人がなおできる道を自分で手探りでやりだした。私は自分でもまああの出来だと思い多くの音楽界の友人達もまあよいものだとと認めてくれた。例えば〈雨燕〉、〈元宵節〉、〈将軍白髪〉等であり、後にはなんと杜甫の〈兵車行〉、李白の〈蜀道難〉に曲をつけるようになった。同様に、中編小説、速記、彫刻と塑像、書道を私はいずれもこのようにやって来た。私は自分の実践経験を以て課目を進めようと思い決め、これが即ち「文化漫談」この課目が従わなければならない私の原則である。

自分の経歴、実践、体得を以て、この科目の原則を決定した後、私はほぼ半年余り、準備した。過程の基本分類、それぞれの内容と時間、自分の作品の選定、簡単な講義の要点、毎回の講義を行う際に招聘する助手の人選などを含め本当のところ多忙な日常業務の中で自ら一つの大風呂敷を背負った。このような課目が学生に対してどのように役立つだろうか?

当然、だれもが自ら生計の道を頼る専門をしっかり学習することを好むことは当然であり、必要なことである。これは鳥に一枚の翼である。だが専門と関連の無い知識をもう少し多く学ぶことは、鳥の一枚の翼を何か都合の悪いことになるのであろうか。諺に言う〝芸は身を助ける〟一人の人間が社会に進んで行く時、いくつかの自分の仕事の範囲内ではないが、やらなければならないことに出くわすことであろう、例えば合唱を練習するとか、一幅の絵画を画くとか、一篇の報道記事を書くとか、ある演出の為に一首の曲を作るとか等々である。所属先にこのような人材がいないで、必要な場合、外部に依頼することが必要になる。

もしあなたが立ち上がって〝私がやってみましょう〟そしてあなたがそれを比較的上手にやれた

ら、皆さん、上司はきっと喜ぶに違いないでしょう。最近の大学生の就職はある程度の困難が存在しており、専門と一致させる難度は多く、人材を募集する際、一般的に応募表の一欄に何か特徴のある趣味があるかという質問もある。もしあなたがトランペットを吹くことができれば、もし合唱を指揮することができれば、もし作曲ができれば…。募集部門はきっと喜び、採用されるチャンスは大きくなる。だから、もう少し多く別の方面の専門知識があれば、その時にあなたは非常に役に立つと感じられることができる。もっと多くの文学芸術類の専門知識を熟知することは、あなたがだんだんと自分の生活レベルの向上と昇進を感じることができる。一人の人間の品位は往々にして知識面での広さで表現される。このような不適切な話をすれば、何でも良い、何でも全部立派なものでなくてもどうしてよくないのか?根気よく続ければだんだんと立派なものになることができる。

非常に多くの人が入学した時及び仕事の期間にきっとある種の文学芸術に対しておりよく愛好する、或いは文学或いは美術或いは音楽が特に好きになり、もしひとりの良い指導者がいれば、先に一つの種類を学び、ある水準に達すれば、さらに別の事を学んで基礎を作る。

もし文学芸術各専門部門を店舗に例えれば、彼らはいずれも同じ一筋の街にあり、ただ名札が同じではないということだけである。一門がよく学び、別の事を学ぶことも容易さが増す、これは〝触類傍通—一つの事柄から類推して他を理解する〟と呼ばれる。

「文化漫談」課は、おおよそこんな内容が有る。文学方面では、散文、中編小説、現代劇及び演出がある。人生修養方面では、思考能力、即席演説、記者の質問に答弁すること、進行係等である。美術方面では、クロッキー、篆刻、撮影、彫刻と塑像等である。音楽訪問では、音楽鑑賞、作曲、指揮等である。

又一回は教壇に立つ、教科書は無い、講義も無い、ただ自分が執筆したレジュメ、及びまとまりのない簡単な各課のメモだけは有る。もし将来機会が有れば、その時々の講話のレジュメを整理し、完全なものにする、これもまた首尾一貫してやり終えることになる。

私は毎月一回学院に来る。一般的にはいずれも月末最後の週の金曜日午後、一学年四五回の授業で履修単位は二単位で有り、学生数は一二〇人から一四〇人で一様ではない。一人のコンピュータ使用の速記員が授業を進行する記録をとる。

一回は四節の課目を話し、三時間立っていることにする、これは少し疲れる。学院の方は「座って話をした方がよい」と言ったが、そんなことはしない。そうすれば報告することにならないからだ。毎回私は三時間立って話をする。私が授業の準備をするごとに、私はいつも自分に注意している。教壇は神聖である、絶対に子弟を誤らせてはならない。

三、傘　文

一九九三年五月、私は衢州の仕事に呼び返された時、丁度衢州二中も建校四十周年になっていた。二中から私に一篇の高中生活を回顧する文章を書いてくれないかという誘いがあった。私は二中の最初の卒業生であり、かつ衢州で仕事をするために帰って来たばかりであった。母校が私に文章を書くよう誘ってくれたので、辞退することも許されなかった。書くことは確かに非常に多かった。よく知らない教師、四面八方から来ている同級生（当時衢龍江の常に来ている学生が多かった事を除いて、さらに遂昌、松陽の学生）、新しく作られた校庭、全く新造の教室棟、食堂、宿舎、トイレ、浴室、北側の衢江…。運動場の隅のあたりには墓の土盛りさえまだ有った。学園の中の非常に多くの施設がまだ仕上げ中であった。その年の全ての事物が脳裏に一幕ずつ浮かび上がってくる。この中で、当然教師のことが最も重要である。

〝一日師と成せば，終生の父と成す〟

第一回の高校は五組あり、私は甲組であった。当時呉良先生は教育の副校長を分担して受け持ち、我々の化学課を担当されていた。その他の四組は別の先生が担当して教えておられた。呉先生の学問、風格、人柄、人徳、挙動、黒板の文字に至るまで多方面で私に深い印象を残していただいた。私は散文の様式を以て呉良先生のことを書いてみた。散文は文学の中の一種重要な様式である。文学は各種様式はいずれも一定の規則があり、人が区別する。小説、詩歌、散文、脚本、エッセー等々である。非常に区別しにくい文学作品は往々にしてしばしば〝散文〟に区分される。〝論語〟もまた〝散文〟にしている人がいないだろうか?明らかに、この種のその一定の道理の外を除けば、その境界は曖昧ではっきりしない。中学に上がった時、先生は我々に〝散文〟とは何か?と告げて語った、「散文とは形は分散しても精神は分散されていない」

この見解はすでに教典になっているようである。文学の中で書きやすいのは散文であり、そして書き難いのも散文である。書きやすいと言うことは、一つの〝散〟の文字のためであり、書き難いと言うことは、一つの〝精神〟という文字のためである。散文の重要な意義を分からない人は、〝散〟という文字に対して錯覚しているようであり、無造作に筆に任せて書き、厳しく構成を考えることも無く、文字の書き落としで文章にならないことを気にする必要はないと考えている。そして〝神〟という文字に対しては、かえって認識が深くない。その為、そのような散文は読みだしてもすらすらと読めないし、読者に興味を引き起こすことができない。それは丁度山に登って薪（たきぎ）を拾えば、長いもの、短いもの、良いもの、駄目なものをいい加減にそくさくと一くくりにして、背って持って帰り、数に入れることである。諺でいうと、「拾って来て籠に入れたものはすべて野菜である」ずっと以前に、一度私は一篇の散文の原稿を見た、その原稿は本当に限りなく散らばっていた。田畑の畔、池、野花、村娘、文字は非常に美しく書かれていたが、ただ文章は読者に何を告げようとしたのか、訳が分からなかった。文章がその件を言い出した件は、その後の話では一切出てこなかった。まことに天女が花を散らすよりさらにばらばらに〝散〟らばっていただろう。その時、私の頭の中で突然一つの文字が跳び出した。〝傘〟である。そうだ！散文は〝傘〟の文と言わなければならない。呉先生が言われた散文の〝精神〟であり、傘の柄と理解するべきである。そして先生が言われた散文の「形」は、傘を開く傘の骨と傘の面として理解しなければならない。これは一つの悟りであり、これこそ秘訣なのである。

散文は一般的に一つの事柄を書く、或いは人或いは出来事或いは風景であり、取りも直さず傘はただ一本の柄があるだけであり、これは即ち文章の主題である。主題をわかり易くはっきり述べるために、多くの事情が際立って来る、これは即ち傘をさす傘の骨である。傘の骨はしっかりと傘の柄に巻きついて、傘の骨を開き、傘の表面はこれに適応して開く、これが即ち文章の本身である。傘の表面は大きいものもあり、小さいものもある。傘の表面に書かれた字もよく似合った、まばらなことと密なことが趣に富んでおり、折れ目の間の構造もよく、文字は生き生きとして綺麗でなければならない。

小さなお嬢さんの傘は柄も短く面も小さく、文字も大きすぎていけない。道端のアイスキャンデー売りの屋台の傘は、傘の柄が二メートルに近く、傘の表面はとても大きく、文字はやや多くても好い。文字は多少を問わず、絶対に傘の表面を越えてはならない。文字が傘の表面を越えると、それは本当に〝散〟になってしまって地に落ちてしまうからだ。このような法則によって散文を書けば、私はきっと段取りよく筋道の有るものになるはずだと思う。

その後、私は私の〝散文〟の概念を非常に多くの人と話し合ったが、大方は納得できなかったが道理が無くはないと感じていた。有る時一人の中文系の教授が話出したが、彼はなんと口を広げ、目を大きくあけて、頭を揺らしながら、一言も言わず、ただ〝まあ〟と一声言った。

もし泰戈尔の散文を朗読し、徐志摩の散文を読み、パウストフスキーの〈ゴールド　ローズ〉を見ると、あなたは〝傘〟の文を更に深く理解することができる。

非常に多くの時に、人々はしばしば自分をびっくりさせることがある。私は〝傘文〟の理念を創造してから、意外にも散文を書くのが怖くなった。書くことができない時に、私は過去のことを思い出すことができる、傘の柄、傘の骨、傘の表面を定め、傘を開き、傘の表面に文字を書く、最後に傘をしめる。恐れることとは怖ることにつきる。、その後一旦散文を書かねばならず，次第に心の中で原稿ができき、落ち着きほっとし、精神を散らしたり形を散らしたりすることができず、更にまた形も精神も共に散らすことはできなくなった。

ついでに〝傘〟文の為に二言を加えると、開くこ

とのできない〝傘〟は、〝傘文〟ではない。束ねることのできない〝傘〟は、また〝傘文〟ではない。朱自清先生の〈荷塘月色―蓮池の月光〉の書き初めと締めくくりはこのように書いている。〝私はこっそりとワイシャツをはおり、戸締りをして出て行った。（蓮池を大まわりして、一度感想、を持った後）急に頭を上げると、思わずすでに自分の家の門前におり、そっと門をおして入ってきた〟前後が呼応している。当然この一点は絶対的な要求ではないが、このように書かれると読者に更にすらすらと読みやすくさせる。このように言うと、散文を〝傘文〟と理解することもさらに道理にかなっていることではないだろうか？　それでは、散文を書くにはどんなことに注意しながら書くべきであろうか？

四、傘を開閉すること

私が述べた〝傘文〟を以て傘文の著作が大切な意味を理解したあと、これに基づいて多く著作してみることができる。あなたはしだいに散文をうまく書くことができるようになる。散文を上手に書くにはどこに具体的な手法があるのか？

傘の柄を決めること

最初にあなたが理解する、非常に熟知する、合わせてあなたが書こうとしている人物、事柄，風景に対して対象の感覚、感情を生み出し書かなければならない。この〝傘〟の柄はどのようなものであるのか、金属なのか？。孟宗竹なのか？。さらに木質なのか？。もし木質ならば、それはどんな木材なのか？。杉の木なのか？。さらに紅木（マホガニー）なのか？。またあなたが叙述する主題に対して十分理解していなければならない。この理解は必ず非常に多くの具体的な人物、風景、事柄の構成によるべきである。

主題の理解に対して通じて、主題に対して物事や本質に触れている感情に対して集めるまでの自分の感覚を進めて産み出し、この過程の長短は一致されてはいない。時に書きたいと思う一篇の散文は頭の中で非常に長く深く考え込まれる。数日、或いは、さらに長く、この点は非常に重要である。ただあなたが描写したい深い気持ちに合わせて、はじめて好い散文の基礎となる。

呉良先生は衢州市教育界の権威クラスの人物である。その時代から今日まで、衢州に於いて呉良先生については、誰が知らないものか?。誰がわかっていないのか?。二中が創設された時彼は副校長であった。私はかつて幸いにも直接呉先生の授業を聴くことができた、おのずから呉先生に対する印象はより深く、親近感はさらに深いのである。

傘の骨を念入りに選ぶ

書き始めた時、私はただ用紙に〃呉良先生〃の四文字を書いた。後に決定稿の題名は〈みんなの呉良先生〉としたが、これは傘の柄であった。四文字を書いた後、私はじっとぼんやりしていた。どんなふうに書くのか?この為に私はなんと二日間繰り返し思索した。私が〃呉良先生〃の事を書くことを決めた後、頭の中では絶えず呉先生のイメージが現われた。私は傘の骨を探して、真面目に物語を選び出し、数々の件から大きなものから小さいものまで品目が多く……最後は二件書くことを重点的に思いを定めた。一つには呉良先生の講義であった。呉先生の講義は学識が深く上品な風格があり、学問に対し内容は深いが発表はやさしい、及び彼の黒板の板書であった。

二つには〃文革〃の期間、私は衢州に帰り家族や身内に会い、呉先生を訪問した。〃文革〃中、先生は数えきれない迫害を受けられた。〃文革〃は彼の精神に対し重大な損害を与えて、このすべてが頭の中で思い出され、絶えず仕組みのことを鍛冶屋が鉄を打つのと同じように、赤く燃やし、真っ赤に焼き、打って叩き、又焼き又打つ、最後は純粋な混じりけのない焼き、一件の精美な工具で仕上げる。決心して後一気呵成に一千七百余字の散文に書き上げた。（当書六十課参照）書く速度は非常に速く、思索に非常に長く時間を掛けたためであった。叙述する時素材を、取捨選択し詳しくないところは書かず、他人が語ったことも書かなかった。このように、文の流れが達した時、一幅の古い写真と同じようになった。私が文章に力を入れた点は、呉良先生の講義のイメージを第一義とし、〝文革〟中の訪問は第二義においた。この部分の文字量も相対的に非常に少なくなった。

散文を〝傘文〟と言うのは、本当は少し文化的ではない。しかし散文を書く技巧からいえば、〝散〟と〝風〟とは得体が知れない。やはりこの構想は前進している。傘の柄は主題（テーマ）をたとえている。具体的な事例は傘の骨である。事例の選択はとりわけ需要であるように見える。「みんなの呉良」の中で、呉先生の講義の描写に対して、私が一人呉先生を選んだのは外出して各課で十分な細部ができなかったためである。〝文革〟期間中に呉先生を訪ねたことに対して、私は茶碗が熱気を吹き出すことを選んだ細部を選んだ。この外、呉先生が作業の細部を直して朱を入れた等々である。これらの細部は〝傘の骨〟と総称し、〝傘の表面〟を支えるのに使って、主題を豊富にするために用いる。細部の選定は散文の読み応えに対して大変重要である。それはあなたの描写を真に迫る豊満にすることができ、読んでみると生き生きとした印象を与える。

細かい絵の傘の表面

傘の柄と傘の骨が確定した後、外でもなく傘をひらかなければならない。真っ白な汚れていない傘の表面の上に文章を書くことや或いは絵を描くことであり、これは散文を書く第三の仕事である。文字は美しくなければならないし，絵画も又精密でなければならない。散文を〝美文〟と称する人もいるが、すなわちこの意味である。但し文字の美しさは言葉の修飾の華麗さを追求することと同じことではなく、質朴な文字の中に美しさを求める必要があり、ただ字句の華麗さだけにこだわらず、文章と文章が組み合わされた内容の美しさを追求しなければならない。例えば私は呉先生の外観を描写した時に、このように書いた。

〝……その時の呉先生は、また四十歳ぐらいであり、足どりが軽やかで力強く、表情と態度が上品であった。一節の授業内容は呉先生の場合四十五分内であり、一筋の細いせせらぎがはてしない畑と野原の中で流れていく、静かに澄み切っており、ずっと我々の心の中に流れてくる〟さらには、〝……一節の課目の講義が終わると、次の授業の鐘の音が鳴り始める。彼は袖の端のチョークの粉をはたき、持参した講義原稿を整えて、去っていった……〟普段通りに境遇の美しさを意図する、これは散文を上手く書く又一つの要求である。

傘を開きそして傘を閉じる

散文の開始と結びは前後の呼応を適切に配合する。これはかならずしも散文を作る絶対的な要求ではないが、必要性を見なければならない。しかしおおむね散文は、文章が長すぎてはならない、初めと終わりが呼応することは読み始めると一種の完全無欠の感覚を与えることができる。散文の冒頭は非常に重要であり、ずばりと本題に入るのが最好である。〈みんなの呉良先生〉の中で、私はこのように書いている。〝一九九四年晩春の一日の早朝、私は突然一つの事を思い出し、今日は必ず呉良先

生に写真を送らなければならない、この写真は私の処にすでに非常に長く置いてあった…〃

結びはこのようであった。〃その晩春の昼、呉良先生は逝かれた、永遠に我々を離れられた。あの写真を、呉良先生は最終的に見られなかった……呉良先生が旅立たれたその日、うすら寒い春寒の中で、春雨が降っていた〃このように、私は開き始めた〃傘〃を静かに閉じた。開いて閉じることができなかったら、これは傘がきっとどこかで問題になっているからであろう。一本の好い傘は開け閉めを思い通りにできることである。

傘の表面、傘の柄、傘の骨、それぞれのつり合いが執れていることも又あなたが主題をめぐっての描写に精彩がなければならず、更に重要なことは適切であることである。このような取材と著作と文章は散らばってはならず、散文が〃乱文〃になっていけない。〃傘文〃はジョークで言うならば、やはり散文でしょう。我々が散文を愛し、散文を読み、散文を書くことである。それは我々の文字能力と良い文体を鍛錬することである。

伞面的大小是由伞柄决定的。

傘の表面の大小は傘の柄により決まる。

五、散文を濃縮すること

文学の範囲の中で詩を語らないのは欠陥であり、してはならないことである。しかし私は詩を見ただけで尻込みする、特に韻律詩に対してはそうである。五言や、七律や、非常に書くことが難しい。一つにはなぜなら韻律詩の要求があり、声調、韻を踏むこと、平仄の厳格な要求は詩を作る深い意図を具体的に表すことを非常に難しくする。さらに先人はすでにそれらの詩を絶頂にまで高めている。唐詩を見てみよう。あの詩がどのようにできたのか本当に想像を絶している。例えば「白髪三千丈」、「遥かに瀑布が前川に掛かるのを望む」、「雲の傍に馬頭が生ず」等の如きである。清の人、阮元の「呉興雑詩」の中の次の一首がある。「四水の交流は都市の斜傾を抱き、千渓の万家に散らばる。深い処では菱《ひし》を植え、浅い処では稲を植え、深くも浅くも無い場所では蓮の花を植える」まことに稀であり、綺麗なものだ！。その情緒、その生活の色彩、なんと質朴であろうか。」それは一種の生活の美しさであり、質朴の美しさである。

そこで、この章節の中で、私は散文詩を述べてみたいと思う。何が散文詩であるのか？　私はこのように述べる。「散文を短く書き、濃縮したものが、散文詩である」。散文詩は実際は散文であり、ただ散文に比べてさらに短く、さらに精密である、構成は散文ほど完備される必要は無く、そして文章はさらに一点に集中しなければならないし、さらに一点に含蓄があり、一点にできる限り哲理を追求する。散文詩には厳格な平仄がなく、韻律の必要条件は無く、何十字であり、百以上の字でも一篇になすことができ、朗読に役に立つ。散文詩をよく書くことは、散文の著作、小説の著作、その他の文学作品に対して、歌詞に至るまでいずれも大いに為になることである。散文詩は文章の構成を過度の思考を行う必要はなく、一事、一景、一人、すべて詩に入れることができる。

北方で仕事をしている時、私は常に江南の小さな町の生活を懐かしく忍んだ。特にそれは詩の如く絵の如き風光であった。この一切は私にとって学生時代の拭い去ることのできない印象であった。そこで、私は非常に多く江南の生活の思い出の散文詩を書いた。例えば、〝水田は刈り取りが終わり、もみ殻付きの米は倉庫に入った、ところが稲わらは田んぼに積み上げられている。秋風が吹きだし、山や野原の小さな草のすがすがしい香りを連れて来る。私は静かに稲わらの上で……がらんとしている田んぼと一人ぼっちの私〟こんな風な生活を私は過ごしてきた。数十年後の思い出がよみがえって来て、特に故郷を遠く離れる時、それはまことに一種の詩情と画境の美しさであった。さらには、当時の衢江は非常に広く、江の表面は鏡のように平らであった。その時の印象の思い出を、私は一首〈夜泊〉という散文詩を書いた。〝丁度一カ月夏の雨水を経て、秋水はすでに大河を満たし水位が高くなり、平になり、河床は比較的深い河段の中で、水は深い青色になる〟。河辺の当りでは水の浅い処で、水は薄い白色に変わる…。二百字の短文であり、読み始めると却って詩情と画境に満たされており、後に私が中編「雲雪庵」を創作した時に用いたものである。

散文詩の著作は、まず先にあなたが熟知していることを選択しなければならない、合わせて感性が有り、事、情景を熟知していることが非常に重要であり、決して真実の感情がこもらず、いたずらに感傷的になってはならない。陽春三月桃が開花する時は、まさに江南は綿々と長く続いて絶えない春雨の時節である。「桃花の雨は続けざまに二十日間降り止まず、ほそぼそと可愛いいつぼみをつけ始めた桃の花は春雨がちりちりばらばらになる…」これは我々が熟知している江南の春とは違っているのではないか？　散文詩は山の泉と同じようにしなければならない、自然に細々と流れ込み流れ出てくる。

散文詩は言葉を用いるのに質朴でなければならない、質朴の中で美の境地を追求する。私は〈夏風、うちとけて溶ける〉の中で都市と田舎の間の関係を書いた時、「春が過ぎて、夏はまだやって来ない。このどんな季節かと称するか分からない季節の中で、田舎には雨が降っており、街にも雨が降っている…」

質朴の中に美を求めることは、真実の美である。散文詩は真情実感に於いて貴重である。真情実感がない散文詩は、言葉のあやがもっと華麗でも、情調がもっと目新しいものであっても、ただ紙が作る花である。

散文詩の中で合理的な連想を溶け入れることができるのは、幻想でさえある。私は「船、小河、橋」の中でこのように書いている、「橋の基は平らに水面を跨いでいる。しかし船が行き来するために、長い石で作った円柱のアーチが高々と上がる。月が登って来て、淡い月光の下で、この石橋はまるで生活が非常に苦しい老人が深々と腰をまげているようであった…」

私はこの種の自由自在な散文詩を好み、少なからず書いた。それは確かに私にとって後に歌詞を書いたり、中編小説を書いたりする折に、非常に助けになった。

中国文学は一つ特有の類型で対聯がある、他でもなく古い習慣で威儀を現わす為に、邸宅の前に立てた二本の丸い大柱にかかれる簡略な文章である、これもまた詩と詞の一つの部門である。対聯の捜索は私が得意とするところではない。この一文学種目はまた主題を確立する必要がある。衢州二中の建校四十周年の時、我々第一回卒業生が一つの石亭を寄贈することになった。当時皆は私に一つの亭聯を作るように頼み、これは私を困らせた。私は繰り返し考え、やっと一聯を作った。

上聯は「搗胥洶気、你我他惹過父母生気」〃いたずらでやんちゃ、君も僕も彼もみんな父母を腹立たせてしまった〃下聯は「馬虎粗心数理化全凭了老師関心」「そそかしく、不注意で数理は完全に先生に頼み救ってもらう」。一目すればいい加減であり、でまかせが二句あった。事細かに磨き上げることはまた非常に道理があり、また非常に興味がある。それ故に、詩もまた良い、詞もまた良い、散文も又良い、文字も質朴であるものを多く書くことは、自分の文字基礎的な技能に磨きをかけ、自分のイメージと思考を鍛錬することができる。

淘气你我他都惹过父母生气
心数理化全凭了先生操心

六、人が犬を噛む

もしあなたが新聞就業者であれば、このタイトルを見れば私が何を話すのかすぐ分かることであろう。その通り、新聞の文章を書くことである。何が〝ニュース〟なのか？　アメリカの〈ニューヨーク　タイムズ〉の編集長ボガートが一言世界中ですでに広く伝わっている教典については、この話は新聞界では有名過ぎるほどであり、たとえ新聞の業務に従事していない人でもまた聞いていることである。彼は述べている。「犬が人を噛むのはニュースではないが、人が犬を噛むのは初めてニュースとなる」この話は聴くと非常におもしろいし、また大いに道理もあるようだ。

もし本当にこのように彼が言うように、人が犬を噛むことで初めてニュースになり、日常生活のニュースは本当にほとんど無いであろう。誰が「人が犬を噛む」のを見たのか?。逆に〝犬が人を噛む〟ことはニュースであるべきである。これはどこの家の犬が誰を噛んだのか?。甲村の犬が乙村の村長を噛むと、それは甲村と乙村の中ではニュースである。犬が県長を噛んだとすると、それは県の中ではニュースである。犬が市長を噛んだら、それは市のニュースである。もしアメリカ大統領の愛犬が国際連合の秘書長を噛んだら、それはきっと世界クラスの大ニュースになるはずだ。それ故に、ニュースは一定期間内での有効性だけではなく、更に一つの地域の関心度の問題である。時間が非常に長くたつと、それは旧聞となり、或いは歴史になっている。もしある事件がまったく関心を持つ人が無ければ、それはニュースの意義を失ってしまう。私はニュースが近い時期に発生したことが、かつ非常に多くの人が関心のある事件であることと認識している。

新聞界ではさらに五つのWのニュースを書く要点が流行しており、即ち、いつ（When）、何処で（where）、誰が（Who）、何を（What）、なぜか（Why）である。この五つの言葉の最初のアルファベットはいずれもWであるので　五Wと言われている。私は三Wで十分であると思っている。ニュースの原稿の中でも必ずしも人は入らないのではないかということである。例えて言えば或る村の明朝末年の古廟で人は住んでいなかった。廟の傍に清朝時代の古樹が一夜の風雨が重なり、倒れてしまい、古廟にぶつかった。当地の民衆と文物部門はこの事に対して反響が非常に大きく、ニュースになった。この中で一人の人も出ていない。しかし決してニュース性に影響していない。もう一つ動物園のライオンが一頭の白毛の赤ん坊を生んだ、これもまたニュースであるが、しかし人は書かれていない。従って「人」はニュースの必須要素ではない。「なぜ」に至っては、それは更に新聞記者の責任ではなく、事件の原因もまたその時にははっきりさせることはできないのである。だから我々は常に新聞記事の報道の中で、「事件の原因は現在調査中」というその種類の文字を見る事ができる。これはそれ自体もまたニュースは必ずしも「原因」を必ず書く内容ではないが、往々にして原因調査がはっきりしてから、ニュースも旧聞に変化する。例えば、一群の人達が一つの高層ビルの周辺を回っている時に，高層の上から一つの花が落ちてきて人に当たった。これはニュースになった。花が、どうして落ちて、人に当たったかは、やはり大風が吹いて、何階から落ちたことについては一連の時間を費やさざるを得なかった。それ故、記者は「花が落ちてきた原因は調査中である〝ニュースは只時間、場所と事件の真実をはっきり書かねばならない。我々が常に見る原稿中、一般的に言うならば、時間、場所は間違いがでるはずはなく、肝心な点は事件報道の真実の程度であり、客観的に実際の通りに事件をはっきり語っているのかということである。事件のそれ自身に対してインタビューがはっきりしていたのだろうか？　事件の報道に対して隠しごまかしてはいないか？　事件の報道に対して人為的なことはなかったのか？

ニュースの原稿は記者本人が見たもの聞いたものでなければならない。見ると聞くはいずれでもよいが、ただ必ず真実でなければならない。原稿の中のいわゆる「姓名を名乗ることを望まない人による話によると」、「消息通の人の話では」或いは「目撃者が語るところでは」これらすべてはその実いずれも「記者自身が語る」ということである。文字は記者が書き、誰が話したことかを問わず、すべて「記者が話したこと」でなければならない。いわゆる目撃者うんぬん，声明を明かしたくない人うんぬん、この中で記者が肯定するものが選択され、其れだけが記者の選択のみであり、その中に過失があればすべてニュース原稿の書き手が責任を負わなければならない。

ニュース記者の原稿の唯一の必要条件は真実であり、些かも推測、自分勝手な想像、さらに個人の好き嫌いを混ぜてはならない。ニュース事件に対して、書くか書かないかは記者の自由である。書くなら真実でなければならない。〝真実〟は記者の原則的な立場である。原稿を掲載できるかどうか、新聞に載るかどうか、それは編集者の権利と立場である。編集者の立場は新聞社の立場であり、新聞社の立場は国家の利益である。

ニュースを書く原則は二文字である。「速、真」である。

七、応答を詰問する

〝詰問〟は双方が比較的礼儀正しい雰囲気の中での対話である。しかし双方の立場、観念が一致しない場合の下での対話であるために、時には問答し出すと、型苦しくなる。これは一種の些か具合の悪い局面である。詰問に直面して答えないわけにはいかない。回答するにはどんな用語を使い、どのように丁度良い程度にとらえるにか?。

二〇〇五年五月末私は招待に応じて訪日した。その時期に、呉儀国務委員は日本の首相が靖国神社に参拝をしたことにより事前に訪問スケジュールを終え帰国してしまったことが、中日関係を低迷する状態になった。我々一行のスケジュールは、すでに上級が許可していたので、予定通り日本へ飛んで行った。招待側は日中経済貿易センターで、国内ランクが比較的高かった。招待側の社会的地位が高いために、京都へ往き天龍寺に参観した時に、代表責任者の執事長が自ら接待していただいた。執事長は九十歳余で、身に袈裟を掛けていた。日本の緑茶，日本の手のこんだ菓子で非常に心のこもったもてなしであり、当然の一通りの接待であった。私もまた準備する必要は無かった。誰でも知っている客と主人の挨拶が終わってから、執事長が突然話だした。「最近の日中関係は少し困難になっている（呉儀副総理が予定された訪日スケジュールを終えずに帰国してしまい、中日関係は非常に硬直化した）、しかしさらに困難なことは建造物を破壊してはいけないということですな」私は一言聴くと上海の学生が日本の首相と内閣のメンバーが靖国神社に参拝したために日本の駐上海総領事館に対して破壊行動を起こした一事であることが分かった。私はすぐに思い当たったが、我々は招待に応じて文化訪問をしているのであって、この事を話しする必要があろうか？もし話をしなければ、明らかに彼の詰問を黙認することになる。私は答えるべきである、そこで応答して言った「執事長さん、政治問題は政治家達が解決するので、あなたと私はいずれも分からないのです」私は心の中で思った。〝出家した人は暇なことに余計な世話をするものだ〟その執事長はなお目玉を回して、会見は終わった。執事長はなお非常に礼儀正しく、我々に普段は人に見せない幾つかの部屋に所蔵されている有名な画家の名画を見せてくれた。

もう一件、市の一部門が外国の機構を導入することになった。彼らは一つの知的障害児童の実習を行わせる工場に投資させる意向で有り、外国の投資者に会わせようとした。一項目の民間慈善の仕事で、顔会わせをすることができないことは無い。顔会わせをする前に、受入れ側は私に告げた、その外国人は香港によく往っており、常に台湾にも往っている。なお且つバチカンの背景がある。私は契約したのか？と尋ねた。既に調印したと答えられた。仮調印ならいいだろうと、私は思った。話し合っている間に、その外国人は突然言った「孔先生、私は一つのプライバシー問題を尋ねてもいいですか？」私は推測した、双方がもともと知り合っていないのに、私にプライバシーをもちだすのか？すぐに「いいですよ」と言った。彼が私に尋ねた問題は台湾海峡に戦闘が起こるかどうかということであった。私は笑って、言った。「これは国防大臣の、デモクラシーというべきですな」ああ、私は考えてみた、一回の民間対話で、如何なる組織も代表していないが、回答しなければ体裁が悪い。私は語った。「台湾地区の平和統一は中国政府の国策です、前提は台湾当局が台湾独立を宣言しないことです。さもなければ開戦は避けることができません」私は三点を話した。「我々には〈中華人民共和国反分裂国家法〉が有り、如何なる人、如何なる組織が国家分裂を愚かにも図ろうとすれば攻撃することは決定的です。中国近代史上、中華民族は侵略され、戦争の災難を非常に悲惨に受けました。さらには、中国人が中国人を打つのは親しき者が仇を打つのは速いことです。彼らが私に紹介してくれたことを聞くと、あなたはよく台湾に往かれるので（当時陳水扁の汚職事件が発生）、陳水扁に、会われると彼に告げてください。嘘をつくなふざけるな、数年ふざけると、お前は上手くいかなくなる、家も上手くいかず、如何なる台湾の民衆もまた苦しいことになる、お前もまたアメリカのお兄さんに考えさせ、アメリカが陳水扁は素晴らしいとしているが、本当にお前が台湾独立をやれば、台湾海峡は戦争になり、アメリカが陳水扁兄に対してすまないが手伝えないとなれば、手伝うとしても、中国人民解放軍は近海作戦を恐れない、アメリカが敢えて来るならば、アメリカのお兄さんを困らせることになる。」私が話し終ると、その人は無言になった。彼は頭を下げたのか頭を振ったか分からなかった。

一度私がある代表について台湾を訪問した。事前の按配によって、記者のインタビューがあった。インタビューの内容は主に儒学関連の問題であった。台湾訪問に赴いた、私の主要な任務はまたこの方面であった。誰が考えたのかインタビューの中で一人の記者が突然質問を出した。「最近ネットで広西で一人の女の子悦悦ちゃんが自動車におしつぶされた。あなたの見解を教えてください？」私はしばしらく考えて、言った「その通りですが、私もニュースを見ました。記者さん、杭州の一人の母親が素手で高いビルから墜落した少女を受け止めるために、自分の腕を折ってしまった。お伺いしますが、なぜこのニュースを聞かれなかったのですか？」この記者は無言になった。彼は私が知らないかと思い、私もまた推測する必要はなかった。

これまで挙げた例は、人々が常に出くわすことではないが、しかしこの種類の問題の思考方式と応答の反応過程が、やはり普遍的な意味を持っている。それでは、この一類の問題の応答にいくつか注意すべきはどんなことがあるだろうか？

まず先に、相手が質問する意図を判定しなければならない。それは関心か、善意か、それとも意地悪か、詰問か。第一のケースは明らかに非難、詰問の性質である。それは一場の時候の挨拶と型通りの接見、それらの政治的敏感性が非常に強い事が彼の目的である。第二のケースに至るとそれはまた本当に意地悪では無く或いはその他の目的でもなく、ただ一人の好奇心だけである。そして第三のケースの中で、あの記者はきっと私が答えるのに難しいと思ったのだ。正確に話し手の意図を判定し、あなたの回答の語気と態度を決めることができる。そのため、回答の語気は決してきらわず、自分の才をひけらかすことなく、それで語気は柔らかく、真綿に針を包むように表面は柔和だが、内心は強固である。

その次に、この一類の対話はややもすれば急激な場合にならず、かつあなたが返事をすることをきめているからには、ただ観点を表明することができるだけならば、必ずしも肯定的な面の回答を作らなくてもよい。それ故に、台湾の記者に返答する時、私は話題を分解して、彼女を〝最も美しいお母さん〟として見るニュースにした。

さらにもう一点、この一例のように往々にして手を付けられない、非常に短時間内に判断する必要があり、応答しなければならない。その為に、普段各類の知識の蓄積が必要である、応答する時に自分の側に十分な素養が必要である。第二のケースの中で、私は〈中華人民共和国反分裂国家法〉を挙げた、もし私がこの法律を知らなかったら、応答はまずいことになった。

「詰問」という一つの語句を本篇の文章に用いることは、適切であったろうか否か？という意味は一方に質問することとは意外の意味であるようで、ただ分からないと言うのみである。応答の人に対して、私はできるだけ「お知らせすることはありません。」一類の規則や制度を口実にした逃げ口上を用いないようにしたいと思う。

本当に駄目ならば、あなたはこのように言うことである。「先生、このことを私はあまり知らないのです。」

八、司会者

二〇〇五年一〇月、抗日戦争勝利六十周年を記念するために、市委員会宣伝部は私に北京軍区戦友歌舞団の数名がかつて唄った〈長征組曲〉歌唱芸術家を衢州を訪問して催しを行いたいと要請してきた。彼らが〈長征組曲〉の追憶を演出することを通じて赤軍の長征を語り、抗日戦争を語る。古くからの友人馬子躍と連絡すると、彼は数日後私に返事すると言った。二日後、彼は三名の声楽家、賈士駿、王克正と彼自身が来ると返事を寄越した。その頃の時間、彼らも非常に忙しく、行程の準備は非常に切迫していた。

馬子躍少将はすでに戦友歌舞団の副団長であり、賈士駿と王克正は〈長征組曲〉初演の第六のリーダーと第八の合唱をリードする人であった。一回で三名のリーダー声楽家が出動するのは、彼らもまた〃かってなかったこと〃と感じていた。

報告会は衢州学院大講堂で挙行され、聴衆は一千人余で、放送局のテレビの現場生放送になる。声楽家達は一日目の午後到着し、二日目の午後報告会を挙行し、予定の時間は非常に厳しかった。どんな方式を用いて報告会を開くのか?その時、幾つかの計画が持ち上げられたが、いずれもあまり満足しなかった。最終的には進行者がインタビュー形式を採ることに決定した。この形式の長所は長い報告を避けることができ、三人の講話が重複を避けることができ、合わせてゲストの講話に対して重点を置くことができる。誰が司会者を担当するのか？私は言った。「やはり私がやりましょう」何故か、私と彼らは比較的よく知り合っており、且つ私は〈長征組曲〉に対して少し理解している。困難なことはただ二時間の準備であり、また私はこれまで進行者をしたことが無く初めての事であり、その上テレビの生放送に直面することであった。翌日午前私と三名のゲストは座談しておき、私はゲストのそれぞれが〈長征組曲〉の中で、担当する具体的な役割に基づきインタビューの重点を確定した。〈長征組曲〉の創作、合唱隊員の長征生活、舞台稽古、公演、赤軍の長征精神の発揚、三名の声楽家の具体的な事例を述べることを通じて、この一つの精神を生き生きと表現できた。一人半時間の〝インタビュー式報告会〟が終了し、みんながすべて比較的に満足した。当然、また私が報告会の進行者として一つの深く身に染みてよくわかる理解をしてくれた。

まず先に私は質問を出す準備上、彼ら三名の大雑把な分担を行った。馬子躍は主要に長征の過程を話し、〈長征組曲〉のリハーサルと資料を担当する。賈士駿には長征地区の見聞を話してもらう。王克正は身体の調子があまりよくなく、脳溢血を患ったこともあり、あまり激しい問題を質問することはできず、重点は歌唱とすることにした。賈子駿が収集した上演資料は最も豊富であった。リハーサルの細部を話してもらい、詩歌作者の蕭華将軍の物語、「長征組曲」を外国で上演したこと、及び周恩来がいまわの際、「長征組曲」の実演を見たいと要請され、当時はまだＤＶＤの設備が無かったので、臨時に公開の場所から、一本のテレビ専用線を引き込むことだけはできたので、周総理の病床の前で臨終に間に合わせることができた。賈士駿は長征途上で取材した見聞を語った。赤軍が雪山の前を通り過ぎる時、三名の女性戦士がかつて一軒の農家に泊まった。お百姓さんは家にあった只一枚の掛け布団を彼女達に使わせてくれた。翌日朝早く出発する時に、道に不慣れの為、この家の男性の主人が親切にも彼女達を途中まで送ってくれようとして、出発する時に彼の奥さんに多分夕方には帰って来るから、彼のために足を洗うお湯を用意しておいてくれと頼んだ。その結果この男主人は帰ってこなかった。「組曲」グループがその家を探訪した時に、女性の主人は言った、赤軍の話は口ほどでもないよ、三人の女性赤軍は私に会いに来ると言ったが、結果は私の亭主も帰ってこなかったのだ。その後、〝組曲〟グループがこの事を新聞を通じて報道し、やっとその三人の女性戦士を探し出した。彼女達はすでに解放軍の高級軍人になっていた。三人の上級幹部は「長征組曲」グループに託してその農家の為に慰問品、さらには一枚の真新しい軍用布団を送った。彼女達が再度そこへ行った時、女主人の孫が言った。「三日前に私のおばあさんは亡くなったんです。臨終の時、おばあさんは、私はあの人たちのことを責めているのではないよ、彼女たちのことを思っているのだよ」その軍用の掛け布団はおばあさんのお墓の上に掛けられた。報告会では非常に多くのこのような感動的な物語が語られ、多くの華を添えることができた。

その次に、大ざっぱな「分担」ではあるけれども、司会者に「取材」過程の中でこの「分担」をはっきりしておかねばならない。同一の問題が重複してはならないからだ。過程の中で来賓が数句を補充することは避けがたいことであるが、進行者は拒絶してはならないし、タイミングを選んで似た内容の話を挟み別の話題を引き出す。例えて言えば、賈士駿が長征途上の小さな物語を補充する時には、この種類の物語は既に三件話しており、更に例を挙げる必要は無かった。そこで、私は巧妙に且つ礼儀正しく言った。「賈先生、私は聴いたところによると『射撃練習をして帰る』はあなたが最初に歌われるのですね?」続いて、私は彼に聴衆の為に一度歌ってくれるようお願いすると、彼は非常に喜び、この歌曲の創作過程を話して、現場で歌を歌った。一度歌った後、私はすぐ取材した話題を次の話題に変えた。それ故、司会者は巧妙に来賓の発言を遮らねばならない、そして巧妙に別の話題に導くことができ、同時に取材した話題の進み具合いを掌握する必要がある。

さらにもう一点、司会者は各種方式を用いてインタビューの雰囲気を活発化する必要がある、たとえて言えば私は王克正先生に頼んで周総理がどのように彼を貴州に差し向け「花儿」(甘粛、青海、寧夏地方で広く行われる民間歌曲)の物語を学ばせた物語を淡々と語ってもらった。王克正は天津であったが、そちらの歌手より上手に歌うことができた。「組曲」の「呉起鎮に到着する」は彼が合唱をリードした。インタビューの中で一曲の「花儿」を歌い終ると、満場の万雷の拍手が鳴り響いた。

一舞台のテレビのライブ放送は私一人が担当することにより、私はやっと重荷を下した。四つの身にしみてよく分かる体験があった。一つ目はすべての問答は主題を離れてはならないということである。二つ目は十分来賓の発言を尊重し、そこで巧みに話題をそらすこと。三つ目は有効な手法で現場の雰囲気を盛り上げること。そして最も主要な事は司会者が主題を取材することに対し、深く検討することであり、来賓に対し、十分な理解をしておくことである。四つ目に、厳重に時間を取りしきることである。ライブであるために、編集するチャンスがなく、必ず決められた時間内にインタビューの任務を終わらなければならない。

これまで述べたことの外に、さらにもう一つ皆さんが大会で気にかけなくてはならないことがある。但し上手く処理し、容易ではないことは、これは司会者と来賓の間の地位関係と、また常に話をしている取材者と取材される人の間で平等の関係でなければならないことである。高慢でもなく卑屈でもなく普通の関係である。我々の司会者は常に自分のレベルを高い処から見下ろすように、名を呼び捨てにすると、結果として観衆の印象は司会者が修養不足であると判断する。この問題は話し出すと話が長くなる、ここで話を止める。一言でいえば、司会者が尊重されると、あなたのレベルは確実に低いはずがないということである。

九、門を叩くための煉瓦

「門の扉をたたく煉瓦」この言葉は非常に多くの人達がその意味を知らなくなった。七〇年代以後、六〇年代以後，五〇年代以後の人もまた必ずしも知っていないかもしれない。文字通り、「門を叩くための煉瓦」は一種の器具を用いて他人の門を叩いて開くことである。この門を叩くことは窃盗強奪ではなく、何らかの事情で人に助けを求めることを当てにしているのである。門を叩くための煉瓦には一つの物語が有る。もっとも事ではあるが、旧社会の時に一人の秀才がその地の一紳士の老人に支援を求めたが、その紳士の老人は普通の人には会わず、引き入れることは役に立たたず、贈り物をしようとしても受けなかった。そしてこの事は必ずその紳士にたのまねばならず、秀才はどうしようもない状況下で、門前払いを食らう心理状態を抱きながら、訪問しお目にかかりたいという一枚のお願い状をしっかりと書いた。ていのよい話を山ほど言って、門番は秀才に対して横目でじろじろ見て、非常に嫌嫌ながら会見願い状を呈上した。思いがけなくと言ってもよいほど、しばらくして門番が話を伝えた。紳士の老人は一度会うことを伝えるようにということであった。これは本当に予想外のことであり、秀才は進みながら思案して、会って一つのことを頼んだのだが、なぜこのように順調にうまく運んだのか、どう考えても分からなかった…。

それは誰もが思いつかなかった原因があった。老紳士は秀才の会見願い状を見て、その書状の毛筆の筆法が枯れていて力がこもっている文字が紳士老人の興味を引き起こした。一筆の良い字が意外にも紳士老人の大門を開かせる効果をもたらしたということである。これがすなわち「門を開くための煉瓦」の由来であり、私が幼い頃、世代が上の人が私に語ってくれた物語である。この数年、衢州学院が一科目の「文化漫談」課を開設し、クラスには一二〇名余りの大学生がいるが、文字を上手に書く学生はほんのいくらもなく、学生は言うまでもなく、現在の教師も文字をきれいに書くことができる人はどれほどいるか?。ある時教育界の一人の友人と「板書」（黒板に書かれる文字）の事を話し合ったが、私は一度教師の板書コンテストをしたらいかがか?　。現代流行しているマスメディアで教授することは、この種の新技術が教室に取り入れられるのは非難するところが無いが、しかしどうみても一つの通用できる範囲が有るだろう。本文章はマスメディア方式の利益と弊害を討論しないが、現在教師達の黒板書きは少なくなり、学生の教室内での筆記量は少なくなっている。一言でいえば、教師、学生の習字量は少なくなった。私が中学校で勉強していた時、先生達の黒板書きは極めて綺麗であった、当時の教師達は黒板書きの美しさを誉れと

していたのだろうか?、それは分からない。

一個人の字が上手に書かれることはどんな役にたつのだろうか?、第一に一種の美の享楽であり、美に対する追及である。一篇の文章を数百字でもよく、数千字でもよい、字が上手くても書き、字が上手くなくても書く、どうして書かない方が少し良いのか?さらにもう一点、私は書く技能が正規で、美しい字はまた一種人の性格に影響がある。このような一句はどうだろうか? 〝文字はその人の如きである〟、この句の話の意味は一人の人の性格を表現する一つであり、文字がしっかり書かれていると、彼が事を処理するに当たってもまたきちんと筋が通っている度合いをわきまえてそつがないとみなされる。

文字は一種の人と人の交流する道具であり、字を書くことは文字の外在する表現である。文字を上手く書くことができれば、如何なる方面からいっても、すべて百の利益が有って、一つの弊害も無い。笑い話をすると、仕事がまずかったために、あなたは必ず反省文を書かねばならないが、あなたの文字が非常にきれいな為に、上司はあなたに二点上げてくれるかも知れない。どんな風に練習するのか?、一種は手本を模写することである。筆ペンには手本がある。硬筆の書道にもまた手本がある。空いている時間が有れば異なった偏やつくりを用いて幾つかの文字を書き写し、それをしっかり覚え、時間が有る時にもう一度書いてみる。記録する時にあなたが学んだ文字を用いて、一つの文字を上手く書ければ、一かたまりの文字に影響させることができる。一言の洒落言葉で言うと「草をかき集めて兎を捕らえる」ということになるのではないか?。実際には習字もまたこの洒落語を用いることができる。私が中学生になった時、隣の同級生に聞いたところ、彼の姉は他の人が話をしているのを聴きながら、座ってする事も無く、机に紙を置いてどこでも書いていた。実は彼女が書きたいと思う文字を練習していたのである。そして、同級生のこの姉は後に良い文字を書くことができる技能を持つことができた。さらに一種の学習方式は文字を分析することである。子供の頃の文字の練習は一冊の綺麗に印刷された練習ノートが有り、九宮格と呼ばれ、実際上は字形を囲むものである。一つの文字を九つの格子の中間に入れる、教師はあなたに九宮格習字を教える。漢字は上下左右が均分の字型のものは非常に少ない。文字を理解できる仕組みは、容易に規準ができ、文字の型は美しい。最後は常に数種の基本字画、横に引く棒、縦の棒、はね、ちょぼ、左払い、右払い、回転、角、等、老人が子供に多く教えるのは〝永〟の文字であり、すなわちこの道理である。この種の基本筆法は往々にして各書家風格のよって来るところである。各種風格の多さは学んで悪い事は無く、取りも直さず蜜蜂が花粉を取るのと同じようであり、各種花粉はすべて採取された後、自分の蜜を作る。これがすなわちあなたが書く文字なのである。

コンピューターが普及して、指がキーボードの上で使われ、非常に多くの人が文字を書くのが少なくなり、キーボードを打つことが多くなり、筆を執って文字を書くのを忘れるまでになっている、これは一種の「先進病」である。

書くことができず、書いても上手くなく、いずれもこの種の病気の病症である。習字は幼少のころから練習を開始するのが最も良いけれども、しかしまた必ずしもそうとは限らない。どんな年齢でもみな文字を練習することができる。私が言う習字は書道家たちのその種の専門訓練ではなく、一種の文化交流の道具として、必ずしも毛筆でなくても、ペンでもよく、鉛筆でもよく、ボールペンでもよく、チョークでもよいので、書道家が練習するのと違い、文化交流の道具のみである。如何なる事情があるにしろ、道具がよければどんなまずいことがあるのか？仕事がその事を善くしたいと思うならば、必ず先にそのすぐれた道具を利用する。去年教育部門と相談して、現職教師の「硬筆文字を書く」等級審査評議を遂行し、学校は逐一厳しく選別し、毎回無作為に一箇所の学校で一定の人数を選ぶ。統一した規範となる字形により、毎分四〇文字を完成する事を要求し、字体は限らず、等級に達するには自評、校評、連表により決定する。この一つの活動は皆から賞賛を得て、また教師が硬筆で文字を書くことを促進し、効果は非常に良かった。教師の字体の良し悪しは、直接学生の審美眼に影響する。標準語は進級試験が有り、なぜ黒板の書には進級試験が無いのか？何故なのか？この事は誰に問うべきなのか？

我々は一つの非常に大きな機構が有り、文字筆跡規範、読音正確度規範等、すなわち筆跡が上手かどうかにかかわらず、なんとしても呼びかけずにはおられない。この民族文化の大切な事は誰が管理するのか？漢字は中華民族の貴重な宝物であり、最も偉大な非物質文化遺産である。この遺産の伝承者は誰か分からないのか？我々であることに違いない、我々一人ひとりが炎帝・黄帝の子孫で有り、誰もが中国人である。我々は漢字を上手に書かなければならないし、この偉大な非物質文化遺産のよき伝承者にならなければならない。

功深數典

大成至聖先師
南宗奉祀官
七十五世孫
孔祥楷

三十七年一月時年十一敬書

一〇、対話劇

〝話劇〟の二文字は我々に対して言うならば非常に聴きなれたことであるに違いない。しかし話劇とは何を言うのか、大勢の人はやはり本当にあまり理解されていない。あたかも舞台の上で、テレビの上で非常に永い間話劇は無かった。　話劇は、文字通り、劇中人物の対話を借りて社会生活を表現する舞台劇である。人物の肢体言語及び舞台調度等の手法で組み合わされ脚本に敷衍される。簡単に言うならば上述手段で文字での脚本が立体化された敷衍される舞台劇である。今日劇場に行って話劇を見る人はさらに少なくなった。何故だろうか？これは今日の娯楽形式があまりにも多すぎるからである。一台のテレビに幾人かが家中に固まっている。テレビの上にはどんな娯楽番組もすべてあり、さらにはパソコンの家庭普及率はすでに相当高くなってしまった。それ故に話劇は言うに及ばず演劇、たとえ京劇であろうとも、同じような状況になっているのではないか？　オペラ、バレー等は言うに及ばずである。客観的に言うならば、今日劇場に行く人は確実に少なくなっている。

上述したように、それでは私が何故さらに専門的に三回にわたって「話劇」のこの内容を講義するのか？これは「話劇」の実用性と効果性の為に、この一つの芸術項目がより大きな範囲内で発揮しなければならないと決めたからだ。

まず先に、「話劇」の容量はその他の劇に比し大きいのである。七十分の話劇は、戯曲（中国の旧劇）の表現を用いれば、一時間半では多分終えることができないであろう。戯曲には叫板（せりふの最後を次に続く歌につなぎやすいように節をつけて歌うこと）、過門（唄の前弾き、後弾き）、亮相（歌の終わりや立ち回りで見得をきること）、起承（起承転結）等々の一式の型が有る、しかし話劇はずばり本題に入り，過多な煩わしい型はない。それ故に話劇の単位時間のせりふの容量は旧劇に比べて少なくとも四分の一であり、たとえば一句「最初を想う」は、話劇では一秒の時間で十分であるが、京劇ならば三秒を必要とする。

その次に、俳優の要求条件は旧劇に比べて低く、旧劇の唄いと立ち回り等の専業学習を経る必要はない。普通語の基本を突破すればそれでいい。彼らに練習をさせ、出演させ、一定の舞台経験を積ませれば、比較的良いアマチュアの俳優にもすることができる。話劇「大宗南渡」は話劇をまだ演じたことのない市放送局の司会者、学校教師の中から十数名の朗誦愛好家を選抜し、五カ月余りの余暇（基本的には夜の二時間強）練習を行い、最終的には公演し、各方面から好評を得て非常に素晴らしい成果を得ることができた。当然、出演者を選ぶ時には、イメージ、素質はできるだけ脚本の要求に適合しなければならない。この外出演者の適応性、理解力にも注意するべきである。このような出演者を選ぶのは決して難しくない、教師の中、放送局司会者の中、文芸愛好者の中、いずれも比較的適切な人選を探し出すことができた。これは話劇が好演できた理由の一つである。

もう一点、舞台職員は簡単である。最低限でも楽隊は使わない、よしんばもっと簡単な楽隊、十数人が必要だろうか？さらには美術スタッフ、化粧、服装、があり、その他の舞台劇と比較して言えば、話劇は少し簡単である。例えば、劇の筋は小さな中庭、垣根をめぐらした壁、中庭の門、簡単な机や椅子があればそれでよい。当然、舞台スタッフの伸縮性は非常に大きく、これは公演条件を見なければならない。もし本物のように複雑であればそれはまた大規模な美術工事である。北京の人が公演した「茶館」を見てみれば明らかである。しかし簡便化を図るには、三面壁もまた取り消すことができ、ただ台上に一枚の扉を立ち上げ、室内と室外を分ける。この外、照明、化粧、服装等もまた比較的うまく解決できる。

これらは簡便であり、仕事が容易い特徴であり、話劇この種類の芸術文化が我々の余暇活動の中で引用することができる。二〇〇六年、我々はかつて市に属する各高中学校が〈論語〉の章節と句読を内容とする文章を編集し、自分で出演する一幕物の話劇を作り、長さは十五分を超えないことにした。連続で数年コンテストを行い、非常に素晴らしい成果を上げた。それ故に言うならば、話劇は二幕以上でもまた一幕でもいずれも非常に実用的な芸術形式である。かつてある時期、街中で時事問題などのニュースを素材とした即興劇が流行したが、実際上は小話劇であり、宣伝効果は非常によかった。抗日戦争の時期に非常に有名になった即興劇〈おまえの鞭をすてろ〉があったが、宣伝効果は素晴らしかった。さらに、今日舞台で活躍する芸術品種は〝小品〟であり、その実小品もまた短い話劇である。〝小品〟はもともと話劇の出演者が教室で作業を行ったもので、ある一つの事件に対して二三人が即興で演じたものであった。誰が先に立って主導したのか知らないが一つの新しい芸術形式を発展しながら変化させ、春の宵欠かすことのできないプログラムになった。以上各ポイントで、話劇この種の芸術形式の簡便さと実用性を説明した。

当然、以上はひたすら話劇が簡便でやりやすい面の特徴を詳しく述べただけである。しかし本当の実践からすると話劇もまた困難な一面がある。

　まず先に創作が一つの難しいポイントである。この一つの劇の種類は運用できる手法が単一であり、主要には人物の対話によるので、基本的に人物の対話によりストーリーを詳しく述べる。それ故、話劇の脚本を創作することは比較的難しく、その構成、人物の対話の言葉づかいが適切か否か、場面の変換が合理的か否か等、いずれも念入りに考慮しなければならない。

　もう一点は、アマチュア話劇の下稽古は一人の適切な演出家を探すのがやや難しいことである。専門の演出家を招聘することはできない。自分の演出は経験が無い等々の原因により、これに加えて出演者も初めての試みであり、往々にして倍の労力をかけて半分の成果しか上がらないことになり

やすい。演出家は一定の文学的な修養が無ければならないし、朗誦芸術を簡単でも理解しなければならないし、舞台美術、音楽配置はいずれも一定の基礎が必要である。但しこのすべてもまた一つのだんだんと蓄積される過程である。一人の余暇演出家を育てることは余暇の俳優を育てるよりずっと難しい。

話劇が簡易であり、実用的であり、また話劇の「難しさ」を話したが、皆さんがこの実用性の強い芸術にまともに目を向けていただきたいことである。つまり話劇の「難しさ」は最初に実践し、遭遇する困難であり、このことをその他の劇の種類と比較すると、やはりうまく解決できる。一二回実践して、向上すれば想像以上に早いはずである。

一、脚本を書く前

脚本は演劇の根本の一つである。この説はいかなる演劇にとっても絶対に間違いのない道理である。それでは、脚本を創作する前に、脚本を上手に書くためには、幾つかの重点を明らかにしておく必要がある。脚本はどのようにして生まれるのだろうか?。脚本は人物から構想を始められることもできるし、また一つの物語から書かれることもできる。人物から構想を始める場合には、必然的に一群の人々が物語を展開していくことになる。物語から構想を始める場合には、必然的に様々な人物を引き出し、一つの物語に推し広げることになる。言うならば、人は物語の中に存在し、物語は同様に人を必要として推し広げられる。話劇〈文成公主（皇女）〉〈蔡文姫〉は人物より構成を開始された脚本である。そして〈茶館〉は物語より構想を開始されたものであり、〈王番頭〉を書くためではなく、〈茶館〉を書くためであった。多分この様な解説は無理強いしているように見えるかもしれない。前者を主張する人も有れば、後者を主張する人も有る。この問題は論争する必要は無い。実際にそれらの間の白黒をはっきり分ける境界線は無い。前者であろうと後者であろうと、いずれでも脚本を通じて作者は社会生活に対して、〃人の運命と社会〃この一命題に対しての理解を詳しく述べなければならない。〈文成公主〉は文成公主がはるばるチベットへ嫁入りし、漢とナベットの親善を図り、中華民族大団結を褒めたたえる主題であり、〈茶館〉は他ならず清末民国の一軒の茶館の中で発生する一連の物語であり、各種類型的な人物の運命を通じて、二十世紀初の中国社会の現実を反映している。話劇の開始の文章を書くことは、人であれ事であることを問わず、重要なことは両者が共に生き生きとし、心に深く刻み込まれる、いずれも人を感動させることのできるものであることが必要とされる。

二〇〇三年孔子生誕二五五五年周年には、〝現代人が孔子を祭祀する〟原則を貫徹し、祭祀式典は真面目で慎重に慎み深く穏やかであり、すべて人を感動させるものでなければならず、式典の要求はすべてが四十分間の内に完了するべきである。それ故にすべての上演の内容は祭祀の儀程には入れない。これらの内容は九月二七日記念夜会で開催される。この年の夜会は二つの内容が有った。一つは八曲の歌唱で構成された大合唱〈東南の望楼〉であり、もう一つは話劇〈大宗南渡〉であった。二つの内容はいずれも南宗孔氏庙と密接な関係があった。

二幕の話劇〈大宗南渡〉は孔氏一族の人達が宋の高宗趙構に従って南に渡るこの段の歴史を述べたものである。この段の歴史に沿って、衢州は〝東南の望楼〟の名称が有った。またこの事により、宋より以降孔氏一族の人材は南宋に在り、北宋の曲阜と別れた歴史的な理由があった。それ故に、話劇〈大宋南渡〉は部分歴史劇であらねばならない。話劇を構想し始める時に、このいくつかの事は作者が洩れなく十分な準備をすることが必要である。

まず最初に、脚本に関係のある資料構成物語を熟知すること, すなわち孔氏が大宋に随従して南に渡る歴史事件の詳細な状況、事件が発生した歴史的背景、事件の詳細な過程、及び過程の中での細部等々である。この為、歴史学者に頼んで私の為に一万字に近い歴史材料を整理して、詳細に北宋と金が対峙した歴史材料を羅列し、詳細に金政権の起因に至って、宋金対峙の主要な戦事、重大な歴史事件、北宋の失敗原因、ひいては女真族の姓氏に至るまでの記録であった。

私はまた〈南宋史稿〉等の史書を読解した。この一つの歴史材料の準備と学習は、私に宋と金の比較を全面的に認識させてくれた。北宋が南宋を滅亡したこの段の歴史に対して、より明らかに理解することができ、これが孔氏一族の人達が南に渡った歴史的背景であった。史料研究の過程は私が編纂する話劇に対して、一種実在的な枠組みを持ったような感覚になり、物語の中でまんまと人物が現れた。だから、題材に対する深い研究が非常に重要であり、合わせてその中から物事や問題の本質に触れて思想の内包する事柄を取り出し、構成に一つの主題を物語に反映することができる。

その次に、人物の構想である。題材研究の基礎の上で人物構想を行う。すべての舞台劇と同様に、人物は主要なものと副次的なものを区分する。主要人物は一～二人である。この中でも、また主要と副次を区分する。彼らは劇の筋を発展させる主要な任務を担当し、せりふの内容、せりふの数量、出場時間、舞台上の時間、舞台調度等々を、いずれも肝心な位置において対応しなければならない〈大宗南渡〉の主要人物は孔子第四十八代の嫡出の長男、孔端友である。彼の生涯は、史書に豊富な記載が有る。高宗南度に随従して、約三十数戸の曲阜孔門の精鋭がおり、その中には孔端友の叔父、兵部尚書孔傳がいた。そこで、孔端友と孔傳を主要人物に確定した。人物設計の第二類は脇役である。脇役の責任は、主役が主題をはっきり述べ終ることを補助することであり、劇の筋を伝承し、引き立たせ、豊富な役割を行う。この外、更に重要な一点は、脇役の人物が多いと、彼らは生活の中で各種性格の人物を展示することができ、脚本の生活色彩を濃こうにさせる。〈大宋南渡〉では孔晾、孔玠、孔瑞稟、孔瑞坤、完顔嶺等の人達であった。どの人もいずれも各自の性格をもっていた。この類の人は我慢強く恰好が良かった。最後の一類は私が〝せりふの無い人物〟と称したが、また常に群衆役者と呼ばれており、人数は必要に応じて配置される。彼又は彼女達がせりふの責任は請け負わないが、しかし雰囲気を引き立てる効果は絶大であった。〈大宗南渡〉の序幕は十数名の群衆出演者が戦火の中を避難する群衆の役を努め、彼らが様々な人物に扮した。大きな幕が開き、天幕あたりから雷雨がまじわって吹き付ける中で大堤の上をよろよろと通っていき、たいまつを挙げ、箱を運び、年寄りを助け、子供の手を引き、時を止めて舞台の、雰囲気を鮮明に浮き立たせて、生き生きと一幅の戦争で社会秩序が乱れ不安定になるさまや、民衆が逃げ回る情景が観衆を一気に劇の筋に引き込んだ。当然、幕ごとにいずれもこのような人数の多い場面があり、彼らは最も多く「いいぞ」、「そうだ」等を言うだけであるが、し

かし実際は舞台の上で欠かすことのできない場面である。

第三に、幕場の区分である。当然公演回数の区分は脚本の事件の複雑さ程度に基づき、人物の数、時間のスパン、及ぶ時間のスパン、更に主要なことは劇の筋の進展により決定することである。〈大宗南渡〉の上演回数は、二幕の話劇と序劇と終章により構成されている。もとの構想は三幕、廟に別れを告げ、帰去することを報告し、衢州に寓することの三幕であった。後に夜会の時間制限の原因で、二幕に書いた。今から見ると、〝廟に別れを告げる〟この幕は残しておいた方が良かった、思い出すと、本当はいささか遺憾であったが。これまで資料を熟知し、物語を構成し、人物構想及び幕数のことを述べた。これらの作業の基礎をしっかり行った上で、具体的に脚本の文章を書くことを続けることとした。

一二、懸念と場面

私達が話劇文学の脚本を書くに当たり、先に述べた「話劇文章を書く前の準備」に基づき、私達は書こうとする内容に対し充分な準備をしなければならない、かつ話劇の物語の基本を決めた上で、創作の初めの筆を執る、以下の幾つかの事は十分に思索をこらす必要がある。

構想の懸念である。いかなる舞台劇もいずれも懸念がある。話劇は更にその様である。脚本は一人の懸念により推し広げることを手伝い、ストーリーが繰り広げられ、観衆がストーリーの展開に関心を持つように導く。ストーリーは懸念が解放された中で完成するといえる。「どんなようにできるのだ?」と、観客はストーリーの過程と最後の結果を推測することができるなら、この話劇を見るのにさらにどんな意味があるのだろうか?。懸念は観客にこの話劇の過程の中を見てもらうために、舞台で起こっている全てが、絶えず「どうしたのか?」「一体どういう事なのか?、どうすることができるのか?」…。〈大宗南度〉三つの懸念を構想した。大幕が開いてすぐに、観客に向けて説明する。一つは二番目の娘孔玲が水に落ちて生死が危ぶまれていること、もう一件は「楷木聖像」を入れていた木箱がひっくり返って滔々と流れる大河の中に流されたこと。この外、さらに孔玠が日夜ずっと背負っていた一つ三尺（一メートル）の長さの木箱は、ストーリーの中で絶えず現われるが、しかし木箱に入っているのは何なのか?。王玠自身でさえも知らず、彼はただ中に入っているのは極めて貴重な物であるということだけであった。ストーリーが進展するにつき、懸念は一つ一つ解かれた。第一幕が終了する時に、「楷の木の聖像」は河の上を探し見つかった。第二幕が開始すると、孔玠が昼夜守り続けた木箱が人に取られ、非常に多くの人は本来木箱に入っていたものは特に貴重品であると推測したが、しかし誰も知らなかった。この事は、孔端友一人が知っていた。元々木箱に入っていた物は唐朝の呉道子が描いた「先聖遺像」であった。万一を防ぐために、孔端友は祖廟に別れを告げる時に、すでに「先聖遺像」を油布で密閉し、次女の孔玲の肌につけて背負わせ、木箱の中に在るのは一枚の白紙であった。このように、内族が取っていった木箱の中は決して呉道子が描いた「先聖遺像」ではなかった。そこで、次女の孔玲を探すことが南に渡った一族の人達、特に孔瑞友の心底からの気がかりであった。物語も又この一連の紆余曲折の懸念の中で展開する。歴史劇としての構想の心配には従うことが必要である。或いは事実に依拠することがあるか、或いは文字記載（特に歴史劇である）と、合わせてストーリーとの合理的に継ぎ合わせ、いい加減なでっち上げやでたらめはどうしても避けなければならない。先に叙述した第一の心配は、清代の人馮世科が文章の中で記載している〝魯阜山神護聖像〞の伝説を根拠としている。

第二の心配は、確実なことは呉道子が〝先聖遺像〞を描き、且つ孔端友が南渡した際に衢州へ責任をもって持って来て、孔氏南宋家廟に現存している。長方形の木箱に至っては、ただ絵画を隠す一つの手段であり、心配の真実性に影響しないことに留まらず、反ってストーリーがさらに豊富なものにさせることができる。当然懸念の構想は各種の手段に使うことができる。物件も可であり、事件もまた可である。しかし、如何なる方式を論ぜずとも何れもストーリーと有機的な融合が展開されなければばならない。

どうかこのポイントを覚えてほしい。懸念のない話劇は、ちょうどもっとおいしい料理に塩を加えなかったようなものである。場面の構想である。多くの幕か一幕かを問わず、いずれもストーリーが展開する時間、場所がある。そのため、劇作者は幕ごとの中の情景構想を重視する必要がある。創作話劇、特に非ノンフィクション的な話劇，上述した問題は創作者の決定程度が非常に大きい。情景設計は演技を有利にし、ストーリーを引き立たせることができることに従わなければならない。さらにもう一つのポイントはセット製作の難易度を考慮し、舞台の情景設計がアマチュアグループにとっては、やはり舞台のセットの重複使用、場面転換の難度等の方面の要素を考慮しなければならない。さらにもう一つのポイントは演出する劇場の舞台条件もまた考慮しておかなければならない。

「大宗南渡」は長江のあたりであり、舞台の一角は二階建ての庶民の小さな家屋である。孔氏一族の人々が南に避難する途中で、ただあまりにもみすぼらしすぎないように、その地方の一定の身分の有る地主の住宅を借用した。この家屋は長江の堤に近く、石段が有り堤防に上ることができた。高台の設計は非常に重要であり、舞台は平らであるので、設計する時はできるだけ高さを利用できるようにし、例えば階段、高い堤等であり、出演者の演技のために、適切な環境を提供できるようにする。観客は舞台の下から、見上げるのでさらに立体感が増す。

「大宗南渡」の二人の主役がいずれも高い堤の上で初めて現われるので、演出効果は非常に素晴らしい。この話劇の第二幕は、孔氏一族の人達が南に渡って後、衢州に居を定めるところである。状景は孔宅の一つの庭である。第一幕の二階が一階に換えられている。左側から右側に変わって、家の前には一つの外廊が加えられ、さらに少し迫力が増した。このように第一部のセットを重複使用することができ、舞台後方の垂れ幕の前の高い堤は小さな庭の壁に換えられた。これにより、セットの配置にはできるだけ真に迫り、現実の生活感を出し、できるだけ複雑になるのを避け、幕替えの際に過多の作業量が減るようにしなければならない。現在の、少し〝現代流派〟の話劇は、舞台上には簡単な一枚の斜めに傾けた板以外舞台はすっ

からかんであった。このようなセットの概念は、私には皇帝の新しい衣を連想させ、少なくとも私には認められない。やはり人に一つの真実の生活感覚を与えるべきではないなのか、たとえ少し簡単なセットでも要るのではないのだろうか?。

構想はよい、芝居の段落の仕切りを定めること、劇中の人物の実際を考察すること、続けてきて具体的な話劇を書き始める。この後、きっと以上で述べたことに対して、調整し、しかし一切はすべて胸中に有り、問題や事情をよく知っている自信があること。

一三、人はその言葉を語る

セリフの文章を書くことは脚本作者の基本的な仕事である。本当に、非常に多くの文学作品の中にはいずれも「対話」があり、しかし「対話」は話劇の創作の中でとりわけ重要である。何故か、歌劇は歌を唄うことを以て主とし、戯劇は戯曲を唄うことを主とし、舞劇は舞踏を以て劇の筋を叙述する。考えても見なさい、舞劇の中の舞踏言語が薄弱であれば舞劇になることができるだろうか？ 戯劇の中の唄いの段が生き生きしていなければよい戯劇になるだろうか、文字通り、話劇の主要な部分は人物間の対話で内容を叙述する。それだから話劇の中では簡単で無駄がない「対話」であることが必須である。話劇はどのように上手に「対話」を書くことができるのか。重点的に三件の事に注意しなければならない、人物の地位、性格、対話が短くて生き生きしていることである。

人物の地位

一部の話劇は人物が非常に多いので、そこで主要人物、次に重要な人物と話をするのが非常に少ない群衆出演者に区分けする。人物の地位は、〝対話〟する分量と回数、文字数を決定する。例えば〈大宗南渡〉の中で、孔瑞友の地位、身分が最高であり、その為彼のセリフ局面を主管し、彼のセリフを以てストーリーの展開を主導することになる。

この劇の第一幕で、金兵が派遣した人物が孔端友一行に宋室に追随してはならず、彼らに曲阜に帰って廟事をつかさどるよう勧め、忠告した。劇中舞台上のその他の人のセリフはいずれも叱責、抗議であり、孔瑞友のセリフを却ってこのように書いた。

孔端友「(周囲を見回し）逃げる必要は無い。（ほんの短い時間考えて）聖祖は述べられている、道が同じでなければ互いに画策はしない。私の家は金のとばりとかつて往来したことは無い、あなたの主旨の意図は私と何のかかわりが有るのか！」これは完全に一種の見晴らしのきく有利な地勢を占めている言葉であった。気勢が大きく、論理は真実である。

続いて金の将官に対して言った。孔端友「副将大人、私は堂々たる中国人です、商周以来王朝が変わったことは多く有りました。しかし一条、昔から今まで変わらないことは、正義のために起こした義兵が腐敗朝廷を討伐しました。そしてあなた方は、見ていてください。金兵は南下すると、一路焼き殺し、人をさらい金品を略奪し、民衆を散り散りに離散させて、血は流れて河になっている。これらの行為は、盗賊侵略とどんな違いが有るのか。聖祖は教え諭している、危険な国には入らず、乱れた国には住まず。我々の孔門一族の人間はどうして侵略者と仲間になることができようか。」

当然、帰属することを監督する金の将官は立腹のあまり恐い顔をし、副将もまた小物ではない役人であった。

完顔真（金の副将）「衍聖公大人、私めは一言申し上げます。祝杯を断って、罰杯を飲む（丁重な頼みを断り、頭ごなしの命令に従うこと）勿かれと言うべきでしょう。」

この時孔端友はさらにきっぱりと返事をした。

孔端友—端稟、（すこし間をおいて、突然）客を送れ！

きわめて少ない〝客を送れ〟の二字は、孔端友の身分と性格を体現している。演出後、孔瑞友に扮した俳優は言った、この四文字〝端稟、客を送れ〟を読んだ時はすごく痛快であった。このようなセリフは完全に孔瑞友の身分と性格に合致していた。

正確化

これはまた話劇の文章を書く時に特に十分注意しなければならない。あなたが某単元の劇を書く際に、場の上には非常に多くの人が有り、この時誰が話をするのか、どんな話が非常に重要かを説明する。重要なのは、人物の身分、地位、を言うか言わないは、どんな話が往々にして人物の性格を決めるかで、その為、対話を書くには、あなたは心の底で人物を磨き上げなければならない、すなわちあたかもあなたがその脚本中の人物と同じように。

このように舞台上の人物の才能が生きて来る。話劇〈太宗南渡〉の中の孔玠は孔端友の息子で、若くて短気であり、金副将が孔氏一族の人達に曲阜に返るように勧めた時に、このように書いた。完顔岭曰く「我々は大軍を率いて広々とした南に下り、勢いは大きな力で天下を巻き上げているようである。兵は汴京（河南省開封の別称）を過ぎ、徽、欽の二人はすでにすでに我が囚犯になった。宋朝の大気は亡くなっています、大人はなぜ…」

この話は金将の身分に符合しており、徽、欽の両皇帝二人をただ徽、欽の二人と呼び捨てにして二皇帝は不適格になった。このとき、孔玠は前に進み出た。彼は若くて気が短かった。

孔玠—全くでたらめだ。高宗皇帝はすでに商丘で天子の位に着いている。大宗弘山は動揺することはありえない。

これはすなわち若い人の短気であった。孔端友「玠児よ、お前はしばし彼に話し終わってもらえ。完顔岭副将、あなたはわざと大げさなことを言って人をびっくりさせることは必要なく、ひとまずお越しいただいたご意向を話してください」

孔端友の深く重々しい態度は、一家を成す儒学者の風采があり、言葉には道理があり、短い言葉で急所を見出していた。

生活の中での地位、身分にふさわしい人の多くは性格、気質が一様な人も少なく無いが、この話劇では有り得ない。いかに一人の作者に任せても、一つの脚本の中で同じ地位、同じ性格の人物を文字により書くことは不可能である。それゆえ、あなたが文章を書く時だけには「人はその言葉を言う」一部のセリフを誰がすべて話すことができるかを心配する必要は無い。もし「人はその言葉を語る」それでなければ、その問題はきっと劇作者の身上に発生する。彼は人物の内心世界の中に深く入っていなかったのである。

精練　—よく練り上げること

これはセリフの大切な意味である。概括的な統計が有り、大体文字数は四五〇〇字位である。このうち、セリフのテンポは速いものもあり、ゆっくりしたものもある、さらに舞台を素通りする俳優、動作等。そのため字数はただ大体の統計数である。しかし、良い話劇は、単位時間内にセリフ字数が少なければ少ないほどよく、これは非常に難しい。あたかも過去の電報を打つのと同様に、最小の字数を以て事情をはっきりと説明することである。これは学問の秘決であり、劇作者レベルの表現である。「一字の師」の話しをする。話劇〈屈原〉一九四二年重慶で公演前に脚本家郭沫若は観客席で嬋娟（屈原の小間使い）を演じていた宗玉（屈原の学生）を非難した時、セリフはこのようであった。「あなたは意気地なしの文人」俳優の張瑞芳は力強さが感じられなかった。郭沫若もまた同じような感覚であった。二日目の演出の前、郭沫若は張瑞芳をさがしてどのように改めるか相談した。全部で九文字、どのように改めるか?この時河のあたりの釣り人役を演じている張逸生がそのあたりで化粧していたが、彼らの討論を聞いて、口から出まかせにひとこと言った。「この意気知なしの文人！」やはり九文字、ただ〝是〟を〝這〟の文字に改めれば、人物の気合もたちまち表現することが出来た。これこそが著名な〝一字の師〟の物語であり、これは話劇のセリフの重要性を説明している。ただ一文字を改めることが、異なった舞台の雰囲気を生み出す。だからこそ、セリフを書く時に、人物の身分、性格、劇の筋の環境を絶えず推敲しなければならない。今振り返ってみると、〈大宗南渡〉は更に非常に多く磨き上げて推敲する必要がある。セリフは舞台の時間であり、話劇の容量であり、推敲するべきである。セリフの文章を書くことのポイントは以上の数点で述べた。どの人物を書くかを問わず、劇作家はその人物であり、作者はその人、その事、その境地、その心に侵入しなければならない。このように書き出されたセリフはぴったり合い、それで初めて張三のせりふ、李四もまた話をすることができるのである。セリフの文章を書くことが脚本家の一番の大事であり、多くの推敲を加えることである。

一四、舞台を実生活のようにする

場面

いくつかの幕の舞劇を問わず、どの一幕も劇の筋により、展開することができ、舞台上の人物の上下は、若干の「単元」を生み出すことができる。「単元」の二字の専門用語は何というべきか知らないが、私の意図するところは、ある幕の話劇が進行中、また劇の筋が展開する過程の中で、ある一区切りの時間の間、幾人かの人物は基本的に固定される、我々の生活の中で短い時間のひととき、幾人かの人達は一つの事柄を話している。この類の「単元」は、幕ごとに幾つかあり、創作の際に、作者は計画を立てることが必要である。「単元」で演技する時間の長短にいたっては、舞台上の人物の対話内容の重要性によって決められる。当然「単元」毎の人物は相対的に固定され、個別人物の上下も行ってはならないということではない。創作時に一つの「単元」より下のもう一つの「単元」に向かう合理的な移動に注意しなければならない。この中で重点的に一点指摘しておかなければならないことがある。舞台上に人がいないことを決してしてはならないことである。たとえば瞬間的に〝人物がいなくなる場面〟になっても駄目である。

〈大宗南度〉第一幕には九つの場面があり、その中の一つは九分間近く演じられる。そして短いものは五十秒のみである。「単元」の多少は劇の筋によって決められるが、ただ「単元」が少なすぎると舞台上の圧力は大きくなり、舞台もまた熱気がとぼしくなるようである。「単元」が多すぎると、舞台上の人物は頻繁に変動し、がやがや騒ぎ立てている感じになってしまう。それ故に、脚本の文章を書く過程の中でしっかりと状況を把握して、劇の筋が次第に盛り上がる効果が必要である。

人物の性格の多様性

生活の中で、人々の性質、性格は多種多様である。話劇は生活のモデルの反映であり、そのため劇中人物の性格もまた多種多様である。当然途切れなく語られる話であり、劇の筋の必要性に基づくものである。この前提の下に、脚本を書く時には、意識的に各種性格の人物を構想する。ここで述べる人物は、二番目に重要な人物が必要である、なぜなら主要人物の賢さはテーマにより人物の原型が決められ、特に歴史事実の記録的な原型で決められる。今重点的に述べるのは二番目の人物であり、この種類の人物は往々にして作者が創作する時に構想して出て来る。劇の筋の必要性に基づき、作者は各種各様の人物を作り出す。必要に応じて作者は各種各様な人物を創造できる。感情を外に出さないクールな内向型もできるし、処世的な意気盛んな人物もできる、ある人物はおとなしく賢く、ある人物は貧しく小さい等々である。

〈大宗南渡〉は脇役として六~七人がいる。舞台上には脇役の多くは五人であり、分別すると孔瑞稟、孔瑞坤、孔玠、孔瓊璪、完顔歳である。脚本の冒頭の部分はいずれも人物紹介があり、一般的には人物の間の関係、職位、年齢が有り人物の性格は紹介されない。人物の紹介は劇の筋によって押し広げられ、幕ごとのどの〝単元〟の中でも出現する。孔瑞稟の如きは人となりは正直で温厚であり、事情に対し自分の見解を持っているが、しかし大きなしっかりした主義は持っていない、そのため彼のセリフの多くは比較的温和であり、彼と完顔歳の対話は次のようである。

孔瑞稟：あなたは瑞坤とは友人ですか？いつ頃知り会ったのですか。

完顔歳：さっき、いまさっきのことですよ、知り会ったばかりです。

孔瑞稟：知り会ったばかり、これは又不思議な事ですね。

完顔歳：友人として知り会うのは、不思議な事ですか。

孔瑞稟：友人として知り会うのはふしぎな事ではありません。不思議なのは我々が長江を越えてきたばかりの時にどうして知り会っていたのですか。〈しばらくして、突然〉会ったばかりで知り合いになったのではないですね。

人物の性格の多様性は、劇の筋を豊富で多彩なものにさせる。この中で、人物の性格の間に一定の間隔をに注意しなければならず、人物の性格をあまり近づけさせてはならない、重複させてしまうことになる。人物それぞれに性格が有るから、舞台全体が面白いものになる。さもなければ、登場人物が多いが、生活典型を反映することにはならない。

セリフの配分

各役者のセリフの数量と回数は劇の筋の進行を見て決められなければならない。この人物を構想したからには、劇の筋の進行の中で役割を果たし、彼が話をする機会が有るべきである。各役者は劇全体の中でその地位により。役割は異なっているが、彼らの話をする回数は当然多いことも有り少ないことも有る。あなたが脚本をかくのだが、しかしあなたの頭の中には常に、舞台上の場面のイメージ（劇の筋がどこまで進行していており、舞台上のそれぞれの人がどの場所に立っており、誰が話をし、その他の人は何をしているのか等々）すべて演出を見るのと同じようにはっきりとしていなければならない。ちょうど囲碁の達人が碁盤を背にして、碁盤の碁石を使わず、自分の碁石と相手の碁石がどんな位置に有るか非常にはっきり認識しているようなものである。

ここで注意を要する点は、一人の人物が舞台の上で非常に長く立ったままで、どんな話もせず、どんな仕事もないことは（なんとつらいことか）極力避けるべきである。そのため、人物のセリフの数量と話をする回数の分配を合理的にうまく設計することである。

更にもう一点は長いセリフの設計である。先にすでに述べたようにセリフは精練していなければならない、その為セリフの字数を大事にするべきである。語句は意を尽くす必要がある。

しかし主役に対して言うならば、又話劇全体の中では主役のために長いセリフを構想する必要がある。歌劇の中の主役の詠嘆調と同じように、戯曲の長い節回しと同様である。

〈大宗南渡〉の主役には一回のセリフは八十字あった。このような大きいセリフは人物が主題に対して詳しく説明することの表現であり、主役の地位と劇のストーリーの役割を反映する。

当然、このようなセリフを書く時には、作者は比較的深い修練と腕前を必要とし、出演者に対しても非常に技能を要するものである。

いかなる話劇でも、必ず人物がかなり多い場面があるはずである。これは劇の進行と高潮と山場に対して非常に効果がある。但し群衆演技者の人数が多く、舞台の上に立ってセリフが無ければ、時間が長くなるとぼうーとしてしまう。〈大宗南渡〉の第二幕で孔氏一族の人達が衢州に居を定め、〈尼山書院〉を創立し孔氏の子弟を教育した。

脚本には十数人の児童が学校に入り、舞台の上には〈大学〉の開巻語が掲げられており、素早く舞台を下りた。

子供達は舞台の上で一分間にぎやかに動き、孔氏一族の人達が教育に力を入れている事を浮き上がらせて舞台に熱気を上げさせせた。演出家は舞台稽古をする時に、幼稚園から十数人の子供達に来てもらってた。効果は非常に大きかった。

開幕

古くから伝わっている言葉に、「初めよければ半ば成功」といわれる。

話劇の大幕が開くことは特に重要である。話劇の開幕は人に感激を与え、合わせて続きを見たいという欲望を生まれさせる。大幕が開かれることは話劇のすべてが観衆に与える第一印象である。〈大宗南渡〉はこのように書いた。

時間：建炎初，紀元一一二九年春、某日黎明前

地点：長江辺りの某地

場景：雷電、大雨

江堤、石段が有り，塀で囲まれた住宅

大空は江水、対岸の火の光が明滅している

江堤の上は逃避する人の群れ、松明を挙げ、幾つかの群れになる。がやがやと騒がしい声、泣き叫ぶ声、雷の音空はだんだん明るくなり、雨は次第にやむ。高い堤の上には孔傳が大きな傘を被り、大空を見上げている

この一つの場面設計は、もし再び演出家が舞台化すれば、考慮することができ、効果はきっと素晴らしいものになるだろう。大幕が開かれ、舞台上すべてが完全に一面の霧が発生している。観客が思った。「どうしたんだ?」、「何が起こったのだ?」雨が上がった後、江堤の上に一人の老人がゆっくりとした身体でやって来る。劇のストーリーはここから展開される。

閉幕

閉幕は物語の結末であり、大人も子供もハラハラする気持ちがすべて閉幕前に明らかになるように都合よく割り振りされ、物語を円満に締めくくらせる。話劇の終わりに幕が下されることは、一つの話劇が観客に最後の印象を与えることであり、脚本が伝えたい主題がすべての舞台の解釈を通じてすでに解決していることである。そのため、閉幕の構想は観客に一つの思索、一つの創造の空間を、観客が観て値打ちがあったという感概を与え、劇全てに対して深い印象を残してもらうようにするべきである。結末は喜びであろうと悲しみであろうとを問わず、いずれにしろ作者の社会生活のある一面に対する認識をわかり易くはっきりと述べるべきである。

上述した〈大宗南渡〉の脚本は開幕の折に一つの木箱を設定し、孔玠が背負っていたものを、人に取られた後、皆が驚きの余り取り乱すが、孔瑞友は却って泰然自若としていた。そして孔玲は閉幕前

に初めて舞台に現れた。水に落ちた後，親衛兵に助けられていたのである。このように，孔玲が帰って来て、〝先聖遺像〟は全く傷もついておらず、皆は大喜びした。孔氏の子孫はこれより南宋と北宋に分かれて形成され、それが衢州孔氏南宋の関連する歴史的根源となった。

話劇脚本の主要な目的は舞台の演出の為であり、演出家の為であり、俳優及びその他舞台作製者の為に一つの文学的基礎を提供するものである。その為に、脚本創作の過程の中で、人物の対話に注意する外に、さらにいくつかの身体の動作、人物の表情等、指導的な要求を提示し、演出者及び俳優の参考に供する。せりふの開始或いは過程の中で、括弧を使って脚本の要求をはっきり書く、「ひと時考え込む、周囲をぐるりと見まわす、小声でひそひそ話す、怒鳴りつけるようなこと」等々である。この外、さらに音響効果を提示する必要もある、「鶏が鳴く、犬が吠える、雷の音、雨の音」等々である。さらに音楽旋律の要求もし、演出作業のための基調を提供する。まとめて言えば、話劇の脚本は創作の過程の中で劇の作者がすでに自分の頭脳の中で自分が書かねばならない話劇を何べんも演じてしまっているのだ。作者はこの幻想

の中で絶えず脚本を修正し、脚本の決定版を仕上げる。脚本が決定すれば、その後のことは一切演出家に渡される。それでは、誰が演出にあたるのか。

一五、演出家──監督

演出家を「監督」と称している。前述したように、アマチュアが話劇を演じる主要な困難の一つは監督を探すことである。どうしたらいいのか？　自分で育てるのか。それでは、監督にはどのような潜在的な素質が必要とされるのか。監督は、専門の職業であり、俳優たちを成果を上げる人材に育てることである。ちょうど将軍が無数の戦士を養成するのと同じようにである。しかし将軍でも、監督でも、俳優或いは戦士は育てられるけれども、いずれも自らの潜在的な素質がなければならない。専門の監督は学院の専門教育を受け深く研究するけれども、しかしさらにたえず実践することが必要であり、それで一流の専門家になる。そして一人のアマチュア話劇の演出家として、専門演出の様な要求はしない。大学に通っていた時に、私は事が食い違って上手くいかず、一幕の歌劇〈三月三日〉の演出することに当たった、さらに話劇〈湘江風雷〉の演出も担当した。それらはすべて学生が遊んでいただけであった。今振り返ってみると、少し自分を素晴らしいと思い、深さを知らずに経験をしたことであり、そのことは多くの教室では勉強しなかった知識に接触させてくれた。それで、ひとりのアマチュア演出家として、非常に多くの蓄積を持っている筈であるが、これらの蓄積は只ちょっとした一般の趣味であった。

文学の愛好

文学作品の範囲はきわめて広大であり、例えば小説では、この中に古今、海外、長編、中編、短編、さらには散文、詩歌、旅行記、史記、雑文、映画文学脚本、話劇文学脚本等々が有る。この種の愛好は、ただ純粋に興味からでており、目的ではない。勉強のプレッシャーがあまり大きくない中学時代、私は非常に多くのロシアの小説を読んだ。「チェーホフ」、「静かなるドナウ」「一つの銅ボタン」等、当然、大まかに中国の四大名著も読んだ。非常に多くの文学作品は読んだが、また忘れた。たとえば、ツルゲネフの〈猟人日記〉は必ず読んでいるが、多くの景色の描写を具体的には思い出すことができない。後に、偶然もう一度〈猟人日記〉を読んだ時、もともとはこのような書は、確実に自然の景色描写が満たされていた。さらに清代の小説家李汝珍の代表作〈鏡花縁〉はやはり初級中学の時に読んだ、やはり初級中学の時に読んだので、今またこの本が述べているのはどんなことであったのかを思い出すことができない。

このような閲読は、そっくりそのままナツメを呑みこむように説明することができるが、しかしい処が無いとはいえない。この種の趣味は広く多くの本を読むと敢えていうことはできず、何が有って何を読んだかと言えるだけである。今から見て、本を読めば為になるということだけは言える。趣味の為に、大学卒業後、その頃給料は高くなかったが、私は雑誌を二冊注文していた。一つは、〈人民文学〉、もう一つは〈世界文学〉であった。これらの雑誌は、文化飢餓の〝文革〟時代にいずれも飢餓を忍び難い人に読まれていた。

無秩序の閲読の中で、私は思いがけなくもまたソ連の話劇大家スタンニスラフスキーの〈演劇俳優の自己修養〉を読み、関連の演出方面の書〈カモメ演出計画〉のようなものも読んだ。夏衍の「どのようにして演出にあたるか」を読んだが、この種の本の内容もはっきり記憶していない。しかしこの種の閲読は後に来る話劇の演出に非常に有益であった。文学の趣味はさらにあなたを生活より文学の理解に向かわせる。それ故に、演出には文学の趣味を有せねばならない。

話劇の演出を見ること

劇場に行って話劇の演出を見ることは、大都市ではやり易い。私は仕事に就いた時、北京に出張するごとに、いつも劇場に行き、主に話劇、歌劇を見た。私は「胆剣篇」等を見た。さらに歌劇〈劉三姐〉等も見た。劇場で演出を見て、劇場の舞台芸術の勢いを感じることができ、プロの俳優の演技技術とプロの美術スタッフの情景設計、演出家の技と力を感じた。現在もしこのような機会がなければ、ＣＤを見ることもまたいい方法であり、ＣＤは見る過程で止めたり何回も見たりすることができ、勉強するのに便利である。話劇「茶館」を私はＣＤを見て楽しんだ。いくつかの有名な話劇のＣＤを多く見ることは、アマチュア話劇の演出に非常にいいところが有る。自己の視野を広げ、大監督の舞台手法を学習でき、また有名な俳優のセリフ表現技術及び彼らの手足の動きの言葉と運用を素晴らしいと思った。この種の鑑賞は必ずしも具体的な目的が有るのではなく、一種の芸術的な蓄積である。

朗誦芸能を愛好すること

話劇の演出と朗誦芸能は緊密な連携が一緒になる。俳優達はセリフを読むか或いはセリフを話すか、またセリフを朗誦するかということである。文章は句読点や符号をつけているが、言葉には句読点が存在せず、ただ言葉の話しぶりを用いて文章上の句読点を体現する。例えばセリフの中の一言、「あなたが来てください」漢字では三つの文字だが、非常に多くの種類の朗誦法が有り、厳しく非難することもできるし、温和であることもできるし、憤怒することもできる、仕方がないということもできる。ひとまず三つの文字の間のリズムもまた速くも遅くもできるし、声も高くも低くもできるので、劇の筋の必要に基づき手段を一つ選択するだけである。これはいずれも演出家が要求を出し、この中で当然俳優には自分の処理方式がある。しかしセリフの処理方法は、演出家は責任逃れを許されず、劇の筋の関連の中でこのセリフの表現方式を提示するべきである。その為演出家は朗誦芸能について一定の修養が必要である。この方面の学習は、テレビの詩歌会、散文朗誦会を多く見ることができる。それらの有名な朗誦芸能家の詩と詞（言葉）の処理を学ぶことである。いわゆる朗誦は、またすなわち抑，揚，頓，挫、〈抑揚が有って生き生きしていること〉の四文字のみである。そしてこの四文字が具体的に実践されれば、学問は大きくなる。あなたは李白の〈将進酒〉の〝黄河の水天上に来る〟を以て試してみればアクセントは〝黄河〟に置くか、また〝天上〟に置くのか、聴覚効果は大きく異なって来る。

幾つかの美術を理解すること

舞台セットは、美術スタッフにより設計される。しかし具体的な色彩構成、道具、環境配置は、演出家が幕ごとの劇の筋に基づき枠組みの要求を提示し、製作の難易度を考慮すべきである。演技に役立つ為には、生活の雰囲気が必要である。この中には照明設計を含め、更には天空の効果を高める大きな幕の風景が有る。この一切はすべて演出家が一定の美術素養を備えていなければならないし、まさに適切な要求を提示することができる。

さらに幾つかの事情が有る

一人の演出家として、わかっておかねばならないことがかなり多くある。例えば音楽である。話劇には劇の筋に必要な場合、或いは幕替えの休憩時間の時に幾つかの音楽をアレンジし浮き立たせる雰囲気を準備しなければならない。幕替えの時も又、幕を下ろす時も、いずれも音楽の補助的な役割が必要である。音楽は専門家が担当するべきであるが、しかし音楽の情緒の要求は演出者が決定し、うきうきしたり、哀しみ嘆いたり等々である。

さらにはメーキヤップ、コスチューム等専門家が責任を負うけれども、しかしこれらもすべて演出家のしっかりとした意見によらなければならない。これら一切に対して、演出家は素人であってはならない。こんな風に言っていると、演出家はまるで〝雑貨屋〟のようである。演出家は引き受けるにふさわしい仕事であろうか。ふさわしい仕事ではない。しかし構わないではないか，これまですべて述べてきたように、言うならば一人のアマチュア演出家として有すべき幾つかの芸術の素養、それは深くあることもあるし浅くもありうる。まして非常に多くの事をあなたはふだん少し注意し学ぶことができ、これを芸術の蓄積と称する。その上実践の過程の中で一つの演出のグループで、あなたはさらに多くの能力を学ぶことができるのだが、ただあなたは十分な忍耐心と理解力を有することが必要である。私がこれまで述べてきたことは、演出家を俳優が育てることがあることもこの道理である。

一六、ドアを閉めて劇を造る

机の上の仕事は演出家が脚本を受け取った後のことであり、自分一人がドアを閉めて行う仕事である。

話劇の演出家は脚本を受け取った後、どのような仕事をするのか？

話劇文学本の研究

この点は非常に重要である。ここで言うことは「研究」であり、通読でもなくまた精読に止まらず、文学脚本を研究、分析することである。先づ最初に脚本の主題を明確にすること、文学本が主題に対して述べている手法を研究し、一般的に物語を通じて劇のストーリーを演繹し促進し発展させる。脚本の構造から見て、実際上一部の脚本は大きなものも小さなものも物語をくみ上げ、物語は人物によって表現される。大きな物語は劇のストーリーに大きな役割を起こし、小さな物語は劇のストーリーに小さな役割を果たす。すべての大きなものも小さな物語も劇のストーリーを以て演技形式を展開し、これを以て絶えず話劇の主題を分かり易くはっきり述べる。脚本作者は文字芸術を以て主題をわかり易くはっきり述べる。そして話劇の演出者は全体の俳優の演技及び舞台作業者の仕事を指導して、立体空間の形式を以て主題を詳しくはっきりと主張する。一つの一つの物語が演じられていき、物語の演技が終わって大幕が下りると、観客自身の主題に対する思考が残される。それ故に演出者は文学ノートを研究する時に、脚本の中からそれぞれの物語を取り出さなければならない。これは演出者の重要な机の上の仕事であり、彼は大きなもの小さなものの物語の人物の構成、時間地点、人物の舞台調度等のデザイン、その中から以前に話した話劇中の幕ごとの「単元」を取り出さなければならない。演出家はこれを以て演出計画を書きだす、ちょうど「小品」のような「単元」のように、舞台稽古の時に用いる準備をする。「単元」の問題に関しては、後にさらにもう一度話すようにする。

脚本の研究過程の中で、必ず脚本の人物に対して印象を形成することができるし、そのため引き続き脚本の人物分析をするべきである。脚本の冒頭には人物リストが有り、演出家にとってはまったく不十分なものである。肝心な事は脚本に対する研究を通じ、人物をして自分の頭脳の中で生かしだすことである。一点注意すると、人物研究は脚本の人物研究だけではなく、さらに人物と人物の間の関係を通じて、人物の外型、人物の性格、人物の風格まで、ずっと生活の中での生き生きとした人物のイメージまで研究することである。これは脚本が物語になり、人物に至るこの線を研究することになり、当然この研究過程が間違いなく頭脳の中で現場の状景、舞台配置、擬音等この一連の音楽幻想に至るまで出現する。

脚本研究の別の一件は文学脚本を分析する概念構成である。概念は劇のストーリーが発展展開することである。劇作者が概念する構想は十分に心をこめて入念であり、ある時は幾つかの概念が肩を並べて進行し或いは交差し、準備から発展までずっと秘密を暴き出す。この一切は他でもなく文字の叙述であり、特別に創造された物語の一節である。そのため演出家が詳細に脚本作家の入念な創造の構成を、演技の過程の中で観客の眼と脳を吸引する。先に話したように、〈大宗南渡〉中でかつて一つの孔玠が三尺の長さの四角の木箱を背負って、箱の中に何が入っていたのか?を考え出した。誰もまた知らないことである。しかしこの物は孔玠が保護し、中に入っているものが非常に重要な物であることを知っていた。舞台稽古をする時に、演出家は意識的にこの箱の展示を突出させ、俳優に絶えず背を換える姿勢を要求した。観客の注意を引き起こすのに、効果は非常に良かった。だから、演出家が脚本の概念構成を分析すべきであり、脚本の要求に沿うだけでなく、さらに舞台化する時に、概念する関連の事物を突出される必要がある。これは演奏家の机の上での重要な仕事であり、劇作家の考えを無駄にしてはならない。

舞台の角度から脚本を完全なものにする

脚本を完全にすることは演出家の責任と権利である。演出家は脚本を分析する時に、文学脚本と演出家の舞台想像とに何らかの問題が存在していることを見つけることがある。これは正常な事情である。劇作家はやや多く文学的角度より創作を進め、そして演出家はやや多く舞台の実演角度より創作を進める。そのため演出家は脚本を研究する時だけではなく、さらに舞台稽古の過程の中で文学脚本に対して、必要な改善を行うことができるし、演出をさらに合理的で、流暢なものにさせる。さらにこの修正が脚本に対して完全な修正ができる、これは演出家の責任と権利である。しかし演出家が文学脚本に対して手直しするには、〝錦上に花を添える〟の原則に従わなければならず、文学脚本の構成を変更することはできない。第一回の〈大宗南渡〉の時に、私は本当に忙しく手を離すことができなかった。ある人が話劇の舞台稽古野ために省市の一人の演出家を要請して、謝礼金を話し合って決めた。まだ契約書に署名する前に、彼は衢州に来て脚本を閲読して、約十数日過ごした。その後、彼は私と意見交換をして、彼が手直しした原稿を私に読んで聴かせた。読み始めて私は驚いてしまった。しかし私はすぐには声を出さず、ずっと彼が読み終わるまで聴いた。私の心の中ではたった一言だけがあった。「どうしてこのような手直しになるのか」私は礼儀正しく彼に言った「私はノートを持ち帰って数人の先輩達と検討します」。帰って来た時にはすでに放課後になっていた。数人のベテランの先生たちは真面目にくり返してもう一度読んだ。私は何もまた云わなかった。彼らの意見は一致していた。「だめだ。」理由は非常にはっきりしていた。構成を動かしている。劇が始まると二人の人物が上がってくる、一人は鐘をつく人であり、一人は太鼓をたたく人である、歩きながら言った。「お兄さん、もうすぐ八月二七日だ、故郷〈曲阜〉では又祖先の祭祀を執り行うべきだ」、「その通りだ。我々は南に渡る時に太鼓や鐘をたたく人々を連れてきたのか」さらにもう一点、非常に多くの重要なセリフが、古文がやや難しくてわかりにくいために、普通の人は又詳しくなく、その演出者は長いセリフをすべて削除してしまっていた。数人の先輩方はその夜遅くまで討論し、最後にその演出家には婉曲に断ることを決めた。なぜなら彼は不必要な人物を増やしており、その上不合理にオリジナルの文学ノートの構成を変更していた。

それ故、演出家は文学脚本に対しては手直しを進めることはできるが、しかし十分に原作を理解し尊重しなければならない。演出家は原稿を完全なものにすることもまた机の上の重要な仕事であり、その上舞台稽古の過程の中で、手直しすることは可能であるが、構成を揺るがしてはならない原則を以って対応するべきである。条件が許される話であれば、すべての変更部分は原作者と本人が事前に相談すれば良いのである。

演出計画を編成する

この仕事は映画監督のいくつかのカットの脚本に相当する。先に話した話劇を書く時に話劇の幕ごとの「単元」の区割りである。演出家は脚本を主要な根拠としてこれらの「単元」演出要求を編纂する。この部分の仕事は演出家の主要な仕事である。演出家が紙面の上で話劇を何回も演じることに相当する。

演出家の業務計画を執筆する

簡単に言えばどのように準備するかということであり、準備段階は如何なる仕事でも必要である。背景（セット）、服装、音響、照明等の仕事の責任者を適切に配置する。いつ幕ごとに下稽古をするか、いつ総合リハーサルをするのか、いつ舞台のセットの中で稽古するのか、いつメーキャップして本稽古するのか、これらの仕事は演出過程の経験のない人にとっては念入りに方法を計画し、真剣に対処しなければならない。

以上これらの実際上はやはり〝机上の空論〟である。しかし演出家は必ずこれらの業務計画をうまくやらなければならない。ただこの〝机上〟の仕事を細かくやることが有って初めて正式に作業開始後にてんてこ舞いせずに済む。演出家は千軍万馬の指揮はしないけれども、しかしまた多くの専門分野の共同作業を指揮協調していかねばならない。当然、もし相談し討論する人があれば、さらに良くなるにすぎない。しかし家に千人がいても、責任者は一人だけ、この人が即ち演出者である。芸術界はかつて〝演出者中心論〟を批判していたことがあった。私はそれは正しくないと思う、演出者が中心でなければ、それでは誰が中心になるのか？　演出者が民主的なやり方、態度であれば一切は芸術規律から出発すればそれでよいのだ。演出家で非常に優れている人は、人の芸術修養と組織能力を試すことの上手な人である。二、三部の脚本の仕事であれば、完全なアマチュア演出家になることができる。当然、あなたは虚心にすべてを甘んじて演劇人の学生になることができる。

みなさん、紙の上で兵を語ることはここまでにして、早く演出家の「本当の刀、本当の槍（真剣勝負の意）」の仕事を語ろう。

一七、リハーサルを監督する（一）

充分念入りに話劇文学ノートの基礎の上で、リハーサルの前に演出家はすでに全体の話劇に対して「胸に劇が有り」という準備ができて、続いて部によって班ごとにリハーサル作業を繰り広げる。〝演出〟の二字は映画とテレビ芸術に対していうならばぴったりくる。映画とテレビ芸術は、〝監督〟の過程は実際上既に〝演出〟になっている。撮影機は将来の観客の眼であり、監督は何を撮影し、話劇は何を見るかという事である。当然、映画、テレビも又撮影前に必要なリハーサルの過程があるが、話劇は異なっている。話劇は舞台で上演する時に、演出家については既にいろいろ話したので言う事はない。（当然、演出後、更に完全なものにするために手直しする機会はある）その為に私は話劇の「演出家」を「監督」と言うことにする、何故なら彼のすべての労働はいずれも話劇のリハーサルの段階に集中しているからである。

それでは、〝監督〟はどのような仕事なのか？

演出スタッフを組織すること

まず初めに俳優のグループを選定することである。プロの話劇団は固定した俳優がおり、彼らの体形、外貌の各方面は各種脚本の要求を満足させることができる。我々の現在は或る特定の脚本の演出の為である。一つのアマチュアの臨時俳優グループを組織する優位性は選択の範囲が非常に大きいということである。困難な一面はあなたが選んでくる人員はいずれもほとんど話劇を演じる未経験者であることである。このような条件下で、俳優を選抜するにはいかなる条件に注意しなければならなだろうか？　簡単に言えば候補者の外見、標準語、可能性の三条である。外観は俳優が役割りの外貌に適合していることである。標準語は話劇を演じる基礎である。可能性は俳優の引き受ける能力と変化能力が強いことである。この三条には順序は無い。ある人の外見は劇中人物と酷似しているが、標準語は実は不十分である。もしある人の標準語が非常に素晴らしいが、しかし外見が劇中人物と隔たりが甚だしい、このような場合は即ち総合評価をして、取捨を決定する。なぜさらに〝可能性〟の一条が必要なのか？　可能性の意味は俳優の引き受ける能力が強く、理解力が優れており、標準語が不足しているけれども、訓練を強化して、効き目が出れば、良いと言えなくもないではないか。かつて一度「大宗南渡」の俳優を選ぶことになり、舞台経験が比較的豊富で、ただ一バルコニー即ち劇のT字型にクロスさせて立っているところで、彼はすでに戯劇の型に慣れきっていて、どうしても変えることができず、固定したプロ戯曲の表現型式を採用することにこだわりまことに頑固であった。なぜなら彼の可能性はあまりにもひどかったので、そうするより仕方がなかった。

それ故に、俳優を選ぶ時には、この三条の中で総合的に考慮する。指摘する必要のあることは、アマ話劇演出俳優は俳優の要求に対してあまりにも細かすぎる必要は無い、誰が来てもすべて好いと言うことはできないが、しかしつまるところ〝アマチュア〟なのである。総じて言えば向上過程にあるものは認め、もし条件が許せば、主役の俳優も又Ａ・Ｂの役割に分け、一つは誰がより適切か試してみる、二つには万一ある人が有事が有り、代わりをすることがある。

さらにもう一点、舞台作業をするグループを組織することであり、美術工芸、服装、化粧、照明、音楽等である。その上、彼らがリハーサルに参加する必要がないのであれば、リハーサルの過程と計画に基づき、少し早めに準備した方が良い。

リハーサル開始

とても長いリハーサル活動が始まった。なぜなら余暇活動であるため、リハーサルの時間は一般的に夜或いは休日であり、全員集合はいずれもたやすくない。だからリハーサルの過程の中で、合理的に都合よく手配し、移動し配置することが適切であって、初めて良い効果を得ることができる。

①俳優がシナリオを読む

俳優の割り当てが決まって、良い時を選定し全体会議を開く。先に脚本を全体の演劇関係者に配って置いた。この時監督はシナリオの内容と関連及び自分の考え方を話す必要が無く、そうすることが最も良いことである。先に人を主にして、俳優に自分で見させ、自分で感じさせる。この時に、監督は三点の要求を出すことができる。一つはシナリオを精読すること。二つには自分が読んだシナリオの体験に基づき又重点的に自分が演じる人物のストーリーを検討すること。全劇を精読してから又重点的に自分が演じる人物の略歴を書き出す。俳優自身がシナリオを読んだ基礎の上で、俳優は自分が演じる人物に対して、その成長過程、性格、性癖、趣味、文化程度、家庭環境等、さらに幾つかの脚本上叙述されていない事情、目的は俳優が少しでも早く人物の世界に入り込むことである。三つには幕ごとの環境に対して絵を描くことができる、背景を絵で広げること、描くことのできないものは点をつけて文字描写し、どこが家で、どこが樹木で、どこが…。俳優がシナリオの時間が少し長くなる。この期間は、監督が俳優と話し合うことが重要である。俳優自身に人物につき語らせ、シナリオに対する感覚等を話し、人物の性格、いろいろな面の趣味、同様に、監督ができるだけシナリオの見方に対して、自分の考えを話さないようにすること。このようにすれば俳優達自身の理解力を発揮させるためになる。そのため、監督は絶対に「先入観にとらわれない」で、充分それぞれの俳優達の理解力と想像力を信用して任せるべきである。この一点は非常に多くのアマチュア監督が注意しておらず、特に一〜二回演出した人が、自分は演出家の仕事に熟知していると勘違いしてしまうことである。一人のアマチュア監督として、一に経験不足、二つに芸術の修養になんといっても限りがあり、皆の意見を多く聴いてみることは、よいことに違いない。さらにもう一歩それぞれの俳優が演じる人物に対して、脚本の再理解にヒントを与えて悟らせることができる、これもまたさらにもう一歩演出を自分の舞台芸術の完成度を完全にすることができることになる。

例えて言えばある人物に扮する俳優が役柄に入るならば、彼が扮する人物についてさらに多くの細部に考慮する必要がある。「大宗南渡」の中で完顔嶺に扮する俳優は私に一振りの刀を腰につけることを提案してきた。これは既に女真族の生活習性に合致しており、俳優は又両手が空になっては、さらに猛けだけしく凶暴であることを現わすことにはならないと言った。私は彼の意見を取り入れた。もう一つは孔瑞友に扮する俳優の如きは、彼の意見によれば孔瑞友の動作習慣は常に髭をしごく。

このようにする以上は人物の身分を表しており、また彼の地位は一般の人と同じではない。そして孔傳の俳優は年齢が瑞友より高く、地位も又低くないが、彼は瑞友と同じように髭をしごいてはならない、習慣的に両手を背の後ろに回してそぞろ歩く、これは同様に人物の身分と地位を表すことができる。このような細部が、話劇の演出上動作慣性と称される。動作慣性は実際は肢体言語であり、人物の性格、地位の表現に役立つ。

できるだけ早くセットの意識を引き入れる

どのような俳優でもシナリオを繰り返し読解する過程の中で、必ず自分が幕ごとに対する想像を形作る。その為に俳優が自らシナリオを読み始めて間もなく、監督は幕ごとの装飾設計図を公表する。これは監督本人の構想によって、合わせて俳優達の意見を聴きとった上で、舞台美術製作者と検討した後製作された立体効果図である。俳優がシナリオを読む時に、自分がストーリーの進行を、具体的に監督が公表した幕ごとの統一セットに進

めることができる。このようにすれば俳優がそれぞれ自分が想像している環境に入っていくことを避けることができる。

この点は非常に重要であり、必ずすべての人物が活動する環境を統一するべきである。さらにはできるだけ早く幕ごとのシーンの具体的な設計を決めることができ、舞台製作作業者も早く製作することができるのである。

一八、監督（二）

一作の話劇の演出は、一つの多種芸術専門業種の集団活動であり、この一点は誰もがわかることである。話劇、この話題に関して、私は既に少なからず語ったが、しかしこれまで、シナリオを書くこと、監督の机の上の仕事を問わず、やはり俳優達がそれぞれ自分でシナリオを検討することである。これはいずれも個人作業に限られる、すなわち各自が読解し、検討し、空想することである。これ全てが必要であり、重要である。この一歩が着実であって、初めて間もなく開始するリハーサルの為に堅固な基礎を作ることができる。今は集団活動を開始しなければならない。

②第一回全体シナリオの読み合わせ

この順番の活動が実施され、ただちに話劇のリハーサルを開始することを宣告される。十分厳格に。第一回の全体シナリオ読み合わせを開始すべきである。事前に俳優全員に知らせておき、第一回全体シナリオ読み合わせ会を実施するので全員が会場に集合し、群衆出演者もできるだけ会場に集合し、話劇のリハーサルは正式に開始される。「万事初めが困難である」さらにもっと難しいのは〝開始〟である。演出家は先ず皆にシーンを紹介し、美術製作者が製作したシーンの効果図を見せ、最初から終わりまでシナリオを読み、声を出して朗読し、暗唱し、しかし感情をこめなくても良い。感情をこめることもできるが、如何なる変更もしてはならない。全員がいずれも座り続け身体を動かす必要もない。自分が何回もシナリオを読むことを通じて、さらに初歩的に造ったシーン図に対して、俳優達が自ら相ふさわしい活動空間をイメージする。朗読が終わると、監督は少し中間結果をまとめるが、俳優個々の朗読に対しては評価をする必要はない。これは単なる開始で有って、以後まだ更に完全なものにする機会が有る。このようなリハーサル後数日が経ってもう一回やれば十分である。第二回の集団読み合わせでは、俳優が簡単なセリフを脚本通り数語暗唱することができ、人物の感情を少し帯びさせることを要求する。ここにきて集団シナリオ読み合わせは一段落を告げる。

集団シナリオ読み合わせの役割は全体の俳優が劇全体の一つの完全な感覚を持ち、必ず俳優の一部は役柄に少し早く入ることができ、幾人かの俳優は役割に入るのが少し遅れる。彼らのセリフは往々にして「共演」の俳優に啓発され感情をこめて朗読することができた。さらにもう一点は俳優がシナリオのセリフにより朗読する、この中で、またセリフのあまり適切でない部分をみつけることができる。この時、監督はすべて書き留め、その後のリハーサルの中で、検討し、調整する。

③〝張り合い〟と〝グループ〟のリハーサル

私は以前早くに監督の机の上での仕事の中で監督がシナリオを検討する時に、話劇の一幕ごとにストーリーの進展及び舞台上の人物の安定した劇にするために、非常に多く俳優を組み合わせる〝共演〟のリハーサルである。二つには〝グループ〟のリハーサルである。この二種類のリハーサル方式は合理的に交差して順序よく行い、〝グループ〟リハーサルを主として、かわるがわる行う。この二種類のリハーサル方法の目的は異なっている。

〝張り合い〟のリハーサルは一人の俳優が責任を負う。目的は二つで、一つはセリフを熟知することであり、合わせてセリフを暗唱することである。もう一つの目的は標準語の発音を是正することである。この時、一人の標準語指導者を招聘し、俳優の標準語修正に責任を持って指導してもらう。我々浙江人は一般的には標準語のレベルはまあまあであるが、ただ個別の幾つかの音声の中で、捲舌音の発音はあまり標準的ではない。発音指導があって、重点的に克服し、非常に早く向上することができる。俳優が市の郊外の航埠の人のようであり、皆は彼が話すのは〝航埠の標準語〟と言っており、ひょっとすると上手くいかないのではないかと心配したが、発音修正指導を終え、非常に早く向上することができた。

もう一つ別のリハーサル形式を、私はそれを〝グループ劇〟リハーサルと称している。監督の机の上の仕事ではすでに幕ごとに人物とストーリーに基づいて〝グループ〟を列挙する。監督はこのリハーサル形式を充分重視するべきである。これは監督が最も基本と意図する段階を貫徹することである。監督はシナリオの幕ごと順序により〝グループ〟を列挙し、表と通し番号を作成しなければならない。表の上にその〝グループ〟の人物、セリフのページ番号を明記する。人物が舞台の上の管理過程は次頁の図を参考にできる。

〝共演〟のリハーサルを経て、これに自分の努力を加え、どの俳優のセリフは基本的にはすらすらと暗唱できなければならない。続いて、重点はグループのリハーサル、この一段の時間は監督が劇を語り、監督は意図と監督レベルの段階を発揮することに貫徹する。この段階のリハーサルは非常に重要であり、非常に大きな割合で今後の演出効果を決定する。監督の芸術レベル、俳優の演技等、すべてこの一段階で体現できている。この時、重点は俳優の劇への適合、対話の感情、速度、声調と肢体言語であり、これは監督が十分重要な部分を意図することを貫徹することである。この一グループの人物を案出し舞台を調整する時に、舞台の主演が出場する場所はストーリーの進展に対し重要な役割を持つ人に渡す。

例えば「大宗南渡」第二幕では朝廷が派遣した人物がやって来て皇帝の命令を読み上げる。読み上げが終わると、この役人は舞台の中心の位置を孔瑞友、孔傳に譲るべきであるが、この皇帝の命令を読む俳優は彼の官位が高いために、依然として中心の位置に立った、何回も話したがまだ改めな

第x幕　第xグループ

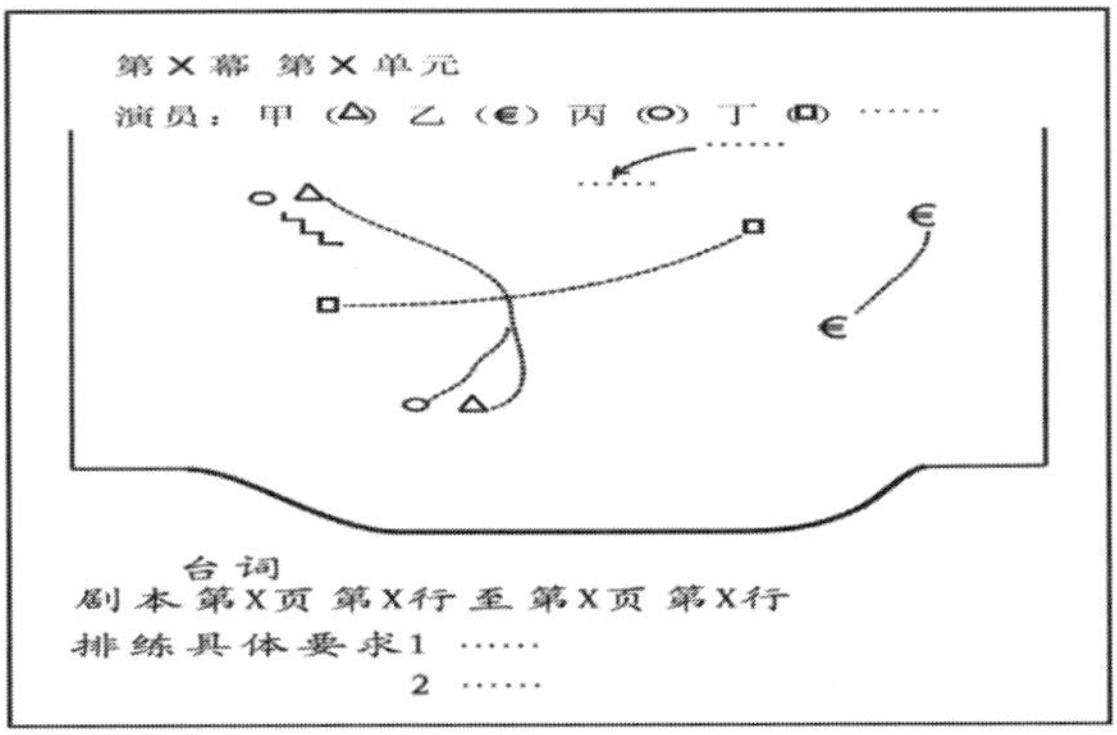

配役：甲（三角）、乙（E）、丙（○★）、丁（D）
（この空間は原書参考）
セリフ
シナリオ第xページ、第x行、第xページ
リハーサル第xページ　第x行

いので、最後に私は大声で叫んだ。「下がれ」これでやっと修正した。どの「グループ」のリハーサルでも、人物の移動ははっきりしておくべきであり、俳優に覚えさせるべきであり、勝手に変更してはならない。

もう一つの問題は監督が舞台上の人物に長時間同じ場所に置いておくことはせず、小規模或いは大規模に動くことである、なぜならどの俳優も舞台の上で移動し、舞台下の観客の目を引き付けることができるので、観客の視線が絶えず俳優の移動を追いかけることになる。このような〝グループ〟のリハーサルは何回もでき、だんだんと自然で流暢になり、生き生きとして上手くなり、最後は演出のレベルに達する。当然、〝グループ〟リハーサルもまたシナリオと監督の机の上の仕事が足らず、幾つかの問題を暴露するが、この種の問題は直ちに処理し、或いは記録し、次のリハーサルの時に修正する。この種の〝グループ〟リハーサルは話劇監督の重要な任務であるに違いない。どこかの〝グループ〟が一回で成功することを求めず、反対に、重ねて何回も練習する。この期間〝グループ〟劇の割り振りが無い場合俳優は、〝共演〟を用いて自分の練習をする。一幕の全部の〝グループ〟劇が基本的に形になった後、一つの美しい真珠を修飾して、一つ一つを繋ぎ合わせ，ひとつながりのネックレスとなるように一幕の劇に組み合わされる。〝グループ〟リハーサルが最終決定した後、取りも直さずこの一幕は成功する。どの一幕もすべてこのように進行し、長期に亘る時間のリハーサルを経て、一部の話劇の原型が形作られる。

一九、監督（三）

集団シナリオ読み合わせ、共演のリハーサルと監督が計画する幕ごとの〝グループ〟リハーサル、この三段階を経て、その後は〝グループ〟をシナリオによってつなぎ合わされる。つなぎ合わせの時に、グループとグループの間で過渡的なかみ合わせが必要になることは避けられない。たとえば関係者が上下したり、つなぎをやる人等々である。これらは、リハーサルの時に監督が上手く調整しなければならない。その外、一つのグループが次のグループに移行する間、決して舞台をがら空きにしてはならない。どうしようもない無い場合は、裏幕より音声を使うこともできるし、舞台の後方に掛ける天空の効果を高める大きな幕を変化させたり、音楽を過渡的に使う等の方法で、決して舞台を〝一時停止〟し、ある瞬間無人状態にすれば、観客席は騒がしくなってしまうからである。

連合リハーサル

この前に、監督はすでにセットを配備を実行しており、人物の服飾を購入し、化粧の準備状況をチェックする。〈大宗南渡〉の一切の舞台作業はいずれも我々自身がやり遂げたが、化粧の部分だけは、実際には手が無かった。鬘や髭の貼り付け等であり、最後は省市の専門化粧師に頼んだ。この仕事は非常に専門性が高く、その上費用も大き過ぎることは無かった。

全体の話劇リハーサルの時には、舞台のセットはすでに完工しておらねばならず、セットは舞台の上で俳優が歩き回るので、家屋、階段、机や椅子、樹木、草花…舞台設計に基づき配置する。第一回の連合リハーサル、俳優は出演時の衣装は着ておらず、当然また化粧の必要も無い。この時のリハーサルの主要な目的は規定により舞台管理をし、俳優が劇に入り、冗談を言って笑うことは厳禁し、俳優が舞台で失笑してはならない、ゆえなくふざけ騒ぐことは許さない。一番良いのは記録係が監督の傍に座り、問題があれば、記録する。監督は劇を止め指導する、しかし舞台上で俳優が多かったり少なかったりするため、リハーサルの過程を頻繁に止めるのはよくない。その上、すべての人物の具体的な演技の細部、音調、動作調整等、〝グループ〟リハーサルの時にすでに何度も指導している中で、俳優の演技の基本は合格している。この種のリハーサルの目的は、俳優がセットの中で再度〝グループ〟間の繋ぎ合わせが流暢で、〝グループ〟と〝グループ〟の間の移行が自然で合理的であるかであり、しかしすべての劇中で注意しなければならないことは、この一幕が引き受けるストーリーの任務推進の実現情況—俳優の演技、対話感覚、肢体動作、まなざし、人物と人物の間の関係がこの一幕の目的に達しているか否かである。

さらにもう一点は一部四幕或いは五幕の話劇の全体の上演時間の長さは約九〇分間でなければならない。幕ごとの一つの時間のコントロールが必要である。幕ごとの話劇上演時間の長さはおおよそ制限時間内に収めるべきである。そして幕ごとの時間の長さは、主には人物が舞台を上下する舞台移動であり、及び俳優のセリフのテンポで決まる。そのため幕ごとのリハーサルの時に、監督はこの一幕の計画時間に基づき、できるだけ人物のセリフの感情をよく発揮させるために、速いものは速く、ゆっくりするものはゆっくりと、計画時間内でこの幕の演技を円満にやり遂げる。もし時間が足らなければ、他でもなく舞台を上下する速度を圧縮することもできるし、人物移動も調整できる。実際に不都合であれば、幕の中で適度に調整する。時間に余裕が有れば、主役のセリフ速度をゆったりと落ち着いたものにできるし、いくつかのストーリーの中の肢体言語（仕草）と移動で調整できる。この一切はすべて幕ごとに計画時間の課題を解決するものである。一幕ごとにすべて何回かこのように訓練し、俳優の演技が熟達し、流暢に上演し、このようにして次の連合リハーサルに進めることができる。

全部の話劇の連合リハーサルの段階に進んだ時、この時のリハーサルはすでに五分の四のレベルに進展している。

連合リハーサルを二回進行した後で、条件が合えば、脚本の作者に審査していただくことである。上演後、全員が座って感想を語り合い、劇作家の意見を聴いてみたり、俳優の意見を聴いてみたり、全体の演出にさらに何か完全なものにすることがあるのか、全てまだ間に合わせることができる。当然、主として劇作家の意見である。シナリオが舞台化された後、原著に対してどのように解釈できるか、および監督の理解と劇作家の意図が一致している程度等。これらはあまり大きな問題にならないはずである、なぜなら監督は脚本の変更に対して先に劇作家と確認しているからである。重点は俳優の演技が要求に達しているレベルかである。必要があれば、重点部分は再度リハーサルすることができる。

⑥本稽古—ドレスリハーサル

この一段階は舞台衣装を着て化粧をしてリハーサルすることである。この時、舞台美術作業はすべて所定の場所に配置されていなければならない。音楽、照明、音響、服装等いずれも正式上演と同様なものである。この時の監督は、観客席の後方に座り、将来の観客全員に代わって上演を楽しむ。当然、彼は純粋な観客ではないので、彼はさらに本稽古を通して問題を発見する。この段階で監督自身はたえず反省し、合わせて俳優全体の意見を求める。俳優の人物創造、心中の世界を外的に表現すること、矛盾がぶつかっている中の人物性格を把握しているか、人物セリフの感情表現等のいろいろな面で、さらにもっと改善することが有るのではないかということである。もう一点は舞台音楽、擬音であり、すべてのセットを引きたて、すべてまとめることができているかである。さらに次の話劇を一定の型にはめ込む前に完全にすることが妥当である。

監督はしっかり心に刻み、衆知を集めて有益な意見を広く吸収しなければならない。これはまた監督のレベルを向上させるよい機会である。

ここで少し注意を与えなければならない、現在のＡＶ技術は非常に発達し、非常に便利になった、正式に上演した現場の録画は大問題ではない。リハーサルをする前に設置して、或いは少し早く、ビデオ録画監督が現場に来てストーリーを熟知し、彼に演出の過程、ストーリーが進んでいく詳細を理解してもらえれば、以後録画を上演する為にしっかりとした基礎を造ることができる。つまり録画には全景、中景、近景等の問題があり、ひいては特寫レンズ（Close-up 特寫）まで、彼は演出を熟知して基礎に立って、脚本上テレビレンズの要求を明記し、録画実況の品質を保証する。公演前の最後の一回のリハーサルを業者仲間の専門用語として〝本稽古—ドレスリハーサル〟と称した。本稽古は実際上予演であり、化粧を含め、一切上演と完全に同じものである。この時関連部門と指導者達が来て〝験収〟をしてもらい、ここに至て話劇のリハーサルは一段落を告げる。続いて劇場の大門を開き、観客の入場を歓迎することになる。

二〇、インタビューを受ける側からインタビューを語る

「インタビュー」はジャーナリストに対して言うなら、基礎的な技能の専門的な能力を必要とする。私自身はインタビューをしたことはないが、インタビューを多く受けているので、どのようにインタビューをするかという事に対して逆に幾つかの感想がある。病気に多くなると、簡単な病気なら診察することができるように〝多病が医者になる〟と言う道理になる。私が訪問を受けた時、心の中で常に記者に代わり気をもむことがある。訪ねて来て質問しなければならない問題、そしてこの問題は非常に重要であり、回答するのが難しいのだが、記者自身がその話題から外れてしまう。私は本当に彼に替って惜しいことであると思う。当然、私はまた彼に注意することはできない。「なぜこの問題を尋ねなかったのですか」と。

新聞記者、テレビ局の記者、ネットの関係記者、いずれもインタビューの文章を書く鍛錬をしておくべきである。〝インタビュー〟は一つの特定のテーマのために、人或いは事を尋ねる。事を取材することも又その事と関係のある人を取材することであり、そのため〝インタビュー〟は事実上〝人を取材する〟ことになる。

まず先にインタビューの目的を明確にし、どんな目的に達するかを考える。この為、インタビューの前に充分な準備をする、関連資料、尋ねる人の背景情況、及びインタビューが到達するべき目的

等々の準備である。これらの作業が無ければ、あなたには何の必要も無く百貨店に入るのと同じようなことになり、あなたのインタビューはきっと倍の労力をかけて半分の成果しか上がらないことになる。十分な訪問前の準備が、インタビューにとっては大変重要である。充分に準備された基礎の上に立って、あなたはインタビューの大筋及び関連の問題を整理することができ、インタビューの要点を列挙し、インタビュー関連の問題等々をよく考える。これはいずれも非常に緻密でまた大変重要な机の上の作業である。

二〇〇九年晩春の折、市政府の事務所から電話が来て、市指導者の友人から記者が孔子廟を参観したいという要請があり、私に接待するよう連絡があった。指導者は会合があり同伴できなかった。私と記者は孔園に座り、春の気分がみなぎる中で、緑茶を一杯味わい、我々は東西南北の場所でよもやま話をしながら、幾つかの事を話し合った。討論は限りなく、また目的も無いようであった。彼は一冊の小さなメモ帳を持っていたが、彼が何かを書いたのはほんのわずかであり、知らず知らず二時間が過ぎた。昼ご飯の時に初めて指導者がこの記者に私をインタビューするように頼んだようである。私は尋ねた。「それならなぜ先にお話にならなかったのですか」 指導者は語った。「これは差別があるのかね」。その時のインタビューはこのようにして終わり、その後ずっと動きが無かった。私はだんだんと少しずつ忘れていた。春が過ぎ去って、その年の九月になって、記者から私の写真を一枚欲しいという電話を受けた。私は事務所に頼んで数枚ファックスで送ってもらった、取り次いでくれた人が大成殿を歩いている写真が欲しいという返事であった。そこで臨時に一枚写した、非常に好いという返電があり、私に月末の新聞を見るように告げた。彼が書いたのはどんなものか、どれぐらい大きな文章か、私は一切知らなかった。

九月末に新聞を見ると、丁度一ページ全面に、〝人物〟のコラムが掲載されていた。私は詳しく一遍読んだ、文中に採用されている話は確かに私が語ったものであり、具体的な事件もまた大きな食い違いが無かった。

彼はどのようにして書けたのか、テープレコーダーを隠していたのだろうか、今となっては推測するしかない。この記者とは後に私と非常に親しくなったが、私はずっとそのことを聞いていない。達人は筆を執ると卓越している処がある。私が会った記者は多いが、しかしこのような達人は決して多くない。

首肯できることはこの記者はインタビューの前の準備がきっと十分であり、背景の資料収集は少ないはずはなく、彼はまた私と親しい幾人かの人を探して雑談したはずである。全ては、彼の組織を通じてインタビュー要点を作り上げていたので、彼が必要としたのは只私と直接会うことであり、私に対する直感が彼の文字を豊富にしている。今思い出すと、彼が知りたいと思った問題、事情、は彼の限りなく広い質問の中に溶け込んでいる。

キャリアの比較的浅い記者は往々にして二つの事で仕事が不十分である。この二件は正にインタビューの〝源泉〟である。一つは訪問前に充分に準備されていない、当然いわゆる取材要点が無い例え要点が有ったとしても〝一般要点〟でしかなく、焦点を絞った要点ではない。二つ目に質問の出し方が下手である。

インタビュー前の準備に関して、補足をしておきたいことであるが、準備段階ではあなたはまだ形成していないインタービュー文章に対して一つの初歩的な構想を持つべきである。このように取材過程の中での目的性と焦点を絞ることがさらにいくらか強めることができる。つまりインタビューは一度で完了し、聞いておかねばならなかったことを忘れてさらにもう一度行わなければならなくなることを避けることができる。それ故にあなたは必ず一度のインタビュー機会を大切にしなければならず、本題から離れ、話が脇道にそれることを質問してはならない。

質問に関しては、記者の基礎になる技術である。単刀直入の質問もできるが、遠回しで質問することも可能であり、後者の方が巧妙である。心配は解答案を使って質問することである。たとえばインタビューの相手が一つの大きな褒賞を光栄にも獲得した。記者が尋ねる「先生、この度あなたは一つの大きな褒賞を得られました。きっと非常にお喜びのことでしょう」喜ぶことは褒賞を受けた当然の結果であって、記者は喜びを問題にした。あなたは取材の相手にどのように回答させたいのか。この類のインタビューは痛しかゆしである。その実この中に質問することができる事情があるとすれば、例えば「お仕事の過程の中で、あなたが巡り合った最大の困難は何ですか」又はどのようにしてそれらの困難を克服されましたか」。この類の質問は相手が答えるのに興味を持つことである。この問題の主な原因は記者本人の立ち位置がはっきりしていないことである。記者がある人を取材するのは記者自身の興味だけではなく、さらに多く理解しておかねばならないことは、あなたの文章を読む読者がどんな問題に対して興味を感じているかということである。当然、記者の興味と受け手の興味が一致するべきであり、記者としては、あなたがもし受け手を取材思考の中に置くならば、これはさらにもっとよいことではないだろうか。

最後に「インタビュー」の幾つかの細部を注意すべきである。一つは相手の呼称に対してである。インタビューと新聞の原稿とは同じではなく、新聞の原稿は文中に当事者の姓名を直接呼ぶことができるが、しかしインタビューでは必ず関係を尊重しなければならない長幼の関係がある。この道に入ったばかりの記者は、往々にして取材の受け手との「平等」関係にやや注意しすぎて、仰ぎ見ることを望まない。もしあなたがシェイクスピアあるいはトルストイを取材することになれば、仰ぎ見る角度はどれほどになるだろうか。ある程度の影響力のある受け手に対しては呼び捨てにし、〝さん〟の二文字さえ使わず、実質上あなたは受け手を高い処から見下ろしていることになる。その次にいくつかの枝葉末節の事も注意するべきである。たとえば、あなたがもし録音機を使うならば、一番いいことはその可否を受け手の意見を先に聴いておくべきである。インタビューの過程の中で、まなざしを離してならない。あなたは座ったり立ったりするが、姿勢はきちんとして威厳がなければならない、等々である。これらは小葉末節であるけれども、或いは成功か失敗かもここにある。例を挙げて言うと、ある夏の日、一人の記者が私を取材した。はだか脚に一組のゴム製サンダルを履いてるだけで、脚の指の爪は長く汚く又黒ずんでいて、取材の過程もたえず私をぞっとさせた。だから、熟練した記者はあらゆる面ですべて注意しなければならない。

インタビューの全ての過程で、質問の主導権は記者の手の中に握られている。問題の提示、問題の切り替えは、記者としてすべて常によく心得ているべきであり、問題が目的から離れすぎないようにしなければならない。すべての過程は何れも主導的に雰囲気を調節すべきであり、インタビュー過程の気分を硬直化してはならない。これらの技巧的な段階は、ただ数回インタビューを多くすれば、あなたの経験を蓄積できることができる。これもまた非常に多くのジャーナリズム部門で数人のインタビュー記者の常識である。

インタビューは、難しくは無い。記者の〝インタビュー〟を受ける人が、あなたに対して尊重の念を示すならば、あなたがいいかげんでよいというどんな理由もない。

二一、即席講話

生活の中で、我々はある時このような一種の情況に遭遇することがある。某日、臨時に一つの会議或いは類似の活動に参加するように通知があり、如何なる準備も無く、如何なる資料も無い状況下で、主催者があなたに会で話をするように召請し、あなたには辞退する方法がない。この類の講話は、即席講話と称される。

二〇〇三年一月六日午後一時三〇分、私は母校の五十周年祝典でカウントダウンすると三百日大会の召請に応じて参加した。正午昼食を終えると十二時、私は思った。会場に行くのは十五分あれば十分である、そこで私は事務室の椅子の上でしばらく休憩をした。あろうことか眠ってしまって、突然目覚めた。時計の針はすでに一時十分を指していた。学校から電話が来て尋ねられ、合わせて言われた、「急がないで、ゆっくり車で来てください」。この時空は小雪がひらひらとちらつきだした。「ああ神よ」数千人が野外で集会し、遅れて着けばまったく恥をかいてしまう。私は車をすぐに大運動場に走らせ、生き絶え絶えに舞台に走って上がり、一時半三分前に着いた。突然校長が私に告げた。私を招待したのは大会で話をしてもらうためであり、理由は私が第一回の卒業生であり校友であるからである。私は当然敢えて辞退せず、そこで頭脳が急速回転し始め、講話の内容を準備した。

大会が開始されて、私は市の指導者が原稿を持っているのを見つけた。大体二ページであった。私は市指導者の講話の時に、私の講話の内容を必ず適切で穏当なものにしなければならない、私はすでによく考えていた。指導者は話し終ると、もとの計画では先に出て行くことになっていたが、しかし彼は私が話し終るのを待ってから出て行くと言った。私は市指導者は講話原稿が有り、私が無いということがあってはならないと思い、そこで台上の机の上に一枚の一面にタイプされ、裏の一面は空白の運動会進行リストを見つけた。市指導者が話し終えた後、私は臨時に探し当てたその紙を持ってちゃんと〝講話原稿〟により読み始めた。この事は難しいけれど持て余すことではないということになる。私の講話は長くなく、成功したと言える。事後、学校が講話の原稿を要求した時に、私がもっていたのは学校の運動会の百メートル競技の記入用紙であったことを初めて知った。五十分の大会が終わった。私は急いで事務所に帰り、あわただしくさきほどの講話を再び述べて書き上げた。

このような類の即席講話はどのような要点を掌握しなければならないか。

一、会議の主題にぴったりし、講話の長さに注意し、筋の通らない話をしてはならない。一九九七年私はかつて香港の一つの孔子の生誕記念会に参加した。入場した時、作業者が一枚の紙を渡し、どうか先生約五分間で演説して下さいと頼んだ。私の前には二人の貴賓があり、同じように知らされたと思う、最初の人は約二十分間、二番目の人は何と約半時間話した。私はただ孔子の思想に対して各王朝ごとに理解があること、私は淅江衢州より来ており、孔氏南宋家廟を紹介し、皆さんが孔氏南宋家廟を訪れていただくことを歓迎すると話し、全部で四分間であった。会場の情況から見て、このようにするとさらに主催者と来賓の歓迎を受けたことは当然のことであった。講話が終わって、大変多くの来賓が私に名刺をくれ、きっと衢州の孔氏家廟に往くことを証明していた。

二、生き生きとしたスタートと精彩を放っている結末。一度、衢州学院が私を孔子研究所所長の任に招聘する会合で、学校側は意外にも全体が立って聞く短い会合があり、私はもともと室内で座って会合を行なうと思っていたので、改めて校長が話をしている間に緊張して腹を決めて話し始めた。「今日全世界の大多数の人が来て話すことは普通のことであり、世界原油市場の価格は高止まりし下がらない、中東平和路線は依然先が見えないが、衢江の水はそれでも流れているし、私にとって言うならば却って平凡ではない暮らしである。私は我々の大学の兼任教授に…」参加者の反響は良かった、ある人が言った。「あなたが原油から中東に及び、さらに衢江になって、それから招聘教授任命の一事になったことは新しい意味があり、引き受けた。」

母校が五十周年三百日カウントダウン大会の私の講話はこのように結んだ。「五十年後の今日、私は台上で皆さんに話をしています。さらにこれから五十年が経って、皆さんの中できっとここに立ってさらに多くの校友を代表して講話をするが、それはすなわち母校の百周年の誕生日である。」このような結末は非常にきれいで、また非常に情緒があった。

ある年ドイツのジュイスブルクの音楽隊が木菅五重奏を招待に応じて衢州に来て、孔子典礼に参加して演奏してくれた。音楽会の挨拶の時に、私はこのように話した「…私が知っているドイツ国は二点である。一つ目は我々の思想の指導者であるマルクス、エンゲルスはいずれもドイツ人である。二つ目は第一次，第二次世界大戦はいずれもドイツが起こしたものである…」このように話すと、会場はシーンとした。皆が考えていた、これをどのように換えるのか。私はこのように二つの話をした後、続いて言った、「一つは罪を認め、贖罪をすることのできる民族と政府は、初めて世界の信頼と尊重をうけることができる」夜会が終了後、観衆達は私の挨拶に対しての反響は非常に良かった。このような即興講話は、卑俗に落ち入らず独特の風格をもつ講話をしたから聴衆の心を揺るがし、耳をそばだてた。その時の挨拶の結びはこのようにした。「……二次戦争で戦敗した国は一つに止まらず、なぜある国は罪を認め贖罪することができないのか」

三、聴衆の構成、呼び方が適切であるように注意すべきである。もし、どこかの会場で〝同志達〟どこかの会場で〝女性の皆さん、男性のみなさん〟、どこかの会場でどんな呼び方を使うのか、あなたは決して結婚式場で〝同志達〟と言ってはならない。

ある時監獄に行って報告することが有り、一切しっかりと適切に用意した。会場に入ることができ、突然犯人に対しどのように呼ぶのか思い起こした。監獄の指導者が講話をしている時は、どんな呼び方もしなかった。私はこのようにすることはできないと思った、突然二文字を思いついた。「諸位」（みなさん）である。この言葉は非常に中立的である。

ある時，山東曲阜で〈孔氏家譜〉修譜会が開かれ、会場は二百人くらいの人がすべて孔姓の人達であった。私の身分は〝同志達〟というには駄目であり、〝先生達〟（皆様方）は固すぎる。私は突然思いついた。「みなさん、老少爺のみなさん」会場はあたり一面の拍手になった。呼び方は小さいことであると見てはならず、適切な呼称は思いもつかない効果をおさめることができる。

四、簡単で短いが身分や役柄にふさわしいこと。即席講話は一般的に長すぎてはいけないし、肝心な点は言葉が少なくて要点を尽くしており、あなたは会議の内容に基づきあなたの見解を外に出さなければならない。この時、あなたが普段蓄積している知識をよりどころにして話をする。見解が独特なものであることができるかどうか、すなわちあなたの知識面の広さと深さを見なければならない。このように、準備すると講話はまさに生き生きしたものになる。

二二、長・中・短

私はかつて幾人かの文学愛好者に尋ねたことがあり、かれらのアマチュア創作はどのように着手したのか。非常に多くの人が私に話したことは、彼ら多くの人は詩歌或いは短文（散文、旅行記、雑文）より開始し、アマチュア創作に入った。私自身も同様であった。私は散文より著作を開始して、書き続け小説を試験的に書き始めた。小説を書くことは非常に多くの文学愛好者の最大の願望であると言うことができる。何故か、それは小説が社会生活の解釈に一層深く物事や問題の本質に触れているからである。〝小説〟の二字は最も早くは漢以前の史書に出現している。今日話す小説二字の含まれている意図は、古書の中の意味ではない。それでは何が小説なのか？

〝小説は実際の生活構造において人の間の美醜、善悪、を賛美したり抑制したりして読者の閲読に供することを主とする文字の作品である〟もしこの解釈を小説の定義と言いくるめるなら、それは私が言っていることであるが、当たっているかどうか皆さんに批評していただきたい。まず最初にあなたが書く物語はうそいつわりのない実在であるべきである。私はただ実在というだけであり、併せて真実或いは実際を強調しなければ、あなたが書く事情は生活の中で発生することが可能である。

さらにもう一点、小説は幾つかの事情構成を一緒にすることができる。いわゆる構成は有機的に一緒に融合する。最後の一点は人と人の間の善悪、美醜を賞美したり抑制したりすることである。これは重視するべきであり、善悪の境界を定めることは、必ず境界を定める者の思考の影響を受ける。そのため、小説の創作者の世界観と人生観は重要である。それは直接あなたが創造する作品の社会価値に影響する。ずっと以前ある文学愛好者が私に語った「小説家は必ず思想家でなければならない」と、当時私はそうとは思はなかったが、現在この話を思いだして、やはり本当に道理があると思う。

かつてある人が述べたことがある。小説は小さくかたる。この話は思索する値打ちがある。小説は人類社会の一種の現象であり、小説は多さや長さを問わず、それは只人類社会中の一つの片面であり、一つの面である。人類社会は浩々滔々として流れ、上下数千年である。このように言ってくると、小説は小さく語るものであり、また道理がある。

小説は長編小説、中編小説、短編小説に分かれる。それでは何が長編であり、何が中編で、何が短編なのか。これはまた人為的な区分である。私がかつて書いた一篇の小説は、私は中編だと言うが、一人の中国系教授が語って、「あれはただ短編に数えることができる」私は論争しなかった。なぜなら私はアマチュアであり、彼はプロの専業である。もし私が区分した基準を言い出すと、それは彼が同意するはずはない。私の区分基準は非常に単純である。一万字から十万字までは中編小説であり、十万字以上は長編小説である。理由は非常に簡単であり、長編中編短編はいずれも一つの〝篇〟の字ではないのか。〝篇〟が多いと長編で、少ないと短編となり、多くも少なくもないものを中編小説となる。それでは、もしある人が質問して、一万十字は短編か或いは中編か。私は言葉が出なかった。又ある人が私に告げた、いわゆる長、中、短編はやはり小説が反映する矛盾の複雑さの程度と創造した人物が何人かを見て区分すればよい。しかしこれもまた非常に難しいことである。何人の人物、どれだけの矛盾、複雑さがどの程度になるのか？　人為的区分ではないのか。そのため精力をこの面で使う必要は無く、ただ小説を良く書くこと、人を感動させることができ、人を啓発することができれば、いわゆる短、中、長の区分はどうでもよいことである。

私は二つの例を挙げる〝四人組〟が丁度打倒されたその時期、家庭にはラジオだけがあった。ある日、突然中央人民放送局がトルストイの〈復活〉を放送した。それは標準的な長編大著であり、それについては貴族ニエハリユトウフと社会の下層のマスルオワの物語で、トルストイは文字を用いてその時代の社会と人情に深く刻まる描写をしている。この小説はレーニンに〝ロシア革命の手本である〟と称され、一冊の小説がついにこのように重要な役割を果たすことができた。

もう一つの例は、小説の文字は多くなく、ひとまず短編小説と称することにしておこう。あらましは中東地区であり、資本主義が発達した時期に、家庭の暮らし向きが貧しい少女がおり、幼いころから目は重度の近視で、ほとんど何も見えず、ただ少し光の感覚があった。彼女が十数歳なった時、親戚たちが可愛そうだと思い、皆で少しのお金を寄せ集め彼女に眼鏡を渡した、少女は心から喜んで、まったく言葉に表せないほどであり、会う人ごとに言った。「来週私は眼鏡をもらうの、来週私は眼鏡をかけたら、皆さんと同じように見えるの…」しかし少女は眼鏡を手にしてかけた後、彼女は驚いて呆然とした。彼女は眼鏡を地上に投げ捨てて、踏みつけて砕いた。作者はこのように書いた。「少女の眼は見えないけれども、彼女の心の眼の中では、四方の環境は美しく、花は赤く葉は緑である。しかし眼鏡をかけてみると、その周囲は汚水、壊れた家、至る処ハエばかり、人々はぼろぼろの服をきている……」この短編小説の題名は「眼鏡」と呼ばれている。

一冊十万字の大著『復活』は百年前のロシアの社会真実を反映しており、「眼鏡」この一万余字の小文章もまた資本主義社会底辺の民衆生活の現状を反映しているのではないか。一つの池は空の上の太陽を映し出すことができるし、一つの小さな水たまりも又空の上の太陽を映し出すことができるし、一腕の水も同様に又空の上の太陽を映し出すことができる。それ故に、長編、中編、短編小説を問わず、ただそれが如実に時代の一つの断面、時代の真実とその特徴を反映することができさえすれば、いずれもよい小説である。

ただ小説はまじめで真剣であり、本物であり、読者を引き付けることが出来さえすれば、この意義から述べて、如何に小説の〝長、中、短〟を区別するかにこだわりすぎることはあまり意義は大きくない。

話はこのように言うけれども、しかし創作の難度から見て、長編小説は確かに時間がかかり、気をつかう、トルストイは『復活』を十一年かかって書いた。一万字の短編は時間と気遣いは相対的に大変少なく、中編は両者の間の中間に在る。これがおおよそ私が中編小説を書くことを選択する一つの理由である。

二三、思い邪（よこしま）無し

子のたまわく、〝詩三百首、一言以て之を蔽う。いわく，思い邪なし。〈詩経にはおよそ三百篇の詩があるが、その全体を貫く精神は思い邪無し、よこしまなしということである〉詩はこの通りであり、小説も同様にこの通りである。〝思い邪無し〟は〈詩経〉から出ており、意味は邪悪な内容は無いということである。今日の言葉を使えば、正確な思想を用いて人を導くことである。文学作品として正確な思想を収めて人を導く効果は、作者が必ず〝正確な思想〟を有せねばならない、これが最も重要な条件である、作者の世界に対する認識、社会に対する認識は必ず大多数の人の利益に適合せねばならない。これは作者の世界観と人生観の問題である。ここまで話すと、私もまた非常に困難であると感じる、あたかも当今小説作家に対してこの面での要求を話すことは非常に少なくなっている。しかし率直に言ってこれは一つの避けることのできない問題である。良い作品を書こうとすれば、必ず〝思い邪なし〟、〝正確な思想〟問題、美しさと醜さ、善と悪の問題を解決しなければならない、ただこのようにしてやっと好い作品を創作することができる。

トルストイは名門豪族の出身であり、当時の盛大なロシアの貴族であり、幼い頃父母が二人とも亡くなり、母親が彼に残した遺産は非常に大きな荘園であった。彼は長い時間を荘園生活で過ごし、当時のロシア農民の辛酸を嘗め尽くす生活を目のあたりにし、彼自身もまたきつい農業労働に参加し、さらに農民が家屋を建てるのを手伝い、彼らと共に野良仕事に参加した。このような生活の過程に関係して、実際に彼は社会思考形成をしたのであった。この種の過程を少し哲学的に言うならば、すなわち世界観、人生観の形成過程であった。トルストイの文学大作『復活』は丁度この通りであり、まさに〝ロシア革命の手本〟となった。それ故に正確な思想、正確な思考はきわめて大多数の人の利益の善と悪の判別、全て我々が現実生活の経歴、物事に感じて悟ることから出て来るものである。この種の経歴と感情の蓄積が重要であり、貴重であり、一篇の良い小説を書く基礎になる。あなたが書くものが長編、中編、または短編であることを問わず、テーマの確立、ストーリーの選択、人物像、プロットの選択、全ては作者本人の愛と恨み、美と醜、善と悪、不可の判断と選択である。トルストイ、ツルゲーネフ、バルザック、ゴーリキー、魯迅、老舎、巴金…大作家達は、正確に解決して、まさに時代の作家になった、しかし小説を書きたいと思うからには、〝思い邪無し〟この問題を避けることはできない。

以上話したことは小説作者に対する思想要求であり、そのしてすべての文学作品いずれもこの問題が存在している。それでは、以上述べたことの外に、小説を上手く書くためにはさらにどんなことを練磨する必要があるだろうか。言ってみれば簡単でもある。多く読み、多く考え、多く書くことである。これはしだいに進歩し、長期に蓄積する過程である。

多読は文学作品を多く読むことであり、それらの作品の作者がどのようにストーリーを〝創る〟かを見てみることである。例えて言えば先に挙げた〈眼鏡〉では、作者は資本主義が不況時期の貧民窟の生活を反映している。作者は高度近視の少女が一つの眼鏡を配合する方式を持ってきて、創造の中の世界と現実の生活のきわめて大きな違いを書いている。このように書くと小説は生き生きとすることができる。

もう一つの例を挙げると、小説の題名は『見当たらない収集品』、オーストリーの著名な作家ステーブン・ツーウエイカーの短編小説である。ストーリーは一人の銅版画、エッチング画収集家は、食費を切り詰め物を節約して一生涯、大変多くの世界名画を収集して、一冊づつ画架に飾っていた。後に、彼は目が見えなくなったが、版画を熱愛し心ざしを変えないことを誓った。彼は常に手袋をはめて、手で画をなで、自分自身で鑑賞し、感銘し喜びを感じていた。ある日、ある画商がかれのコレクションを見てみたいと思った。盲人の収集家は得たい知らずの彼を連れて自分の〝貴重なコレクション〟を見せた。この時収集家の家族はたえず画商に目配せをし、盲人は画面をなでながら、味わい深く、一幅一幅時期はいつか、某某大家の作品かを紹介した。画商は驚いて呆然とした。実は盲人は幾つかの偽物を撫でていたのである。その資本主義の不景気な時代に、生活を維持するのが困難になり、何とか一家の生活をささえるために、家族は彼が収集した名画を売り払って金に換え、幾つかの偽物で彼をごまかす、このような手段を用いて、盲人をだましたのであった。鑑賞にやって来た画商は家族の目配りから真相を知った後、老人の精神を破綻させないために、丸々午後いっぱいを使って老人のお供をし、存在していない「珍蔵品」を鑑賞し、老人に幸せな満足感をあたえた。このような類の小説を読んだ後、あなたはきっと作家達のずばぬけている創作技巧に感心するであろう。多くの大衆はすべて同じ一つの時代に生活しているのに、彼らはどうして現実生活の中からこれらのストーリーを抽出するのであろうか。もう一作、モーパッサンの〈ネックレース〉の構成技巧は真に賢いものである。よい作品を多読することは大変多くの啓発を与えてくれるはずである。**多く考えること**は生活の中であなたが大変多くの事に出くわすので、頭を越えて忘れてしまう。いくつかの事情で、我々は往々にしてうっかりし放ってしまう。ある日、午前十時欧州の記者団に会見することになっており、私はあわただしく朝ご飯を食べに行き、一人のむぎわらのうちわを売る農村の老婆に出くわした。尋ねると、一枚二元五角、全部で四十枚であると言う。私は丁度百元持っていた。私は全部買うと言った。老婆は疑いの眼差しで私を見つめていた。多分彼女は私が値切るのを心配して、続けて言った。「全部買っても二元一角ですよ。」私は彼女に百元を渡した。老婆は左を透かし右を触って、私が使った百元が偽札ではないかと心配した。私は心の中で何とも言えない気持ちがした。それから考え直した、今日の社会には詐欺の現象が増えているし、さらに私がいっぺんに四十枚のうちわを買ったので、老婆はこの百元の大枚があまりに大きすぎたのである。この時、丁度傍らに管理員がいたので、私は彼に来てもらった。管理員は言った「おばあさん、安心しなさい、私はこの人をよく知っているから」この老婆はお金を包みにさらにその上からもう一度包み下着のポケットに押し込んだ。

午前中、外国の記者団がやって来て、どの人にも一枚送った。私は言った。「これは中国のお婆さんの緑の空調なのです。中国の農村のお婆さんの手工芸品なのです」かれらは非常に喜び、持って帰って書斎に掛けると語った。この一件の事はもし構成が小説の中間で、それから「芸術」にするには、あまり面白くないのではなかろうか。生活の中で、非常に多くの細かい事物、ごく微細な断片は、頭を使って考えてみて、貯蔵しておく。これが物事に感じて悟る生活と呼ぶ。

多く書くことは生活の中で大きいものも小さいものもあなたを感動させる事情を蓄積し、合わせて著作習慣として記録しておく、すなわち小説を書く「財産」であり、したがってこのような感じて悟る習慣を養成するには、常々生活に対する感情を記録して習慣を養成する必要がある。私が推測するのに、トルストイもこのようにまた創作素材を蓄積したのであろう。

生活の物語の蓄積が多くなると、幾つかのあなたを感動させることができる物語を選び、一種の構成を経て、書き始め、文章は長くても短くてもよく、保存して置き、幾つかの日が過ぎてまた後読んでみて、修正する。また人に見せて、意見を聴取する。心を込めてやっていく、文章を書き続け止めることなく、絶えず総括することにより、良い文章になる。どのように中編を上手に書くようになるかについては、私は後に自分の体験を詳細に語ることとする。

執筆する前に、私は皆さんが一冊の本、ソ連の作家カーン・パウストフスキーが書いた「金のイバラ」を読むことを提案する。この本が優美な文筆を用いて詳細に文学創作の過程、方法、目的を研究し、絵画、彫刻、天文、地理、植物、河川を渉猟し……各種人物のイメージ、一人が一人の生活に接する物語をあきもせず叙述し、この書を読んだすべての人は文学創作を愛好する人に対してこの本は多くを得ることが出来る他には無い好書であると、称賛しない人は無い。「金のイバラ」後、書き始めよう…「どうか次の四文字をしっかり覚えていただきたい。」〈持之以恒—あくまでも根気よく続ける〉

二四、当面の生活

改革開放の初期、私は企業指導者の職場に異動しており、仕事の中で接触する人はさらに多くなり、また広くなった。仕事は忙しかったけれども、しかし文章を書くことに供することができる生活の物語もまたさらに多くさらに豊富になった。

鉱山の仕事は事故の発生を心配することであった。私が鉱長を引き継いだ時、すでに五年間労働死亡事故は発生していなかった。しかし私が本当に不運であったことは、引き継いですぐ第二年目に、奇数月毎に労働死亡事故が発生した。本当にどんな措置もすべて採用したが、労働死亡事故はやはり期限通り引きもつかずやってきた。その上これらの事故はすべて生産現場の作業では発生しておらず、すべていくつかの補助作業の中で発生していた。次から次に立て続けに労働死亡事故が発生し、私の精神は壊れてしまった。労働者の一言おどけた言葉を用いて言うと。「鉱山の中の葬儀委員会はずっと解散しなかった」ずっと今日に至るまで、振り返ってみると私はやはりあまりの恐ろしさに肝をつぶすようだ。いずれの労働事故死も発生したのは奇怪であり、例えば、一人の五十数歳の老金型木工従事者が作業をしている時に、人が小型の電動のこぎりにつかまり、頭骸骨がぶち割られるようなことである。世界でもこのような奇怪な事は無かった。前世紀の八十年代末私はその他の部署に異動し、再びその頃の鉱山長の生涯を回顧して、私は鉱山の労働事故死発生の原因、教訓の総括を記述したいと思った。当時、各種の安全規則制度はすべてあった。しかし制度規則は誰もがすべて実行する必要がある。問題はここにある。もし作業者の心づもりが集中しておらず、これに加えてどの人の仕事も基本的に一年中一種類の仕事を重複しておれば、容易に油断する。更に加えて仕事のある時心の中に日常生活の幾つかのこまごまと煩わしい雑事が付帯していると、うっかりとしたミスが出て、各種の事故が瞬間的に起こってしまう。

私はこの事に基づいて一冊の中編「東方理髪店」を書いた、主人公の穆成は、あだ名を二楞子と呼ばれ、人柄は正直で温厚であり、度胸はあり細かくは無かった。小説の中の事は真実であった。事故はこのようであった。鉱山には一つの作業種類で〝電気ハロー〟と呼ばれる一つの工程があり、作業中に電気ハロー機を用いて電灯に順い鉱道を登り鉱石がたまっている場所へ行って鉱石をならし、地ならし機のヘッド鉄線ロープで引っ張っていた。その鉄線ロープは地ならしをする回数が多く摩耗も激しく、常に切れていた。その事故は、鉄線ロープが切れた後空中で自然にねじれて、塊になり、弾丸は操作作業員の首に当たった。作業員はあわてて、停車する前に、自分で自分を締め付けて死んだ、本当に前代未聞の奇怪な労働事故死事件であった。

私はこの事故を中心として一冊の中編小説「東方理髪店」を書いて、鉱山の中に本当に理髪店が有り、元の名前を「劉桐頭髪を刈る店」と呼ばれ粗末な泥を塗った油のフェルトを張った建物で、誰もがそこで散髪をした。労働者達は家へ帰って休息するか或いは鉱山に帰って勤務するか、いずれも気持ちよくそこで脚を休め、少し水を飲んだので、小さな店は鉱山の中で自然に各種ニュースの伝播センターになった。それ故に、私は小説の題名を「東方理髪店」とし、非常に多くの物語とその連係より、主人公穆少成の話の対象を通じ、変圧器を繋ぎ、看板と生産事故等を組み合わせ小説の大筋とした。変圧器を繋ぐことは穆成の大雑把な点を述べており、看板を書くことは即ち穆成が天も恐れず地も恐れないことを語っており、対象を話し、又穆成の心理負担を語る。この三組の物語が共同で生産事故の原因の骨組みとなっている。

私は会社の指導者の職位を離れたけれども、しかし生産作業中に発生した労働死亡事故は一つの永遠に拭い去れない心理的な暗影であるに違いない。どのようにこの種の労働死亡事故を防止する教訓を吸収するのかということは、一人の企業人としての責任であるべきこと、これは創作の動機であり、それは私にこれらの認識を文字にすることを促した。私の四つの中編、その他の三篇を読んだ人は素晴らしいと言ってくれたが、ただ〈東方理髪店〉がいいといってくれた人はやや少なく、私自身は却ってこの文章を非常に大切にしている、その原因はただ私の鉱長の生涯のまさにちょうどこの篇の文章を成し遂げることができたものであった。生活の中で鉱山長は非常に多く、工業生産中事故もまた少なくなく、小説文筆家も人も非常に多く、三者を一緒に融合させて、ちょうど一篇の鉱山安全生産を主題とする小説を作ることができた。このように言うと、小説の創作は、生活に源が有ることは当然のことである。肝心な点はあなたが生活の中で出会った物語の中から道理を悟り出すことであり、合わせてこのように多くの道理の中から主題を捻出することである。

中編小説「T庄」の著作は、また一つ私が接触した鉱山の人の生活物語である。前世紀六十代初私は大学を卒業したばかりで、ちょうど燕山山脈華北境内で一つの大埋蔵量の鉱床が発見され、私はその仕事に配属された。それは　燕山の山奥に一つの金廠峪の大山中である。そこは元は一つの郷が経営する小鉱山であって、一日に十数トンの鉱石を処理していた。そして新しく建設された鉱山の第一期日産処理は六〇〇トンの鉱石であり、鉱山規模は五十倍に拡大し元の数十名の作業者は残ったが、しかし幹部はうまく処遇されず、最も多いのはただ工場助手に配置されることであった。その中で一人の元々郷村経営の小鉱の劉という姓の鉱長は、私より二十歳年上であり、抗日戦争の時期に冀（河北省）東遊撃隊の隊員で、彼の話によれば、頭をズボンの腰の上のベルトに差し込んで日本の兵隊とやりあった、彼はただ大部隊と一緒に歩いたことはなく、ずっと農村におり、ただ農民の身分だけであった。新工場が生産開始して間もなく、大工業生産を分からないために、彼は前倒しで退職し家に帰ることを要求された、彼は係級の待遇であり、退職の時には特に正科級の待遇を許可された。その時私はまだ小技術員であった。改革開放後、私は鉱長に昇格した。

ある時、彼は私を訪ねて来て言った。「鉱長、あなたに助けていただくことを求めます。」「求める」ということは河北の農村では相手を尊重する意味であった。私は言った「どんな事がそんなに重要なことなのかな」彼は言った。「家を建てるのに少し材料が足りないのです。私に半立方の木材を許可していただくことができませんか」その頃、木材は国家の制御項目であり、個人に売ってはならないことになっていた。私は自分もまたどのように考えるか分からず、すぐ言った。「劉さん、私の事務室に来てください」事務室に着いた後、私は彼にお茶を一杯注いだ。着席後、私は彼に尋ねた。「劉さん、書いたものはありますか」私は一類の「条」申請文書を指した。彼は答えた。「有ります、有ります」ポケットの中から一枚のしわくちゃの申請文書を手探りで出した。私はその書きものを一度読んだ、彼はその皺だらけの世の転変が激しかった顔の上に疑惑と希望を現わした。私は彼の文書上に許可した。同時に二立方を販売することに同意した。彼は顔にいぶかるような表情を見せ、言葉を継いだ。「あ、二立方ですか、鉱長あなたは間違いを犯していませんか」に私は言葉を返した。「この事はあなたは噛まなくてもよい」門を出る時、私はこう言った。「劉さん、今後何か事があれば遠慮なく私を訪ねてください」私は思った、一人の共和国を打ち立てるためにかつて生命をかけて日本の兵隊と戦った老人が、共和国が成立後、私が職権を用いて彼がわずかな木材を注文することを許可することで、共和国は私をとがめることはないであろう。不必要な影響を生まないために、私は電話をして購買販売協同組合と財務処に彼らに秘密保持を要求した。いずれにせよ責任を問われるならば、申請文書に署名しているのは私であり、私一人が責任を取れば、それでよいことである。

さらに物語が有る。鉱山の建設を計画に基づいて実施する時に、規画によって辺鄙な山間の土地には一つの爆薬工場が必要であるということになっている。その山間部には一戸の人家が建っており、戸主は劉五と呼ばれていた。相談の余地がない話で、家を引っ越さない。劉五はまた老冀東遊撃隊の人であり、やはり大部隊とは一緒の行動をしておらず、最後は農民であった。我々が憎まれ口をたたいても役にたたない、最後に拡張指揮部に報告した、指揮部の主任が言った。「私が行く、我々二人で一緒にあいつらをやっつけよう」部長はすでに正局級の幹部であった。有ろうことか川道の入り口に着くと、そのあたりで罵り声が始まった。「売女《ばいた》が俺様を引っ越しさせようとしている、お前たちは消え失せろ」部長が言った。「劉五さんよ、遊びに来たよ、話をしようよ」劉五は答えて言った「話し合う中で、二杯もその中だ」思いもよらず、彼が部長を招待したのは大中華のたばこであり、話によると広東軍区の副指令が人にことづけてきたものであるという。その後、劉五はやはり引越した。当然、部長は数多くの優遇条件を彼に与えた。
私が仕事をしたその一帯は当年冀東遊撃隊活動の場所であり、それ故私は抗日戦争に参加した老同志との接触が大変多く、彼らはおおかた文化レベルが高くなく、私は彼らが抗戦時期の経歴を聴いたが、ただまとまりがなく断片的であった。国家が経済建設の年代に入ると、彼らは続々と社会の舞台を退出した。革命は成功し、共和国は設立されたが、当年共和国のために頭蓋骨を投げ捨て熱血を散らした人はいなくなった。私はかつて山東莱西県に於いて一箇所の烈士陵園を仰ぎ見たが、惨烈な革命戦争中で犠牲になった軍人が永眠している場所に、非常に多くの墓碑の中でただ一つの赤い星だけが有り、烈士の姓名も留められておらず、我々が今日正しく彼らが奮闘した革命の成果を享受している。これは私が叙述したいと思った事ではない。これはすなわち私が書いた小説〈T庄〉の起因であった。
小説が定稿した時、私の原本は大工業生産が小作業場に取って代わることにより生まれている現代の社会問題を書きたいと思っていたが、著作の過程で却って浸透した革命の為に一生奮闘した老一代の人と先進的な生産知識を掌握した新一代の革命伝統継承問題を著作した。私自身が驚愕を禁じ得なかった〈T庄〉の結末をこのように書いた。〃全体の副処級以上の幹部に通知する。一人も少なくなってはいけない。今晩は私が皆さんを食事に招待する。私は気持がひとしきり軽くなった。何を食べるのか。茅台酒、中華たばこ、ほしさつまいも〃
主題が先行するかそれとも人物が先行するか、私は全くこの問題を討論する興味はない。私の見解は生活の中で大変多くの物語があなたの心を打ち、これらの事情を構想し始め、物語を描写する過程の中で、必然的に一人一人の人物が頭の中にありありと浮かび、この全てを文字を使って記録しておくことであり、さらにあなた自身の筆使いが文章を形作る。我々はただこのようにすることができるだけだ。私はこれがすなわちアマチュア文学愛好者の創作の道である。しかししっかり覚えておかねばならないことは、うわずって真実の感情がこもらず、いたずらに感傷的になることを避けなければならず、自己陶酔に陥ってはならないことである。

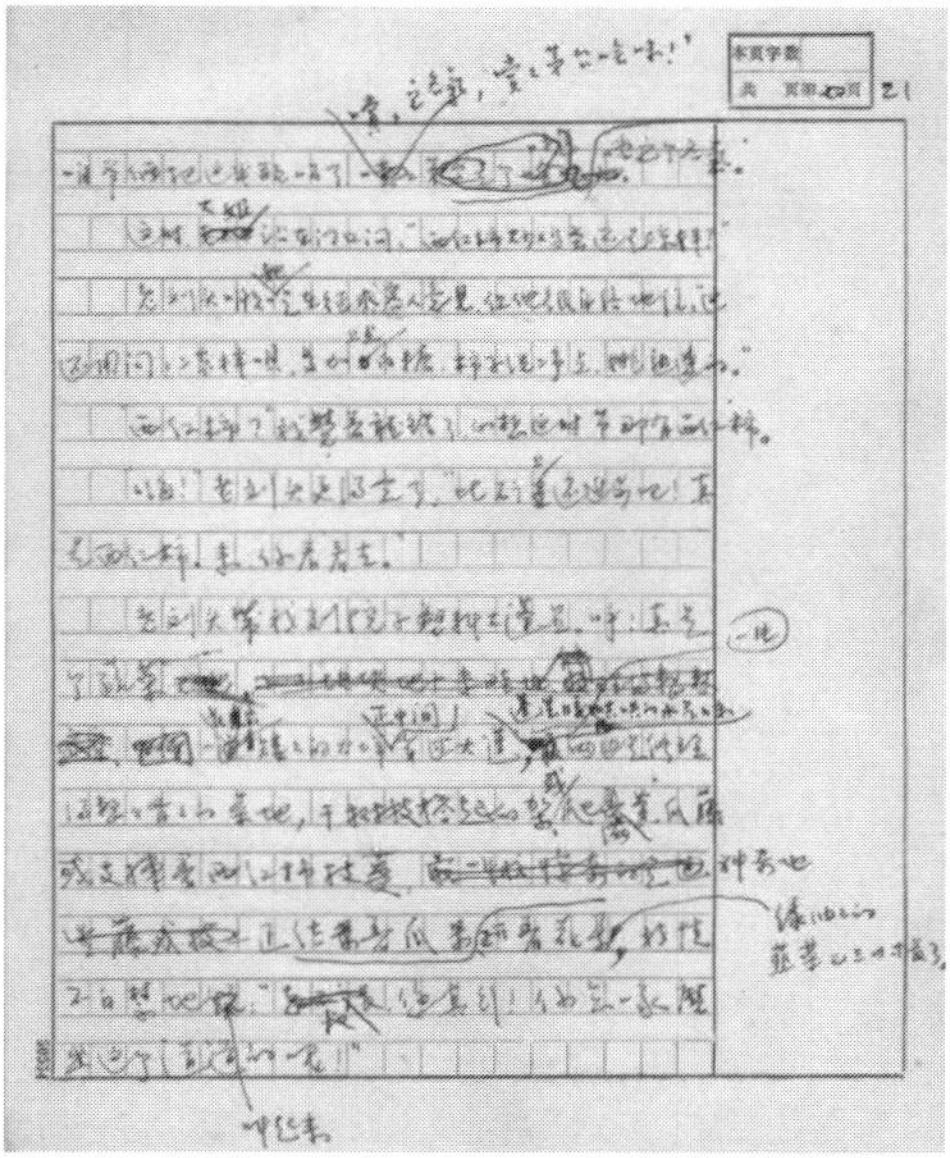

小说《T庄》手稿

二五、以前の生活

文学理論界はかつて〝主題先行論〟を批判したことがあった。その批判が正しいか或いは正しくないか、しばらくは論じないが、しかしこれはまた一つの命題を提起した。小説を創作することの口実は何か、或いは動機は何であるのか、人物か、主題か、物語か、その実これらは織り交わり一緒になっている。先の一篇で話した「東方理髪店」と「T庄」は現実の生活が私に生活の中のいくつかの道理を悟らせ、小説の創作を開始した。その他、自分の過去の生活の追憶から著作を開始することもできる。それら自分が以前体験した生活、当時道理の全くない理解、ただわずかな事情を覚えている。数十年が過ぎ去り、現在の認識に基づきその頃の生活を書く、それもまた創作の動機に形づくることができる。

幼い頃から私は祖母とともに暮らした。お婆さんは私を目に入れても痛くないほど可愛がってくれたが、私は生まれつきいたずらで、騒動を起こすのが得意であり、木登り，川下り、なんでもみな大胆にやった。その頃、お婆さん以外は誰も皆私をしつけることができなかった。私の腕白を防ぐために、五歳になる前に、祖母は学校に送りこみ、〝混じらせた〟。夏休みはどうするのか、祖母は彼女の付き合いがあり、私の面倒を見ることができないので。祖母が何を考えたか分からないが、夏休み冬休みの時に私をなんと尼寺に預けた。その頃市街地の西北部に尼寺があり、「白衣庵」という名前で、一連の数回の休暇期には、私はすべてそこで暮らした。

尼寺は女人の世界である。私は一人のきわめて小さい男の子であり、頭をそって、少女用の長衣を着て、〝小尼僧〟と見なされた。師太、師尼、師妹達はいずれも私を大変好きになってくれた。冗談めかして私を〝阿明先生〟と呼んだ。静雲師尼は私に習字、本の暗誦を教えてくれ、静雪師尼は算術を教えてくれた。祖母がいったい何故私を尼寺に預けたのか知る由もない。その整然と規則正しく、安静な尼寺は、修業を積む場所である。無形の影響を受け私のやんちゃな性格に非常に大きな変化を得た。朝の授業、夜の授業が行われ、月曜日は十五の仏事があり、一日三食私は師尼達と一緒であった。皆が日常作業時に、私は小部屋で習字、暗唱をし、疲れると外に出てのんびりする、私がたとえいたずらしようとしても、私にかまう人はいない。私はやんちゃであるけれども、しかし一つの良い「家の教え」があった。私は小さいときから聞いたことに「乱れず、伝言しない」と云う教育を受けていた。そのため皆が非常に私を好きになってくれ、尼寺の事情は彼女達もまた私に背くことは無く、それ故尼寺の大きいことも小さい事も私はすべて知っていた。知ってることは知っているのだが、取るに足らない、子供なので利害も無く感想も無かった。しかし年は幼かったが物覚えは良かったので、すべてが一つ一つはっきりと目の前にあるようであった。数十年後、私が再び私の幼年時代の〝尼僧〟の生活を回想し、さらに理性的に私が尼寺での日々を思い出すと、私は突然思いついた。それは信仰の真偽のありさまではないのか。そこで、私はその頃の生活の細部を回想して、〈雲雪庵〉を構想することを始めた。思想、信仰の態度に対して、おおよそ三種ある。一つは絶対的に信仰に忠実である。二つは偽りの信仰である。三つは信のようでもあり不信のようでもある。この三種類の信仰の態度に基づき、私は三人の人物を設定した。師太、静雪、静雲である。もし信仰の態度に対してはっきり述べるならば、小説の魂であり、骨格になる、その人物物語はすなわち小説の血と肉である。物語はわたしが以前経験した生活より来る。今回私は、はるか以前に経験した回想に基づき小説を創作する。はるか以前の経験であり、十数年、数十年前の事であるが、しかし経験は全く実際の生活である。

私はさらに一篇の小説〈碓房―米つき小屋〉を書いた。中学に上がった時、一人の同級生が私を日曜日に彼の家に遊びに来るように誘ってくれた。それは山沿いの一つの郷村辺りで、彼の父親は一箇所の春収穫のもみ米の米つき場を開いていた。この米つきの位置は言うなれば何とか村であり、山の中であった。作業場は五つのふみうすが有った山水が巨大な木輪を突き動かしており、木輪の歯が順繰りにひき臼の腕の部分を押さえつけ水車となり、始動し始めるとそれは壮観である。これは中国の旧社会の水動力を生産に用いた古典的作品であり、今では見ることができない。北方で仕事をしていた時代に、しばしば南方での生活を思い起こすと、いつもあの遠い山奥のぽつんと立っている小さな米つき場を思いだすことができ、その単調で重苦しい舂米の米つきの音であった。

鉱山の財務所長の家庭階級区分は地主であり、文化大革命の時期に、彼は一言語った。「私の父親は法を守り生業に励む善良な地主であった」造反派にひどく批判され、最後にはさらに〝黒幇―反動組織の構成員〟の帽子をかぶせられた。非常に多くの年月が経ち、ある時雑談をしている時にこの事を話し出した。彼は言った、彼の家の真実の情況は、土地は祖先が残したもので、彼の父親は師範学校で勉強し、教師になり、身を持するに誠実であり、彼の家が貸し出している田地の貸賃は他の人より低かった。災害に遭った年には、彼の父親はさらに自発的に貸金を少なく受け取り、支払い困難な小作人には貸金を免除していた。彼が話していたのはごくまれな事であったが、実際、このような生活事情はあったことである。

先に語った二つの物語は、もしこのような構造が一緒に起こっておれば一種の社会現象ではないか。私は又一つの事を思い出した。私が河北で仕事をしていた時に、ある県長が私に言った、一組の老年の夫婦が永年山奥の　平地に住んでおり、村落から遠く離れていた。老夫婦二人は他人と付き合わなかった、ただ一つ社会とつながる関係は少しの塩を買うことだけであった。その他の生活に必要な一切の物品は、すべて自分の労働をして作り、三年の困難な時期、政府は量表油表を発給したがそれも不要として、彼らは政府の管理に同意しなかった。私は尋ねた。「それではどうするのですか」県長は笑いながら答えた。「かれらは一つには社会に危害を及ぼさない、二つには人に危害を及ぼさないのです」私は県長に告げた、「この二人の孤独な老人をもっと大切にしてあげる気遣いをすべきですな」

一種の自我の或いは客観上の封鎖はいずれも立ち遅れと愚かで無知を形づくる。一人の人或いは一つの地域を問わず、すべてこのようである。社会は前向きになって、世界は前向きになった。彼らの主観或いは非主観ははるかに遠く現実の生活の後ろに取り残され、結果は貧困、愚昧だけである。階級論の観点から見て貧困は階級の搾取が引き起こしている。しかし、一つの封鎖された地方では搾取は無く、或いは搾取は少ない。これがまた貧困を引き起こす原因ではないだろうか。

私の中篇「碓房—米つき小屋」は北方で仕事をした期間に南方の生活を回顧し、大山奥のぽつんと立っている米つき小屋、その思い出と情景が…鎖された地方は社会の搾取制度からははるかに遠かったが、しかしかれらの長期的な封鎖は、必然的に落伍に引き残され、愚昧と貧困に立ち残されてしまった。それ故に封鎖もまた貧困を生んでしまい、立ち残されてしまう。一人の人間がこのように、又一つの家庭がこのように、一つの国家もまたこのようになるのではないか。これらの生活の追憶、並びに理性的な思索を進め、最終的に小説「米つき小屋」を構想した。

遠方へ行く生活も当然また生活である。あなたが筆をとる前に、それらの遠方へ行った物語の筋道に対して一つの表現したい主題を出し、同様に小説を形作る。これが即ち私の中篇「雲雪庵」と「米つき小屋」を著作のしたわけである。ある作家が書く小説に至っては、その中の内容は彼は全く彼が経験したことの無いものである、たとえば金庸の武俠小説や、蒲松齢の『志異』の狐狸の幽霊と妖怪の物語の如きものである。これに対して、私はあまり多くを語りたくない、一言株式業の話でいうなら、それは「既存上場会社の買収により、上場目的を間接的に果たす事」になるだろう。

二六、小説中の人物を描写する事

一篇の良い小説は、読み終えるとあなたに非常に深い印象を与える。そして時間が経つにつれて、この印章もまた浅くなり、希薄になるが、しかし決して完全に消失はしない。それでは最後にあなたに何を残こすのか。物語か、それとも人物なのか、具体的に少し言えば、『三国演義』はあなたに何を残しているのか、『紅楼夢』はあなたに何を残しているのか、『水滸伝』はあなたに何を残しているのか、〈祝福〉はあなたに何をのこしているのか、『阿Q正伝』は何を残しているのか、…おそらく、張飛、曹操、宝玉、武松，阿Q．祥林嫂、だろう。言うならば、小説は実質上は〝人物説〟であり、〝事件説〟ではない。この事を説明すると、小説の人物づくりは非常に重要である。これは小説の成否を測る規準である。

人物描写の最も簡単な手法は率直明白に描写することである。例えば某某人が「体格がたくましく、二筋の黒い眉は額の前で斜めに上がっており、眼は銅の鈴のようである…」某某女人は「肌は白く綺麗であり、うりざね顔、おちょぼ口に成長して美しい…」このような人物描写は簡単であり、生命力が無く、まるで身分証明書の写真と同じように、形はあるが表情がない。

巧妙な人物描写の手法は、人物を事柄の中に投げ込んで描写することである。「雲雪庵」の中には二人の尼僧がおり、静雲と静雪である。静雲は敬虔で誠実である仏門の信徒である。そして静雪は仏門に入ったが、別に家庭の原因も有り彼女は仏門に対して尊重していたが、同時にまた一種の非常に客観的な自分の人生態度があった。〈雲雪庵〉の中の一つの例を挙げる。一年の夏静雲は師主に付き添って普陀山に参詣し、庵内では静雪が責任者になった。「雲雪庵」はこのように静雪のイメージを描写した。

丸一日、私は非常に真面目に功徳箱の前で立っていた。黄昏の時間に、参拝者がすでに次々と帰って行った、私もまた功徳箱の前でぼんやりと立って〝阿弥陀仏〟をする必要は無くなり、自分で遊びに行きたいと願った。有る人が私を呼んだ。「阿明さん、阿明さん」尼姉が私を呼んだ、私は力一杯一声応じた、「何事ですか」「師匠があなたを探しています」尼姉が言った。功徳箱の鍵が私の首にまだかかっていた。静雪尼僧は功徳箱を開けたが、毎回箱の中に寄付された金銭は多くなかった、今日一日は却って詰め込まれ、こぼれるほど満々と一杯であった。これは阿明の功労だわ。妙茄尼僧が言った、「施主は阿明小師傅が傍らに立っているのを見て、あんなに真面目だから、みな箱の中に現金を寄付したいと願うものよ」「これは本当の事よ、阿明の功績が最大ですよ」静雪尼僧は嬉しそうに私の顔を撫でながら言った。「今回師主がお帰りなったらきっと喜んでいただけるでしょう」静雪尼僧はしばらく考えて、二人の弟子に言った「お金を二組に分けて、一組は庵寺に残し、もう一組は公平に皆で分ける、尼寺のどの人も一つずつ、あなた達にも一つずつあげる、上手く説明して、誰にもまた言いふらすことを許しません」二人の弟子の表情は少し驚き慌てたようであった。「それでは師主……」「あなた達に告げたでしょう、誰にも言いふらしてはいけないと。私はいらない。阿明も又いらない」「分かりましたか」尼寺では毎月尼僧達にわずかな小遣い銭を渡していたが、それは大変少なく、尼僧達は普段もまた何も使うことは無く、皆はすべて少しづつ蓄え家族や親せきにあげていた。

つづいて、一件の事件が発生して、しばらく静雪がどのように処理したかを見てみよう。

師主が出発して四日目、外出して法事を行っていた尼僧が一人の老夫人と一人の十数歳の女の子を連れてきた。老人は彼女の孫娘を菩薩が引き取っていただくよう頼み込み、つらくて耐え難いほど哀願するので、尼僧達は老女と少女を連れて帰るより仕方がなかった。静雪尼僧は老人と子供に客間に来てもらって、こと細やかに老人の話を聴いた。彼女の一家は五人で、全員をただ一人の息子が自分の家のわずかな痩せた土地で農作業に従事することに頼っている。もともと日々の生活はまずまずやって行けたが、去年の夏の後思いがけずも、息子が一種の奇病にかかった。片方の脚が日一日と力がなくなり、ゆっくりとも歩けなくなった。この一家の老人は老い、子供は小さく、労働力がなくなった農家である、暮らしはやっていけなくなった。田舎の通りがかりの人も見て何も分からなかった、病気は少しもよくならなかった。後に、ある人が老夫人に知恵を出してくれ、関帝廟に行って願をかけたが、やはり良くならなかった。ある人は願が小さかったと言った。そこで老婦人は大願をかけた。もし息子の病気がよくなったら、孫娘を出家させ，終生菩薩に仕える。その結果、息子の病気は間もなく本当に良くなった。彼女は離れがたい孫娘を出家させるかどうか、老夫人はまたやはり願は大事であり、願のお返しを返さなければ，大難が近くやって来る。老人の説明を聴き終って、静雪は長い時間語らず、手は止めずに数珠を捻っていた。

「尼さま、あなたはこの子を引受けられるのでしょうか」老夫人は思わずしっかりと子供を抱きしめた。「ナムアミダブツ」静雪はおだやかで愛嬌のある顔付きで言った「めったにない世主様の清廉純真な真心で、子供さんのお父さんの病は完全に良くなられたのですね」「治りました。良くなりました。菩薩さまのご加護のおかげです、さもなければ、私ども一家はどのように生きていくのか分かりませんでした」「施主様、あなたは私の話をお聴きください」静雪は長い数珠を腕にかけて、「ただ私たちが真心で仏を信じるならば、仏は私たちをご加護してくださいます」

「そうです、その通りです」老夫人は真面目に言った。「しかし、お婆さん、あなたはご存知なかったのですが、関帝老人は仏様ではありませんね」静雪は笑いながら言った、「それではこの願はどのようにお返しすればいいのですか」「ああ」老夫人は大変驚き、「あそこもまた廟ですね、関おじいさんは私達仏門が祭る菩薩ではありません、ただ病気が好くなったとすれば、いずれも同じです。さらに言うならその子はまだ小さすぎますよ」「庵にはこの位の大きさの尼僧はいないのですか」「ナムアミダブツ、あなたが言われることを隠しはしません、施主、これは…。私はしかし願を掛けていたのですよ」「施主、仏が求めるのは私達の心の菜です、私達の物を求めているのではありません。私達の人を求めているのでもありません。さらに言うならば仏の恩恵を得た人が、それに替り別の人が願をお返しするのはよくないことです。」静雪は辛抱強く老婦人に解釈した。

「大先生、あなたにどのようにすれば良いのか教えていただきたいのですが」老人は静雪の意味を理解して、また正に急いで聴いてこのような解釈に到った。「仏は私達の真心、誠意、仏門に身を置いても或いは家にあっても同様に仏を信じ、仏の弟子になることを願っておられるのですね」

「それでは私は庵にたくさん献金しましょう」老夫人は喜んで着物の襟の財布に手を伸ばした。「施主、私が見るところによると、これはまた必要ありません。施主のお話を聴きますと，お家の情況はお金持ちではなく、こんな大きな子供は丁度学校に上がって勉強する時期です、あなたはこのお金を残して仏に替ってこの子供の面倒を見て、彼女を学校に入学させ多くの書を読ませるべきです」静雪は少女の手を引っ張って、「お利巧な子供よ、多く読書するときっと見込みがあります。阿弥陀仏、お婆さん、あなたがこのようにすれば、仏はきっとあなたの一家にあまねく恵みを与えられるはずです」老夫人は大変喜んで、静雪に対してもう一度感謝し、続け様に帰宅したら沢山線香を点け、仏を拝むと言った。静雪はこの一老一子を庵の門まで送って行って、またくれぐれも子供に多く読書させなければなりませんよとくぎを刺した。

この重要な点は静雪に対して、身を仏門に置いているが、にもかかわらず尚俗世を思う心を持っており、世俗の物事が錯綜している関係がある尼僧の生き生きとして、心がこもった処理をする姿を描写している。南宋の詩人楊万里が述べているように〝袈裟は多くの悩み事をいまだ書いてはいないが、書けば袈裟の仕事はさらに多くなる〟、これは一種の唯心主義信仰の矛盾であり、以上の描写を用いて、庵寺の静雪の人物イメージは真実であり、信頼でき、生き生きしている。

人物描写は小説を整え修正する役目であり、どの段落の人物をうまく描写するべきであると指し示すものではない。大きいものと小さなものの筋の中で人物のイメージを意識する、これが私が小説を書く経験談である。今日私が「雲雪庵」を再読した時に、この考え方がとりわけはっきりしている。「雲雪庵」の中の三人の尼僧が、私に与えた印象はいずれも非常に深く、小説を整えて改編する時に、すべて分散して彼女達の物語を書いた。静雲尼層は敬虔に仏門に帰依しており、静雪尼僧は俗世を想う心がまだ残っており、師主は利己的で陰険であることを表に出さない、これは校正後の小説を読了した人に与える印象である。そしてこれら一切は、いずれもそれぞれの小さい物語に少しづつしみ込んでいる。静雲尼僧は一匹の子犬を引っ張るように私の手を引っ張り、尼寺の中で行き来した。彼女の両眼は音にならない力であり、そっと私を一目見るだけで、私は何をするべきか、何をしてはいけないかがすぐに分かることができた。静雲尼僧が私にぴったり合うのは、本当にまともであるからだ、手探りで模索して掴むことが、見てわかる「静雲尼僧が私にとって良かったことは、反って私の感覚を取り去ることである」この一節の記述は、静態的角度から静雲の立ち居振る舞いがきちんとして威厳があり、おっとりとして鷹揚であり、小説の中で彼女が一生を通じて貯蓄したのは六元の銀貨のみであり、こっそり忠告するなら静雪がやはり卑俗的である等のいきさつであり、敬虔で誠実な仏を信仰し、真心をこめて人に接した。静雪尼僧もまたこのような切れ切れの描写作りをしており、彼女が師主をごまかして功徳箱の金銭を小尼僧達に分け与え、一郷民〝願返し〟の為に子供を出家させることを忠告して辞めさせたり、大学の時の恋人に密かに会う等のいきさつ、一人の名門の令嬢を描写した—静雪。そして師主はというと、小説の中での出番は非常に少ないが、人に与える印象は位が高く、厳格であり、言ったとおりのことをする、と描写したが、最後に彼女は誦経堂の黄金の仏像を持ち逃げした。この一切は、実際上いくつかの小さな物語を通じて人物を描写した。

私は小説を定義する時に「構成」という一つの言葉を用いた。いわゆる「構成」はストーリーが進展していく過程のなかで物語が一つ一つ出現し、それぞれの人物がそれぞれの物語の中で「出演」する。特に注意するべきことは、人物のこの種の「出演」は人物の性格に合致していなければならない。小説の進展に伴い、人物のイメージがだんだんとはっきりし、生き生きとしてくる。従って、念入りに人物の相関関係を構想するべきである。私が成功したと思う一篇の小説を完成した時、私は必ず人物の性格を創造するために非常に多くの時間をかけ、何度も思索し、繰り返し推敲する、たとえば「…空模様がすでに日暮れになり、静雲尼僧は彼女がよく知らない門前で、一つの全く新しい環境が彼女を待っていた、昔日光り輝く線香がゆらゆらと立ち上る大庵堂よりこの粗末な小屋に引っ越してきた。思いもよらず静雲尼僧がそのように平静で、そのように平然としていて、少しもため息をつくことは無かった」この一節で「雲雪庵」がなくなり静雲尼僧は一つの三部屋の平屋に落ち着かせられた時、尼僧はそのように平然として、世事に対して超然としていた。その経緯をもって、物語が人物を作り出し、人物はそれで初めて血があり肉が有り魂がある、これが小説の著作を念入りに書き始める秘訣である。したがって、物語の選定、物語の叙述、は必ず綿密でなければならず、人物の性格を互いに調整するべきである。このように書きさえするだけで、まさに半分の労力で倍の成果をあげることができる。物語には大きいものもあり小さいものもある。その経緯は複雑なものもあるし簡単なものもあり、人物を物語の筋の中で、生かすことになる。

二七、塑像を活かしだすこと

私はかつて小説はすなわち「人説」であり、小説の中の人物塑造の成否は取りも直さず小説の成功か失敗かを決めると言った。当然、中編小説の著作を語ると、人物創造に関して少し多めに話すべきである。しかし、私は物語で人物を創造する話をした後で、続けて書くことが、非常に困難であると感じる。困難はどこにあるのか。私は苦しみながら思索したが、ひとつの糸口を見つけることもできなかった。ある日、私は突然彫刻と塑像を思い起こした。家廟の展示を改善するために、宋朝以降の各朝代の孔子南宋家廟に恩がある地方官を塑造し、一つの恩官祠展覧の段取りをする必要があった。泥人形形式の彫塑六体の人の身長と同じ高さの塑像を、美術を分担して受け持つ作業者が責任を負う作業場を、私は常々行き見ていた。泥人形の作業工程は非常に長く、骨格から粗白地、半完成品に到る基本成形と最終的な精密完成品までおおかた〝外見がきわめてよく似ている〟状態になり、それが彫塑芸術の要求であった。形は比較的似ており、似ていると似ていない彫塑の対象が、すぐあなたの目の前に突っ立つている。しかし再び表情がきわめてよく似ており形も似ているが、やはり完璧ではなく、これは各種芸術の特徴であり、或いは強いて言うなら〝欠陥〟である。見ることができる美術、聴くことができる音楽、見ることができる映画とテレビ、完璧な人物を塑造する面でいずれも遺憾なところである。美術は非常に似ているが、しかし話ができない、音楽は非常に美しいが、しかし具体性がない、何れも人物の心理活動を展示するには方法が無い。ところが文学作品はこの一点では完璧になす事ができる。前回話した事は事件を通じて物語が人物を作り出すと言うことであった。そして小説は人物の言語を用いて人物を作り出し、人物の行為を用いて人物等の著作手法を作り出す。

言語

〈米つき場〉の中の葉の次男はその時代の標準である文化の無い農民であり、正直で素直である。文中の一段にこのように描写している。葉の次男は二椀の老酒を飲みほし、屋根裏部屋の桃妹に言った「知っている。お前が見てくれればそれでよい」言いながら彼の真っ暗な部屋に入って行った。小山村の米つき場は、葉の次男がのんびりして自適するいびきに連れて、だんだんと山村の夢路になった。この段の叙述は一つの生々しいイメージではなかろうか。　小説の対話言語は、一般に必要な叙述を加える必要があり、〈東方理髪店〉の如く二楞子と彼の妻が吐き気を催した。「お前は黙っているろ」妻の耳は引き下げられた。「あんたはまだあの後家を気にしているの」妻の耳は引き下げられた。この幾つかの文字は一人の老年の婦女のイメージを簡単に描写した。したがって、必要な人物描写が重要である。

動作

「東方理髪店」の中で二楞子が看板を書く段で、このように書いた。「上司よ！　楞二兄、なぜびっくりしてものが言えなくなったのか」ある人が逃げ回って彼をからかった。「二兄さん、軟らかいピータンを落としたりしないことができるか」ある人は口先でぶつぶつ言っていたが巻きたばこを口の中に入れて塞いだ。騒ぎを見ている人は事が大きくなることを恐れず、「鶏一句鴨一句」に例えられるような野次を次々飛ばした。二楞子がこの時心の中で腹を立て始め、彼は周囲四方八方の騒いでいる人を見回して、唇がしきりに震えた。いらだつ人もまた過剰な興奮を恐れ、心の中で「この難関を突破しなければならない」とつぶやいた。決してここで転んではならず、何があろうともやらねばならない。書くことだ、そこで彼は地面をきれいにし、上着を脱いで置き、周りで見ている大衆を払いのけ、一歩前に踏み出した。筆を一つかみし、赤ペンキをかき回し、小刻みに揺らし、筆を提げて赤ペンキを一滴づつ下へたらした。彼は大きく口を開けて粗い息を吐くと、汗水がたちまちパタパタと落ちてきた。本当に十トンの鉱石を切開するとしてもそれほど疲労しなかっただろう。皆の目は必死で二楞子の手の中の筆を見つめて、周囲の〝カラスも雀も声無し〟というようなしんと静まり返っていた。この時二楞子の心の中にまた一種のかつてない荘厳な感覚が生じた。彼の顔は紫がかった濃赤色がゆっくりと回復し、明るく赤くつやつやとしたものに変わった。彼は身体をまっすぐ伸ばし、胸を張って、姿勢を構え、「バチャン」一声で地面の中央の板の上にひざまずいた、この正座が皆を感動させせまたすんでのところで一斉にひざまずくことになった。ただ二楞はじろりとにらみつけ、筆が龍蛇のように迅速に走り、「東方理髪店」五つの大文字がすばやく書き上げられた。「いいぞ」にわかに周り一面の喝采になった。字がどのように書かれたか、推して知るべし、誰が敢えてすることができるのか、明らかに皆は彼の勇気とその姿勢に対して良いと叫んだのだ。二楞子は「パチパチ」と筆を地上に振り捨て、彼の老樹の枝のようなごつごつとした両手をしきりにもんだ。なぜ彼が靴を脱いだのか、地上に靴の中の土を叩き落としたのか分からず、得意満面で一言叫んだ。〝酒は〟この一連の二楞子が看板を書く過程の動作描写は、一人の天も地も恐れない青年鉱山工員のイメージを生き生きと紙に書いた。従って、正確で生き生きとした動作描写は、人物造りの良い手法である。後に二楞子は井戸の下で作業時に罹災して亡くなった。理髪店の店主は人に頼んで二楞子が書いた看板を金色に換えた。店主は財産があり、軽々と金字の看板を抱いて、ずるずるとひっぱりながら涙声で叫んだ。老人と若者達は皆で地面より少し高く持ち上げて運び、二楞子が書いた看板を立てた、今度はそれを高々と架け渡すことができた。理髪店前の周囲を取り巻く人が益々多くなり、うやうやしく厳かな集まりになって、一場の神聖な儀式のようであり、大変多くの壮年の男子が目の縁を赤くしていた。人物の塑像は小説を書く魂であり、人物を物語の中に置き、矛盾の中、さらに各種の手法を以て、或いは言語、或いは動作、或いは描写、各方面からの精密な浮彫をし、すなわち芸術家の彫塑と同様であり、全ての比例がしっくりと落ち着き適切であらねばならない。服装、表情と態度の各部位が極めて正確であり、特に頭の部位である。彫塑が完成すると、全体の彫像が完成し、外観はやり遂げられている、しかし表情が非常によくできているのか、彫塑家は工具を使って外観と姿勢の中で表情を追求する。小説が彫塑より優位なことはさらに人物に対する心理活動を通じて描写することができることであり、そしてこれはその他の芸術ではなすことができないことである。二つ目に手法が同じではなく、追及する最終効果は同じである。芸術の絶妙さはここにある。

小説の人物塑造の手法は非常に多く、武士の十八種類の兵器に比べてもよく、使用に熟達することができ、あなたの役に立つことができる。重要なことは人物が作者の頭脳の中で生きてくることであり、あなたが塑造する人物はやっと字の中、行の中で、生きてくることである。この中で覚えておかねばならないことは、絶対に創造のために塑造してはならないことであり、彫塑家と同じように、生活の中の人を、各種手法を以て、本当の人の表情を形の中で彫塑することである。文学愛好者は彫塑が話をでき、生きてくるように方法を考えるべきである。私の経験では、ある時人物塑造手法が当を得て運用できれば、あなたが過剰な筆墨を使う必要は無く、あなたが塑造する人物は読者に深い印象を残すであろう。〈雲雪庵〉の中の徳恵師主は全部で三回出て来るだけである。第三回目には彼女はすでに世を去っており、ただ彼女が保管する自分で盗んだ物品が現われ、一人の偽の信佛者が本当は陰険な人物であったとして新聞紙上に躍如としていた。多く練習しましょう、練習しましょう。身辺のあなたがよく知っている人を画いてみることです。

二八、画中の人

「画」中の人は神話の中の「画中の人」ではなく、小説を話す人物が居る環境が絵画の如く同じにならなければならない。画家の人物と環境は非常に直観的で、具体的である。一冊の画集を開くだけで、すぐ人物と環境の関係を鑑賞することができる。李唐（宋代の画家）が描いた〈濠梁秋水図〉は、山川の岩が重なりあう岩石の上の空高くそびえた古樹の下で二人の老人が座っており、遠くは山近くは水で、水辺に突き出た岩が立ち、小川の水が曲がりくねっており、葉が多く枝が茂って、画境が清らかで静かである。これは一幅の教典的な秋色図であり、荘子と恵子が魚楽の弁の哲学的命題に取材しているが、二老人はどんな話をしているのか、画家はあなたに告げる方法が無く、これは文字によって紹介するのと画人が頭に浮かぶ事を読みとることに頼らなければならない。小説は然らず、読者に二老はどんな人で、何事を話しているのか明白に告げることができ、はっきりと彼らが自由奔放に語り合う内容を記述することもできる、これは小説の長所である。画家は絵画の直観を用いて具体的に森林，古樹、せせらぎの水、水辺に突き出た岩と点々とある白帆を描きだすことができる。これ一切を小説家に対して言うならば、却って別の手段を用いるべきである。他ならず文字を用いて〝絵画〟の環境とすることである。画家は絵画を描くために色彩、筆法、技巧が有り、小説家は文字によって描写し、環境をぴったり当てはまる文字で表現することは困難であるが、しかしまた回避する方法が無いことであり、これが小説家の基本的な知識と技能である。

画家は写生に行き、民謡を収集することができ、文学家はどうして〝描く〟のか。小説はただ自分の景色に対する記憶に頼ることができるだけであるが、あなたは聴いたことがないであろうが、某小説家は自然風光に対してそこに座って文字を用いて現場に行き描写する。

それでは、小説家はどのように「描く」のか。〈T庄〉の開巻で、私は小さな山村に往き、老劉頭を訪問する、それは河北冀東地区の一つの小山溝、ジープ車が公道を三十分走った後、ひと曲がりし、村民が自分達で修理した土道を上って行った。この道は平時には何とか頑張って馬車が行き来することができるだけであった。道端にはまばらな農家の肥料が積んであり、ジープを走らせるには大変困難であった。運転手は小渓溝に沿って往こうと言った。私は車の窓を揺れ動かし下ろした。その一条の小山の谷間には川筋から流れ出している細い水流が見えた、春雨が止んだばかりで、谷川の水は豊富で、水草は大きくなって緑が淡い、私はドアを開けて車を下りると、本当の田園だ、水草は流水に沿ってゆられており、さらに点々と小魚が泳いでいた。小さなせせらぎのあたりは山あいで水に洗い流されたきれいになった栗石である。栗石の間から長く黄色の花をつけた小草が満開で、さらに前にはアヒルが水遊びをし、その前は小山の渓谷が曲がっていた。私は心の中で本当にこのひっそりと静まり返ってこくがある谷間に傷をつけるのが忍びなかった。そこで言った。「止めておこう、やはり土道に沿って行こうよ」車は土道に沿って運転していくと、さすがにジープであり、安定して深い溝の中を進んだ。ジープの音がさらに小さくなり、静かな谷間を騒がせて、松林の間から飛び出したキジや、石崖の上のヤギはこれまで見たことのない人力車、この小型車に対して目礼をしているようであり、車が前に進むと、ゆっくり悠々と振り向き注視し、質問しているようであった。これはどんな奴なんだ、こっそり前に往っても煙も出ていない。周囲を見渡すと春の日の安静であった。谷川を西から東に向かい、南側は高くて険しい岩山であり、北側は山腹が平坦で、まばらに散らばった農家が有り、野山のアンズの花がちょうど満開で、松林の間の鳥はたびたび澄んで快い鳴き声を伝えてくる。

これはまさに一幅の山村の春景色ではないか。このような環境は私が熟知しているものであり、鉱山で仕事をした期間、私はしばしばこのような谷川を歩いた。私は小説の筋が必要とする時、楽々とこの河北東方の谷川を思い出し、記述して、谷川の細い流れ、水草、名も知らぬ野花、断崖の上の山羊、…もし機会が有れば私は本当にあなたを案内してあの谷川を見てもらいたい。あの谷川の本当の名前は「キジ谷」と呼ばれている。したがって、各種の景色をあなたは体験して、頭の中に記憶し、そこに貯蓄すると、小雨はどのように降り、大雨はどのように降り、暴風雨はどのように降り、同じ樹木が春夏秋冬の季節の中でどのように異なるのか…これは生活の中の景色を観察し記憶する、必要な時にそれを「画く」。

小説家はどんな地方でも全ては行くことができない、そこで景色の描写はさらに一つの別の方法があり、これは家の中では「採風—民謡を収集する意」と呼ばれた。私達は各種類の絵画、中国の物、外国の物、古代の物、現代の物も多く鑑賞することができるが、また撮影された作品を見ることはできる。例えて言えば、皆さんすべてが竜巻に出くわすわけではないが、ただ竜巻の撮影作品を見ることだけはできる。竜巻の根の部分はどのような、上面はどのようなのか、周囲の動態はどのようなのか。幾つかの名画を沢山見て、幾つかの撮影作品を鑑賞することも、またアマチュア小説家の時間と力を節約する方法ともいえる。当然、鑑賞だけでは不十分であるので、あなたは更に文字を用いてそれを叙述することができる、これは〝間接的生活〟と称されるのもよいのではなかろうか。ここで言う〝間接〟とはあなたが自ら経験したことでもないし、行った事も無いためである。自ら体験することは、機会が有れば、あなたはさらに完全なものに補充することができる。私はかつて海の波を描いた美術作品を見たことがある。ある時私は山東威海の「天尽頭―天の端の意」に行った時、海の波が海中の岩石を打つのが「間接生活」に比べて勢いが激しいことを発見し、美術作品は勢いを描き出しているけれども、一旦自らその場に身を置くとさらに最も根本的な現象―音である。何を「山を押しのけ海を覆う―素晴らしい勢いの意」と言うのか、何を「雷霆万鈞―威力が極めて大きいの意」というのか。従がって、「間接生活」はその限界性があり、それを小説家の連想と想像で補充することが必要とされる。

小説家は「絵画」の環境で、文字が生き生きとすべきであり、生活の息吹が濃厚であらねばならない。もし人物の塑造が小説の骨格と見なされるならば、それでは環境の描写はすなわち小説の血肉である。やはり「T庄」なかの一段落山村の静けさを挙げる。〝小さな山村は本当に大変静かであり、ただいくつかの非常に軽くしかし何とか頑張ってこれらの物音を聴くことができるのは、まさしくこれらの物音であり、さらに際立たせることが難しい楽しみは野外の野原の静けさである。母鶏が一群のひよこを率いてせせらぎの辺りで餌を探しながら、ガーガーと叫んでいる、山間ではときたま牧童のバーバーと響いてくる鞭を振る音、風が松林を抜けて来る音はきこえないが、しかし松の枝が動く

音……〃

絵画は美しくなければならない。読者が閲読し出すと身体にその中の感覚が有り、特にそのような環境の無い人が読みだすとさわやかで新鮮な感じがする。画家が絵画を作るのは難しく、小説家は文字を用いて画を描くことは容易くないのだ、小説家の画は、小説の必要な構成である。

二九、「画」は感情を引き立てる

小説家は文字による「画」の環境を用いる。この「画」が人物に適合して引き立てる以外に、小説に対してさらにどんな効果を起こすことができるだろうか。当然のことながら、私達は単純に景色の美しさだけに頼ってはならず、描写の為に描写する。小説は生活のモデルであり、環境は生活では不可或いは欠けている構成部分である。私達は環境を選択する時に、環境をして小説を引き立てることができる物語、人物の心情、性格等を使うべきである、小説家が文字を用いて「画」を描く環境が人物塑造に対して、物語の内容を展開し効果がでる。「東方理髪店」の中で穆二楞が井戸の下で作業している時に不幸にも労働死亡事故が発生した一段落である。耳を突く救急車の音が鉱区の道路を鋭くて長い音が過ぎていった。ずっとどんよりとした空は水を吸い込む巨大なスポンジのようであり、だんだんと低くなり鉱区の上空に垂れ下がっており、どっしりと重くそれぞれの人の心を押し付けていた。ただよっている風は人々の心中のかわいた熱さを払いのけることはできず、どんなに一場の気持ちがすっきりする大雨を渇望していたか。山のあたりに重苦しい雷の音が伝わってくる。定期市に集まった人は既に散ってしまい、辺鄙な山あいの十字路の交差点はとっくにがらんとしており、到る処みな腐った葉っぱ、不用の紙、果物の硬い種と家畜の糞便、鼻をつく腐敗臭とゴロゴロと息苦しい雷の音が充満している……。

これは一段落の山区に於ける雷雨の前の自然景色である。そしてこの景色は鉱山を引き立てる一場のひどく悲痛な労働死亡事故が間もなく発生しようとする寸前であった。当然、その次の穆二楞の事故の時、天気はどのようであったかはすでに記憶している人はおらず、小説を構成する時に、私は環境をこのように「画」きだす、一種の芸術手段である。労働死亡事故に対する、下地になり、寓意が生まれることが可能になる。これは即ち小説家が「画」く環境が小説にぴったり合って引き立てる効果を引き起こした。

「米つき小屋」は日常生活から遠く離れた一つの愚かであり、後れをとっている貧困な小さな山村の物語である。この小さな村落の描写に対して、まず最初にこのように書いた。「冬がやっと過ぎ去った。春風がやさしく原野の上からなでて行った後、山水は生命の美酒を注入したようになり、樹木も草も知らず知らずの中に柔らかくなる。山村の間の各種の音が変わり始めてとても耳に心地よい。鳥が唄い始め、せせらぎの水がさらさらと小唄のように流れ出す、姿江の源の青竹砦、ここはただ十数戸の人家がある小さな山村であり、一冬を熟睡したようで、この時になってやっと春風の中で目覚めた。かまどの煙が草挽きの家のてっぺんからゆらゆらと立ち上りだし、木板の門はもはやきっちり閉じられていることはなく、齢取った水牛も気分よくモーモーと声を上げていた。青竹砦の男も女も、老いも若きもすべて戸外で地に下りるのは下り、山に上がるのは上がり、祖先から引き継いできて絶え間なく戻る変化の無い生活を開始する…」

これは一幅の江南山村の独特な春景色の画であり、物語はここから展開した、「だれでもみな自分の家の前で如何なる家族を呼ぼうとも、呼び声は大きな山間で一声が一声に繋がりこだまする、その後一声が軽くなり大きな山と大きな山の間でしだいに消えていく。ただ一つ呼び声が聴こえないのは一里あまり離れている一戸の人家であり、それは春米の作業場、皆がそれを、「葉家の米つき小屋」と呼ぶ所であった…」

続いて、物語は小さな山村と葉家米つき小屋をめぐる少しばかりの展開を見せる。このように描写すれば人に田園の質朴感をもたらす、しかしそれは騒然とする社会を遠く離れた一つの閉鎖されている小さな山村である。続いて、一つの貧困で立ち遅れており、愚かで無知である生活の物語を引き出す。

このような文字画の環境はいかに美しいことか。

上述した二段階の環境描写は発生している或いはすぐに発生する小説の物語の筋がしっかりと一緒に連携し、小説の展開を助けてくれる。「東方理髪店」の景色描写、暗雲、ゴロゴロ鳴る雷を以て、人々の重苦しく気がふさぐ心情を際立たせ、「米つき小屋」は最初の景色描写でその後に続けざまに発生する閉鎖された愚かで無知な物語はこのような騒然たる社会から遠く離れている小さな村落では必然的である。

景色描写の時に、一つの〝襯〟という文字がある。「雲雪庵」の中に一段落の描写があり、尼寺はまるごと解散し、尼僧達は皆還俗して家に帰った、ただ静雲尼僧一人が信仰を堅持し、彼女は都合をつけて一軒の三部屋だけの平屋に住まわされ，平淡で安寧な尼僧生活を送っていた。私は大学に進学した最後の一年に帰郷し尼僧のご機嫌伺いに行った。雲雪庵は無くなり、放生池（他人が捕らえた物を逃がし功徳を積む仏教用語）もまた無くなっていたけれども、彼女はいつものように私を導いて放生に行く。当然、放生池には行かず、川辺に行く。尼僧は私を導いて川辺に来た。私は木のおけの魚群を水と一緒に川の中に投げ入れると、その魚は私の面前で何回かぐるぐる泳いで回り、それから川の碧い水の方に行った。尼僧は川岸の石段の上で、薄い灰色の尼僧の服を風の中でひらひらとさせた。彼女は片手を胸の前にぴったりとくっつけ、青空白雲が引き立たせる下で、私は突然尼僧が老いたと感じた…人生は川の水に似ている、同じでない処は川の水は変わらないが、人は変わるということであった。

ここまで話してきて、もう少し多く話さねばならない。小説家が「画」く景色は非常に多くの描写方式で雷同することがあることは避けられない、この雷同は小説家が極力避けるべきである。この種の問題を発生することとは、大きくはすべてあなたが書く物語、人物の環境創造が浸透していないことであり、ただ人物と物語に合わせて深い想像があって初めて、環境描写が生き生きとして真心がこもることができる。この時、あなたの「画」はやっと人の心を感動させることができる。〈米つき小屋〉の結末部で、私はこのように書いた。息子の小青が五歳になったその年に、桃妹は自分が多年に亘り念願してきた桃妹の夫阿寿の遺骨を移し阿寿の為に墓を作り墓碑を立てた。その高い山頂に次々と桃妹の父母、叔父と夫の阿寿の墓を並べた。墓場が出来上がったその日、彼女は小青に墓の前で跪いて頭を地につける礼拝をさせ、桃妹は一滴の涙も流さなかった。空がどんよりしており、ゴロゴロと雷の音が額の中央で転がった、しかし一滴の雨もまだ落ちてこず、母子が米つき小屋に帰ってから、その雨がやっと勢いよく流れ落ちてきた。人は変わり。この山この水この空は却って永遠である。米つき小屋が唄い出すあの古びた単調な歌がさらに遠くさらにはっきりと伝わっていく。人は単調であり、一周して又始まる生活の中で深々と感覚が麻痺し、しびれた人が連想しても考えることができなかった。

一部の小説は、多い長いにかかわらず、主要な物語は幾つかで、映画の物語のあらまし紹介も何行かの文字である。しかしながら、文学の巨匠達は数十万字、百万字以上の文字でこの数行の文字を叙述する。どのように書きだすことができるのか、あなたがツルゲーネフの「猟人日記」を読むことを提案します、きっと啓発されるでしょう。

三〇、直接ではない叙述

脚本の著作は一種の技巧があり「懸念―おもいやるの意」と漫才芸術の中で「ギャグ」と称する。小説の著作の中で一種同様な手法で、〝伏線〟と称する。その実それらの効果は同じであり、あなたが述べようする内容をきっぱりと暴露してしまってはならないことで、竹筒を傾けて出すように、ガラガラと事実を隠さず話し、きれいさっぱりとする。これは、また、何を以て「芸術」の二字を語るのか。

小説の著作過程の中で、たえず伏線を構想し、読者にたえず「先はどうなるのか」と考えさせる、このように読んで興味をひきつけることになる。「T庄」の開巻はこのようである。

その日、一連の「農転非―農業戸籍から非農業戸籍に変わること」目標数字問題、私の気分は特別に良く、事務室に夜、市労働局のお客を招待することとし、少し盛り沢山に、準備するように告げた。仕事を終えた後、私は招待所の食堂に着くと、明かりが光輝いていた。食卓の上にはなんと二瓶の茅台酒、四箱の中華タバコが並べて有った。私は黙って考えた、本当に大した腕前だ、どこで大中華と茅台を手に入れたのか。晩の宴会が始まって私は長距離電話を受ける機会を利用して招待所長に尋ねた。「君は本当に大した腕前だね。この大中華と茅台酒は何処から手に入れたのだ」私は一言問いただした。実のところ、私はただ気軽に尋ねてみただけである。所長はしばらくぼーっとした。私は彼の目つきが少しいぶかったようであり何か事が有りそうであった。「君の家から持ってきたのかな」私は一言聞きただした。「ハイ　鉱長、冗談を言わないでください、私の家のどこにこんないいものがありますか」所長はにこにこして笑いながら答えた。「それではどこからきたのかな」私はすこし真面目になった。彼はやはりぼっとしていた。これはここで却って結果を聞き出したいと思った。「君は悪いことはしていない、何かごまかすことはあるのか」この時所長はやっと私に告げた。「鉱長、中華タバコと茅台酒は老鉱長が我々に売ってくれたものです。彼の家が金を待っていると彼は言ったのです、私はすぐ受け取ったのです。鉱長、これは責任がありますか」私はこれを聞いてさらに分からなくなった…。所長が言う老鉱長は私の背後の老劉頭と称する人物で工場を拡張建設する前から郷がやっていた小さな鉱山の鉱長であって、拡張された工場が生産開始する前に退職して農村に返り、昔の家の家業についていた。一人の河北東の農村の老人にどうしてこのような良いものがあるのか。彼の人品は私に不正な手段に行っているという考えを許させないが、しかしこんな老人がどこからこのように高級な商品を持ってきたのか。物語は茅台酒、中華たばこに順じてこの〝伏線〟をはっきり表現し始める。伏線の効果は読者の注意力を引き付ける。一人の中国語を学ぶ朋友が私に言った。「私が学んでいるのは中国語であるが、しかし現在の小説をほとんど読んでいない、しかしあなたが書いた「T庄」は意外にも例外である。私は盲人のように、あなたに引っ張られて東に行き西に行き、三万字を、ついに一気に読み終わった。」実際には彼が言っていることは私が「T庄」の中に一回又一回伏線を埋めており、ほどいてはひらいており、埋めては解き、解いては埋める、最後には大工業より小作業場に引き継がれ生産され発生する人達の生活方式の変化であり、革命事業に受け継がれる重大な命題である。〈雲雪庵〉もまた同様である。発信局が一通の発信人の電報も無く、一枚の送金状も無い郵便局だけであり、一副の金色の縁の有る老眼鏡、六枚の銀元…たえず読者に伏線を展示している。小説の中で、私はたえず静雲尼僧と静雪尼僧を一緒に入り混じりさせている。

小説の前半部分では、二人の尼僧はいずれも私の生活の中にあり、後半の部分では静雪尼僧はいなくなったので、直接彼女を書くことは無かった。小説の末尾で送金状、至急電報の伏線がやっと筋が通り、道理にかなって解ける。突然静雪尼僧が現われた。清雲尼僧が埋葬され、葬儀の処理が終わって、私は手伝ってだってくれた隣の姉さん方に一人一人感謝して回った。屋敷は本当に安静であった。清雲尼僧の遺物を整理しようと思い、この屋敷でさらに数日過ごし、清雲尼僧の霊に相伴をした。この時ある婦人が院門を開けて入ってきた。私は手の中の原稿用紙を置いて前に迎えに出た。夕日が彼女の身体後ろに在り、彼女の姿が明るく光っていた私は多分隣のおばさんだと思った。彼女はそこで両眼でしっかりと私を見つめた。私に尋ねているようであった。知っているの。私は又数歩前に歩いた。この時頭の中に突然鳴り響きだした。覚えている、覚えているよ、誰だろうか、私は緊張して口を開いて、あたかも思い出したようで、しかしどうしても声に出すことができなかった。「阿明！」おやおや、なんてしたことだ、大声で一言叫んだ。「おばさん！」うつむいたままであった。彼女はしっかりと私を彼女の胸の前に引き寄せた。私は泣いた。

もともと至急電報、送金はいずれも静雪尼僧の由来であった。これは即ち伏線の力であり、文字を使って読むのに耐え、小説の経過が曲折迂回してかえることができ、閲読する人が〝読文〟の興味を促進する。

著作中の伏線は、更に一つの効果があり、人物塑造に役に立つことである。やはり、雲行〈雲雪庵〉を例としよう。開巻部にこのような一段落がある。間もなく正午になる時に、師主は綿に新稲わらをいれた枕の上に頭を起こして、もともとじっと動かない眼差しがこの時には十分明るく動かすことができ、混濁している目玉は回ろうとしており、血色の無いくちびるはひっきりなしに震え、あたかも話をしたいようであるが、しかしわずかな声も吐き出すことができなかった。一人のおばさんがうつむいて彼女の耳の辺りで大声で尋ねた。「師主、師主、まだ何かご心配なことがおありになるのですか」幾つか叫んだ後、震えながら手を挙げて、寝台の前の古びれた箪笥を指さした、また力をを入れて、私に向けた。私は大急ぎで箪笥の処に行きドアを開けると、板の上に黄色い布包みが置かれていた。私は布包みを抱いて師主の前に行くと、彼女は唇を震わせていた。私は大声を出した「私がいただいてよいのですか」彼女は頭を下げて又眼を閉じた。

ずっと小説の結末の時に、私はその黄色い包みを開けた。包みを開ける、アー、もともと師主が永年来書いてきた書稿であった。〈金剛経〉、〈阿弥陀経〉〈心経〉等が有り、仏教の解釈であり、一冊の〈六祖壇経〉編の朝晩の読経等の勤行（ごんぎょう）、更に十数篇の仏学論文であった。この緻蜜で切れ目のない、きちんと整っている、小さい文字で書かれた楷書、私の心はしばらく震え、痙攣し、一種の言葉では現わすことができないほど敬慕し、これは人生の一種の理解と追及、これは正真正銘の信仰である。正真正銘の信仰はなんと巨大な力があるのか。」

小説の伏線─は小さな黄色い布包み。初め説明は決して何もない、ずっと最後まで、やっと小さい黄色の布包みの中の物件が、清雲尼僧の人格と信仰をはっきり説明する。一人の尼僧の一生は信仰の真偽と善良であり純真で正直である信仰の巨大な力である。仏を信ずることはかくの如きであり、かくの如きではないのか？　これは小説〈雲雪庵〉主題の所在するところである。

三一、どのように〝ひそませるのか〟

〝伏線〟の技能は、中短篇小説には特に重要である。長編小説は文章の長さがあり、人物の塑像に対してはプロットの展開は非常にゆっとりとできる、その上読書は本来ゆっくり読もうとする心理準備がある。中短篇は同じではなく、限られた文章の中で、塑造人物が事件を展開しなければならない。この中で、どのように読者を続けて読むようにすることができるのか、私のその友人が一気に〈T庄〉を完読したようにすることである。小説作者の技と力を見るべきである。しからば、筆をふせて置く技巧は中短篇の作者に対していうならば、詳細に研究する値打ちがあることである。

生活の中にも元の原稿は非常に多くの意外、奇遇等の事柄が存在しており、一種の意外、奇遇構成を中に入れ、それを以て伏線に形作り、中短篇小説の読みやすさと読者を引き付けること当然大いに役にたつ。丁度いつも聞いているひと言、〝偶然や奇遇がなければ、小説や物語にならない〟。それでは、どのように伏線技巧を身に着けることができるのか、またすなわちこの種の「意外性」と「奇遇」を小説の中に埋めるのか、いわゆる〝伏線〟は、一つの事柄には開始があり結果がある、開始から書くかやはり結果から書くのかを問わず、作者はただ頭から話を切り出したいと思うので、はっきりと語ることもいわゆる伏線であるが、それを伏せてしまう。実際上、はっきり話すこともいわゆる伏線であり、読者に〝どんなことなのか〟と知りたいと故意に思わせたいためである。〝どうしたの？〃たとえば「雲雪庵」の中で、池の中にあの唯一の毎年いつも咲く白蓮の花は、何故なのか、伏線の埋蔵はいくらか深く、久しく又少し浅く埋蔵することもできるし、時間も少し短いこともある。ある話劇「夜明け前の銃声」では初めは夜明けの頃で、二人の人物は一人が銃を挙げ、一人は徒手で反抗する動作のようであった。突然〃パ、パ〃二発の銃声が響き、その人物は声を出して地面に倒れ、一面静まり返った。作者は場面をしばらく停止して、少し別の事を叙述し、時間をいくらか引き伸ばした。突然、射殺されたその人物が立ち上がり、観衆をびっくりさせた。もともと彼らは芝居の下稽古をしていたのだ。これもまた最も短い伏線であった。

伏線もまた非常に長く埋蔵されたものもある。「雲雪庵」の中に一枚の至急電報が有り、「静雲尼僧の病が危なく、すぐ帰られたし」誰が打った電報か。ずっと小説の結末まで、はっきりと語られなかった。しかし読者は小説の結末時には心の中でははっきりとしていた。静雪尼僧が打った電報であると。伏線がうまく埋められていて、書き出すとまた意味があり、小説は読みだすと味がある。

「伏線」の選び取りは人物の運命と一つ一つ連関関係がある。「雲雪庵」の師主は陰険で、利己的で、偽りの仏経徒であった。彼女は前任者を非常に苦しめ、〈雲雪庵〉の師主の座を奪い取り主宰する地位についた。彼女は自分が管理を任された財物の誦経堂の金像仏を盗み、陰謀を巡らし小尼僧妙素に罪をなすりつけ、妙素を除名して、金仏像が盗難に遭った一件はうやむやの中に終わる。師主がなくなった後初めて公表され、盗まれた金仏像は師主の仕業であったと言うことが分かった。最後に金仏像の寄贈人は善意の静雪尼僧が金仏像を師主の陪葬品にし、彼女の願望を円満に収めた。この下りの伏線を明らかにした後、師主がどんなような人物であり、あまり多く書く必要は無く、読者に深い印象を残した。

静雪は非常に現実的な人であり、彼女の出家は完全に親が決めた結婚に対する反抗であった。彼女の仏門に対する信仰より出たものではなく、一つの仕方のない選択であった。彼女は仏門に対してただ一種学説上の理解であり、当時は復旦大学物理科の学生であった。出家後彼女は何度も学生時代の恋人とあいびきし、小阿明に偶然出くわして、子供は大変たやすくごまかされてしまった。しかし尼の部屋の中に留まっている一人の成年男性の気配は清雲尼僧の洞察を避ける方法がなく、尚且つ窓台の上にさらに一つの男性の靴の跡があった。この伏線は埋めておいて、何年か経った後、師主が死亡し、静雲尼僧はやはり静雪に還俗（げんぞく）するように勧めた。彼女の大学時代の恋人に嫁ぎ、対外的には外省の一つの尼寺に主宰になって行ったということにした。小説の中で静雪尼僧はさらに一つの連絡交渉の役割をし、小説は静雪尼僧は仏門を尊重する一人として浮き彫りにしている。小説は彼女が出家以来から開始して、静雪尼僧の仏門に対する態度を埋めていた。当然、静雪尼僧の非常に多くのプロット、ストーリー、描写と言語、行為等、しかし彼女が恋人と逢引していたことは、確かに非常に重要な鍵となった。

伏線の設定は人物と生活が互いにつり合いがとれているべきであり、人情や道理にかなうべきである。不特定の一般の人を用いて、第三者の身上に装ってはならないし、小説のいきさつに合致するべきであり、人物の身分、性格のつり合いが取れているべきであり、予想外のことになり、しかしまた情理の中にあるべきである。これが即ち伏線が人を引きつけるところである。小説〈雲雪庵〉の中の一枚の送金状、一通の電報、後は地名だけであり、発信者の名前も無い。小説はこのように書く。私が大学に新学した時、経済条件が悪いために、冬夏休みは学校で過ごした。卒業の時の冬休みになって、私は本当に家に帰りたいと思った。心の中で六枚の銀を売れば、旅費を集めることができる、しかしどうしても決心することができなかった。丁度この時、私は意外にも一枚の送金状を受け取り、上側の住所と送金者は私はまったく分からなかったが、しかし間違いなく私宛に送られ、学校、クラス、氏名、送金状の記入欄にはこう書かれていた。

「ある人が私にあなた宛てに送金するように託したものです。あなたが帰省して、新年を祝うように、道中ご無事でお帰りになる事を祈願します」 誰が送ってくれたお金なのか。なぜこんなに絶好のタイミングなのか。これは

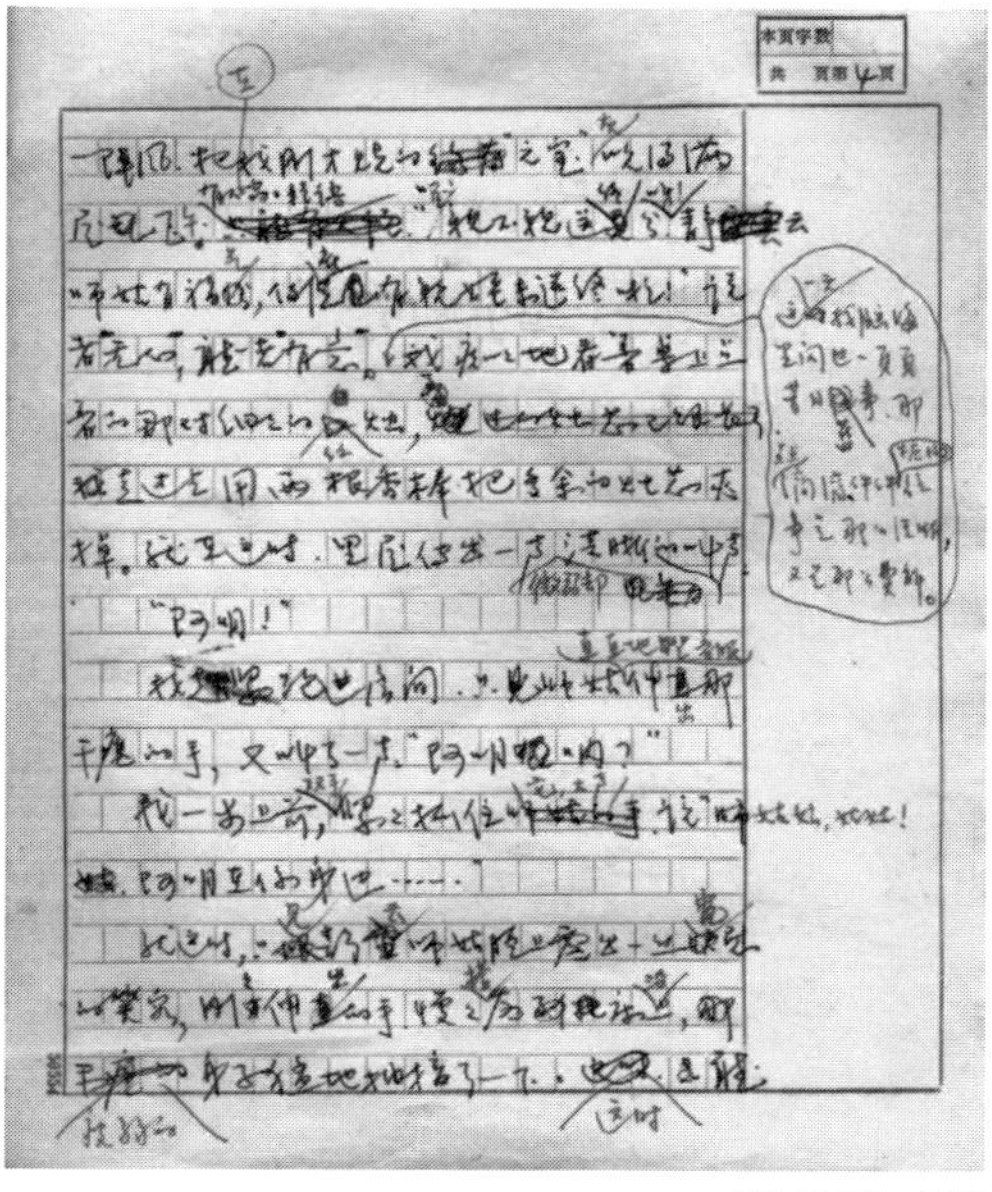

《雲雪庵》主稿

いずれも伏線である。前で述べたように一枚の至急電報を小説の中でこのように書いた。ある日の小雨がしとしとと降る午前中、私は研究院の大門を入ったばかりの時に、伝達室が私に一枚の至急電報を渡してくれた。「静雲尼僧が危篤であり、すぐ帰られたし」発信局はあったが、発信人は無かった、しかし発信局が間違うはずは無かった。私は昼夜休まずに道を急いだ、心の中でこの数年なぜ尼僧の処へ帰らなかったのか本当に後悔した。誰が送ってくれた電報なのか、又一つの謎であった。伏線は最後に解けた、なんと静雪尼僧がなした処であった。

小説は伏線が必要である。伏線の著作は人々が読む興味を引き起こす。今日私は自分の幾つかの中篇を改めて読み返して、幾つかの伏線が念入りではなく、巧妙さも不十分である事が分った。たとえば「雲雪庵」の中の部分「静雲尼僧が危篤であり、すぐ帰られたし」の電報は、もし小説の冒頭に置いていたらさらに良く、さらに精彩を放っていた。良い文章は改めることができ、よい小説もまた改めることができる。

三二、イメージの記憶

「文芸」は何を指すのか。ある人が言うには文化と芸術である。辞典を探してみると、書中で言う文学は芸術の中に含まれる。そこで又分かり難くしているのは、文学が芸術の中に包含されるからには、「文学」と「芸術」を必ずしも一フレーズにする必要は無いのではないか。

文学が芸術の中に含まれるという理解によれば、芸術はおおよそ三種類に分けることができる、即ち文学、美術、音楽になる。他ならぬ読み、見る，聴くの三大分類となる。文学は読むことに供することを主とし、美術は直観的に見ることを主とし、音楽は聴くことを主とし、芝居、新劇はその上に見て、聴くものである。

芸術の三大分類が包括する内容はいずれも非常に広く、アマチュアの趣味として、一般の人の理解は文字による入門が比較的容易である。実際にはそうではない、やさしいと言えばやさしいし、難しいと言えば難しい。これはあなたが愛好する傾向を見るべきであり、その次に正確な入り口を探すことであり、最後は根気よくがんばることであり、堅持していくことで必ず得るところがある。その中で重要な一条は平時の生活の中でのイメージの記憶をトレーニングし鍛錬することである。イメージの記憶はどの分野の芸術でも基礎技量である。この種の鍛錬はすべてのアマチュア芸術愛好者に大いに役立つことである。

前述したように私はかつて文字画を用いることを話したが、それは小説を書く時の事を指し、文字を以て人物或いは事件の環境を描写する。「文字を用いて環境を描く」とは、実際上文字が環境に対して説明するのは、描写でもあり、「画」くことでもあり、肝心なことはあなたが一種の環境或いは人物に対する〝イメージの記憶〟を鍛錬しなければならないことである。この言葉は私が創造したものであるが、意味はあなたが一本の樹木、一人の人、ひとひらの花、或いはいかなる何か、しばらく多く見て、しっかり記憶し、暗記しているものを文字に書き表すことである。あなたが常にこの本当の能力を鍛錬することとは長所になる点である。私は以前山東威海の一つ成山頭という村落に行ったことがあるが、そこは我が国で最も東の一片の陸地であり、それは山崖の上に突出し、下は大海で猛烈な風浪が吹き荒れ危険な場所であった。

私はかつて鉛筆を使いその一帯の壮観な景色を〝背画〟(写生ではなく記憶によって描いた画)を描いた。さらには河北東の一つの小さな山村で、私は以前一人の老労働者を訪問した、彼の家の丁度正面は背の高い山であり、山上の油松が隙間なく茂っており、たとえ晩秋の時節でも、山崖はまた一片の青黒色であり、陽光は松枝の間の隙間からすき通つてくるだけであった。私はかつて描くことを試みたが、技能が浅すぎて成功しなかった。晩春の時節には、孔園のクチナシの花がおりよく咲き、私は或る時花の傍で長々と凝視し、満開の花と間もなくほころびるつぼみを覚え込みそれらと葉の関係を覚え込み、それらと枝の関係も覚えこんで、暇な時に記憶で描いた。この種の趣味を、私は〝イメージの記憶〟と呼び、アマチュア芸術愛好者にとっては非常にいいところがある。当然、あなたは幾つかの輪郭が特徴のある顔型あるいはその他の事物を覚えることができるし、その後記憶に基づき何筆か試してみる。これは一種の整っている時間を使わない美術学習である。

私はイメージ記憶を話したが何故、また暇な時間に記憶しているイメージを黙って画くようになったか。これは記憶を深める為であり、自分の文学著作能力を向上することに対して有利な点になる。従って、イメージ記憶は文学、美術、音楽に対して、いずれも必ず訓練するべきである。

一度、私は招待に応じて一箇所の学校の絵画展を参観した、展示品はすべて学生の作品、或いは学生の写生である。クロッキー、水彩、鉛筆画があり、また幾つかの油絵習作もあった。展示品は未熟ではあるが、まじめで真剣さを失ってはいなかった。校長が私の参観に付き添った。彼と私は非常によく知り会っており、したがって私は幾つかの作品の中の問題を話すことは避けられず、透視、消失点が不統一、近くは深く、遠くは淡い色彩の問題等であった。事実これらの問題はいずれも学生の問題とするべきではなく、教師の指導が注意深くなく、一定の水準に達していない。私はまた幾つかの美術教育の事を話した。私が話している時、幾人かの学生が近づいて来て、私が話した事がまさに彼らの習作であったかも知れなかった。参観が終わった時、校長は私にメッセージ簿に参考意見を書いてほしいと要望した、何を書いたか私は忘れた。書き終った時、ある学生が要求を出した。「先生、私達の為に画を書いて見せていただけませんか。」その学生は非常に礼儀正しく言った。思いがけず、これは大変な難題であった。「あなたがあのようにはっきりと評価したからには、まさか言葉だけではないでしょうね」私はしばらく考えた。「紙と筆を持ってきてください」私は一度周りを見回して、ほっそりした女学生を指さした。「お嬢さん、壁を背にして立っていて下さい」紙と筆が来て、私はその女学生をもう一度細やかに見て、続いて広げられた紙に向かって非常に素早く一幅の簡単なデッサンを描いた。「ワー」の一言を聞いただけで、私は階段を下りようと思った。したがってふだん画を描くことを学んでおけば、時にこのような使い道がさらにあるということである。

二〇〇四年孔子の生誕二五五五年を記念して現代劇「大宗南渡」を演出することになり、舞台の美術工芸は自分で設計した。私達がよく知っている人達の中で誰もこの仕事に従事した人はおらず、実質上から言っても、これは美術専門の仕事であった。最後に、劇の筋の必要に基づき正面に高い堤を作る設計を出し、片側の二階建ての一般住民の家屋がある設計案は演出効果がすばらしかった。思いもつかなったことだが普段イメージ記憶訓練を注意していたことが現代劇の舞台セットの中で役割を果たした。美術が文学創作に対する役割は、過去すでに少なからず話したが、今後は音楽創作に対して影響をさらに話しておきたい。

ふだん少しイメージ記憶を学習している、アマチュア芸術愛好者に対して言うことは、一種の「利益のある物が小さければ声が無い」影響である。一定の生活の蓄積があるので、あなた

作者による話劇情景デッサン

が別の専門創作を進める時に、一種の空間観と自然状態の環境感を生み出すことができる。私は現代劇〈大宗南渡〉の著作をした時に，幕ごとの環境はすでに非常に具体化していた。劇をリハーサルする際に、私は舞台美術の責任を負う同僚を紹介された後、彼が創作する舞台配置は、私が想像していたものと基本的には一致していた。従って、幾つかのイメージ記憶は仕事だけに止まらず、生活の中の実用的な意義があり、それはアマチュア愛好も又潜在的に推進する役割を生み出すことができるのである。

三三、画を繋ぎ合わせる

一度、私は中学時代の一人の同級生を訪問し、よもやま話の間、彼の孫が一幅の画を持ち出し、私に画題を点けてほしいと頼んだ。この子供は十数歳にもなっているが私は彼に「どんな名前を付けたいのか」と尋ねた。彼はか細く又しっかりした口ぶりでいった。「どうかお爺さんは〝花は咲き、富は貴し〟と書き記していただけますか？」私は丁寧に瑞翔の画面を二つ折にすれば、画面上は牡丹が満開で、緑葉の青緑色は明るくはっきりしており、下方には更に古色の花瓶がある。「君が画いたのかね」私は尋ねた。子供は自信たっぷりに言った。「当然ですよ」私は十数歳の子供がこのような精緻の画法を持っていることを本当に信じることができなかった。構図、着色、濃淡、いずれも相当に素晴らしかった。私の同窓生も又満足そうに言った。「でたらめだ、でたらめだ、しかしまた先生について四年余り学んだ」私は本当に私のあの毛筆字は子供の画にふさわしくないのではないかと心配した、しかしただ「花が咲く少年」と描き下ろした。中国画に対して、私は「通」であるという勇気はない。しかしおおむね良否は識別できる。題字を書き終えて、子供に言った。「君はあのアサガオの画をお爺さんに画いてくれないかね」同窓生が家の小さな中庭に幾つかの鉢で紅白のアサガオを互い違いに植えていた。子供はその満開のアサガオを見て、私を見て、又彼のお爺さんをみた。彼は力を入れて唇を嚙み、ゆっくりと頭を振って、小さな声で言った。「お爺さん、学んでいなかったよ」

私は子供がまた先ほどの得意そうなそぶりが無くなったことを見て、慌てて言った、「よし、よし。この牡丹は既に大変素晴らしいんだよ」

現在社会では非常に多く、子供達のための美術補助グループがあり、専門的に子供に画を描くことを教えている。私はかつて参観したことがあり、すべて子供に専門的に物品或いは花草、或いは山水、或いは建築物の筆法、色彩、技巧を教えていた。この種の教え方は何も悪いことは無い、また先人の経験伝授である。一冊の著名な画書、清朝の人が編集した〈茄子園画傳〉は、中国画を習う人でこの書を読まない人はいないのである。書の中で詳細に山水、人物、花鳥、虫草、岩崖、山石の各種画技を紹介しており、先人の画作りの経験総括である。これらはいずれも学習し、書面を模写する必要があり、しかしこれを以て絵を描く唯一の手段であると言うのは少し偏っている。私はこれまで一幅の画を見たことがあり、名を「桂林山水」と云い、後になってこの君がこの画を描いた時、山水は天下に甲たる桂林に行ったことが無かった。彼は他人の作品を引き写したのであった。我々はまた常々某人の一幅の画を見ることができ、価値は粗末ではないが、愛好者は競って収蔵する、その実これもまた作者は想いに任せて描いたものであり、ただ作者の名声が大きすぎるのみである。

各種単体の画材を一緒に寄せ集め、一幅の画中に集合し、それから自分勝手に想像し画名を作る、これは一種の作画方法である。中国画はこのようであり、実はその他の画種もこのように作っている、前提は寄せ集めて使う「部品」は比較的高い技芸である。もしこれが画を習う全部であると考えるならば、それは間違いである。意外にも知らないことは本当の大家達の山に臨み水に臨み景色に臨む写生習作は非常に多いのことである。

美術は一種の比較的寛容な芸術であり、あなたはあなたの画の中に一つの小さな橋を描くことができ、小さな橋の上には杖をついている老人がいる。あなたはあなたの画の中に一筋の遠方の山間を流れて来る渓流を描くことができる、渓流の上には網を投げる漁夫がおり、或いは川のほとりで一人の釣りをする翁が要る。あなたはあなたの画の上に岩が重なり合う山崖が有り、奇異な岩石等々を描くことができる。これらの画の局部は、私が話したそれらの「部品」であり、あなたは他人の或いは古人の画の中で見たことがあるのだ、或いは似たもの、或いは同じものであるが、ただ景色は少し違っており、彼が描いたものは晩春であり、あなたが描くのは初秋であるだけである。そしてこれらは、文学作品の中では許されないことであり、環境は同じであるけれども、あなたは他人の作品を丸ごとまねることは絶対に許されない。言うならば聴き難いことだが、これは盗用である。絵画は局部上では許されるが、許されること許可に帰するが、しかし結局いいことではない。どうしてこのような問題が起こるのか。

画を習うことが始まると、教師達は幾つかの景色の画法を教える、例えば竹の葉は介字形であり、古松は常に穂先を乾燥させておき使用の時に墨を含ませて筆を使っての画法である。濃淡の色の点で二人民元を描き、さらに幾つかの細筆を加えて生き生きとしたひよこをつけ加える、等々である。新入生に対してはこのように伝授することは正しい、しかし画を習っているものはここで立ち止まってしまってはいけない、すなわち私が話し始めた画のように、あの子供はただ「花は咲き富は貴い」を描くことだけしかできず、中庭を飾るアサガオを描くことはできなかった。

「どうしたらよいのか。」初歩的な画法は一～二点を習うことができる。家の門を歩き出て外に行くべきである、大自然の中に行かねばならない。専門的に真実の環境に対して、写生に行くことだ。私が知っている一人の本当の画家は、春には、明け方孔府花園にやって来て、満開の中華藤に向かって写生する。私は彼をからかって言った「あなたはまだこれをやっているのかね。」彼は笑いながら言った。「この能力は生涯学ばなければならないのですよ」

私は一人の友人が真の能力について話した事を聴いた。この友人は以前彼の一人の友人を助けたことがあった。その友人が窮地に陥った時、彼を訊ねてきた。彼はその人が何をしたいのか尋ねると、その人は画を描いてみたいと言った。彼はそこで非常に真面目にその人を経済的に援助し、その人に金を貸し、食事を馳走し、その人が画展を開くのを手伝った。この人の画を、私はかつて見たことがある。その人が描いた馬は、後ろ脚の関節が反対になっていた。私は何も言わなかった。後にこの人は杭州に行った、さらにどこへ行ったか知らない。その期間、この人は私とその彼を助けた友人に何の連絡もして来なかった。何年か後、やっとこの人がすでに「北の疑似達人」になり、溶け込むのもうまく立ち回り、北京で家や車を買っていた。私の友人は私にこの出来事を話して、最後の一言を話した時、目を大きく広げ、口を開いていた。私は私の友人を慰めて、一言言った。「数え切れない七重の塔を作ったね」ひそかに考えを巡らした。その画家がまさかそんなに容易かったことではあるまい。しかし、私は思った私の友人のその友達は数年の鍛錬と実践を通じて、きっと非常に多く長足の進歩を遂げたのだ、結局人を騙す事は一時は可能であるが、数年来ずっと人を騙す事はできない。したがって、ただ骨身を惜しまず努力し、一意専心励むことにより、きっと成功の路を往くことができるのである。

最後に一点言うと、現在大変多くの人が、大自然に行って写生をせずに、携帯電話を使って写真を写し、帰ってから写真に向かって画を作っている。現在は写真を撮る道具が普及しすぎて、このようにすれば手っ取りばやく手間を省くことはできるけれども、しかしこれは別人の作品を真似ることに異ならない。真の事跡を学びたいなら、やはりスケッチノートを持って、大自然の懐に抱かれた中で写生をし、記憶しておくことである。このようにすれば、あなたが直面するのは真実の自然であり、正真正銘の生命である。

三四、草を刈り取ってウサギを捕らえる

〝草を刈り取ってウサギを捕える〟は北方の農村の一句の掛け言葉であり、その意味は農夫が山に登って草を刈る、草を刈り集める目的は牛や羊に餌をやるためであった。草を刈る過程の中で、草むらの中で一匹の野ウサギが逃げ回り、農夫はついでに草刈り刀を振って、ウサギを捕って、一つの思いがけない収穫を得た。この思いがけない収穫は、すなわち「草を刈り取ってウサギを捕らえる」の掛け言葉のいわれである。

生活の中で私達は常に一区切りの完全な暇になり、何もすることがない時間がある。たとえばあなたが駅に行き一人の友人を迎えることになり、汽車が到着するのに二十数分あるこの空いた時間に何かすることができるか。例えばあなたが一つの長ったらしい。あなたと少しも関係の無い会に参加し、一時間強の暇な時間がある時、あなたは何をするのか、例えば旅行中、二〜三時間、上下に揺れるので、本も読むことができず、何もすることが無い、あなたは何をすることができるのか。

私はあなたが人物スケッチを練習することができると提案する。

人物の肩から上の頭部を描くことは容易くない事である。すべての人は皆一つの顔があり、一対の耳があり、一対の眼と二筋の眉毛があり、一つの鼻、一つの口がある。幾千万の人はすべてこのようである。しかし幾千万の人はしかし全然同じではない。たまたま某人が某人に似ている言えば、きわ

めて少ないケースであり某人とそっくりに育った。ただ双子もまた長男も次男を見分けることができる。珍しいと言えば珍しいのは、同じ五官で、ただいくつかのきわめて細かい位置或いは形状変化のためであり、万人万像に作り上げる。人物の頭部の速写は、絶妙であると言えばここに絶妙さがある。もしあなたがそのきわめて細かい変化の中から一人の人の頭部を筆を使って速写をしていくと、この面の技巧を掌握して以降は、それで今後あなたが江河、村落、山林、岩崖、自然風光に対する、画を描くことは、さらにどんな困難があるのか。これらの体験は私が頭部像スケッチの後の認識であった。

私が先に述べた短時間の何らなす事のない時間に中で、あなたが無頓着にスケッチしようとする対象を綿密に観察し、綿密に対象の顔の部分を観察する特徴は何か、五官はどんな特徴があるのか、非常に細かい配置の変化等々がある。ただ念のいった緻密な観察を通じて絶えず画になるよう練習し、長い年月の間に、あなたはこの部門の技法を掌握し熟練することができる。

まず最初は顔型であり、顔の外形輪郭である。人の顔の輪郭はおおかた三種類に分けることができる、すなわち長型、角型、扁平型である。長型は普通の長顔と特別長型に分けることができる。たとえばテレビ局のある司会者の顔は一般人の顔の長さより非常に長かった。すなわち趙本山が言う豚の腎臓顔である。角型の顔は比較的通常で、圓型顔はまたその中に含まれる。扁平型の人は比較的少なくなったが、しかしあることはある。この一類の人の顔型は往々にして両耳がやや外向きになっており、あたかも顔の部分が少し扁平に感じられる。顔型は確かに重要であり、これは五官が顔部の位置にあるために、顔型が正しく無かったら、五官画もさらに描いても役にたたない。

第二歩は五官の特徴を探すことである。どの人の顔の上にも幾つかの器官が万人万貌が形成されている。何故だろうか。これは一人の具体的な顔の表面、彼の五官、或いはその一つ、或いは二つが必ず別の人と異なったところがある、あなたが常にきめ細かく観察すると、きっと比較すると区分することができる。たとえば同じであると言える眉毛には、水平なのものも有れば、少し縦になっているものもあり、やや少し八字形のものもある。ある人の眉毛は濃い黒であり、ある人の眉毛は非常に細い、ある人の眉宇（あたり）がやや開いており、ある人は眉宇が少し狭くなっている。同じように。その他の五官もまた必ず極く細やかな区別がある。一度、一人の彫刻家は一人の友人の為の塑頭像は、どう見ても少しおかしいと感じた。その人に創作中の塑像の前に座ってもらって、本人と泥人形を対照してみて、細かく観察すると、私は両眉の間がわずか少しだけ広いことを発見して、泥型がまだ湿っていて軟らかかったので、私は両眉をそっと眉の真ん中に詰めると、仕上がった。すべてを言うと、この眉を詰めた人物は本当にそっくりになった。従って、五官の顔の表面の位置は常に観察するべきであり、細かく区別しておれば、あなたは速写の技巧を掌握することができる。このような学習を以て何もすることの無い退屈な時間を生かし、あなたは暇な時間を利用できないか、月日の経つうちに、あなたはスケッチの技術を掌握すると、これは意外な収穫ではないか、これは一幅私が二〇〇七年に描いたスケッチであり、大変多くの人が見た後、いずれも私が描いたのは誰かを推測することができた。

さらにもう一点は、スケッチすることを決め筆を下ろす時、正面画かそれとも側面画にするかということである。口、鼻、に特徴がある人は、往々にして側面画の効果がよい、鼻と口は立体感が比較的強く、側面は突出した特徴に描きやすい、高い鼻梁或いはへこんだ鼻か側面から見れば、反映し易い。正面図を描くならば陰影処理を用いなければならない。口を画くのも同様である。

最後には髪型の問題である。人の五官は変えることができないが、髪型は人為的である。しかし、一人の人の髪型はきわめて少なくとも常に変動している。一幅の好い速写は、当然髪型を含んでいる。髪の長短、或いは直髪か、或いは巻髪か、或いは額の位置、ただあなたが注意すべきことは、これは五官よりはるかに容易であるが、ただ正確に見なければならず、描き出すとまた数筆の事である。頭髪を上手く描くことは、一幅のスケッチの成功であり、努力は半分で倍の効果があると言うことである。

あなたが初めてスケッチを習う時、特にそれが公衆の場合、ノートブックと筆を持って人を描いてはならない、このようにすると他の人の反感を引き起こしてしまうはずである。あなたは指を使って別の掌の上に手真似をする。重要なことは観察であり、きめ細かく観察する中でスケッチの対象を頭の中に記憶する、或いは人のいない場所で記憶した対象を用紙に筆でそらんじてみる、これは採用できる形式である。

初めてスケッチを習う際には、往々にして書き始めるのが多すぎ、画面が雑然としてみえる。これは理解できることである。しかし技法が掌握されるにつれて、輪郭の線がはっきりとし、ひと筆少なくでき、決して画面にひと筆多くしてはならない。ちょうど文章を書くのと同様に不要な語句はできるだけ省く、このような文章は却って読むに値する。画のスケッチもまたこの道理である。

スケッチの効能はあなたが画を習う効果を加速することができる。人物スケッチは画を作る基本的な知識と技能であり、あなたの観察能力を鍛錬し、特徴的能力及び画が対象とする全体と局部の記憶能力を強化する。この部門の能力は一カ月二カ月のでは習うことができない。どれぐらいかかるだろうか。分からない。ただあなたが根気よく続ければ、きっと草むらの中から野ウサギに出くわすように、ついに、あなたは思いがけない収穫をえることができる。

三五、昇堂は容易ではない

スナップの美術基礎があると、私はときたままた画を描く心づもりが奮い立った。私は以前範曽先生の一幅「達磨塑造」を見たことがあり、こと細やかによくかみしめて、非常に興趣をそそられた。その作品の画面は大きくなく、虫メガネを使って注意深く何度も鑑賞し〝達磨塑造〟を模写する方法が芽生えた。模写は画を作る一種の方式であり、書道を学ぶように手本を模写することである。

一九九七年の陰暦五月の夜の事であり、私はまたこの画を模写したくなった。その時家には画具が欠乏しており、ただ四尺（約一・三メートル）の生宣紙，二本の古い毛筆、一脚九十センチメートル直径の円卓、半箱のバラバラの水彩顔料、これだけが画具であり、その陰暦五月の夜、作画の殿堂に登場し、〝処女〟の模写を始めた。

私は以前虫メガネを使って範先生の作品の写真を細かく熟読しており、模写し始めると、意外にも順調に進み、全ての頭部を完成した後、なかなか上手く描けたが、ただ頭のてっ辺の洒脱な頭髪の色が浅く、髪束がまばらであり、筆を下ろすのが非常に難しい。私は霊感が閃き妙案が浮かんだ、一本の古い毛筆の穂先を切りとり、そっとうす墨をぽんと触れて、順調に一回り筆を下ろして、出来上がった。後にある事情を知らない愛好者が、この一束の珍しい髪を称して、十数年の技量が無かったら決してできなかった画であると称した。画は頭部から上半身を描き、上半身を描き終ると下半身を描く。この時頭部は既に円卓の下に垂れ、見ることができなかった。全体の画が完成し、床に広げると、比較しようが無く、脚の画が大きかった。私は仕方なく脚を切り取った。自己感覚が非常に良く、そこでピンを使って画を部屋のドアの上に飾った。

ある日、一人の隣人が遊びにやって来て、ドアの上のその画を見て、大変素晴らしいと言って、質問した。「誰が描いたのですか?」「私です。好きですか?」「当然です」「それでは、この画をあなたに贈ります」

その隣人は大急ぎでドアの上から〝達磨〟を外して取った。これを以て、〝処女模写〟は一段落を告げる。約二か月後、私が家に帰る時隣人の門前を通り過ぎようとすると、彼が戸口で私を迎えた「孔さん、帰られたところですか?私の家に入って一幅の画をご覧になりますか?」私は彼の家に入って、一幅のすでに表装された画を見た。私はどのように見ても、以前知っているようであった。私は尋ねた。「誰の大作ですか?」隣人は笑った。「孔さん、覚えておられないのですか」私はどうしても思い出すことができなかった。彼は笑って言った。「先生の大作ですよ!」「あーあ」私があの晩描いたもので、その後隣人に贈ったもので、彼が表装して一新してくれた、笑いながら言った。「現物を謹んでお返しします。」

私は驚いた。私が彼に贈り、彼はきちんと表装して逆に私に還したのである。その原因は今に至るまで私もはっきりしない。今日思うのに、多分あの画の上に私は一字も書いていなかったからではないか。

後に私はきちんと表装された「達磨素描」を事務室に掛け、非常に多くの人が見て、私の「処女作」は少なからず激励され、さらに画の上に激励の言葉を残してくれた人もあり、その中でも著名な画家、書家も少なく無かった。

彼らはいずれも好奇心と友好から出ていた。しかし私は少し自己陶酔しているようであり、こともあろうに一幅の人物画を創作しようという思いが出てきた。禅宗六祖の慧能は一段の偈語（げご、仏の教え）がある。「菩提の本には樹無し、明鏡又台に非なり。本来無一物。いずれか塵埃を引き起こす」語っているのは恵能法師と紙秀の物語である。私はこれに基づき一幅作りたいと考えた。草稿を作り、時と力を尽くし多くの時日を切磋琢磨した。着手して後、私は確実に努力して、画も出来上がった。しかし自己感覚ではすべて無であった。私はあまりにも自ら狂い過ぎており、技量がはるかに不十分であった。この画もまたどこへ行ったか分からない。これで作画をする心積もりをあきらめた。そうだ、諺に言う「三尺にも達する厚い氷は一日の寒さでできたものではない—すべての物事には長いプロセスがある」ということである。我が家の故郷には俗語がある。三分の染料は染物屋をくよくよさせない。

その後、また自分で小さく作っており、毎年春節前に、自分が数枚の年賀状を友人に分けて送っており、鶏年は鶏を描く、犬年は犬を描く、この事はなんとか達成することができ、また非常に興味があり、探し求める人も多い。しかし毎年二十枚だけを描く。描くことは小さいが、筆を動かした後、やはり困惑することも多く、例えば、鶏は描きやすいが、鶏頭の骨格はいったいどのような構造になっているのか。そこで焼鶏を買いに行って、鶏頭を少しづつ剥ぎ取り、上の嘴と下の嘴の構造関係はやっとはっきりする。

イノシシ年の時、生きたイノシシを運ぶ貨車の傍で写生し、またイノシシの頭を売る露天商ですっかり剥がされた肉のイノシシの頭の骨格を見て、イノシシの鼻骨と目の縁の構造関係を見た。その通り、本当に一つの事をしっかりやろうとすればたとえ小さくとも、またそれの苦しい仕事の所在がある。さもなければあなたはその意図を持ってはならない。いかなる芸術分類でも登堂は容易でなく、入室はさらに困難である。一般にアマチュアは真面目に対応し、絶対に当然ながら自分の名刺の上に「〇〇家」と印刷することを考えてはならない。

三五、みんなが柴を拾って来れば火は盛んに燃える

二〇〇九年私は一つの考え方が湧いてきた。南宋家廟の全体、家廟を、孔府と庭園、画、書、詩、印章を含めての計画をもって成長の歴史絵巻を描く。私がこの考え方を友人達と話し出した時に、皆が素晴らしいと言った。しかし皆がこのように大規模な仕事量は、着手する手掛かりが無く、また高級専門家に引き受けてもらうのも難しいと言った。私はもう一度考えて、合わせて友人と相談し、最終的に本市の絵画、書道、篆刻、詩詞の愛好者のグループ創作を想い定めた。

最初の全体計画は、家廟、孔府、庭園の三つの部分左右は平らに引き開け、合わせて現場のスナップに基づき大成殿を以て中軸線とし、適切な比例を算出し、最後に画幅を高さ一．八メートル、幅一八．六メートルと確定した。画面を確定する時に、こんなに多くの建築物は透視原理から話すと一つの建築物の透視が消失する問題があり、左右が平らに引き開くようにしなければならず、できるだけ視覚真実を保持するために、ただ中軸を延長して深い処に一つの消失点を設けることができるだけで、孔府を中心として真っすぐ庭園に到る、別に一透視点を設ける。二つの消失点はできるだけ近づけることができる、何故なら大きいものや小さいものを含めて三十余りの建築物があり、五千平方メートル近く，占拠土地面積は二十畝（約一三，三平方メートル）、さらにこれに加えてグループ作画があり、詩詞書写と鈴印の場所を白紙のまま残しておくと、これらすべてはみな全体計画を創る時

に綿密に考慮する必要がある。

この為、画家に来てもらい、市美術協会主席と相談した。私達はまずデッサン用の木炭を使って紙の上に四分の一の比率で棟毎の建築の画面上の範囲及び透視線の輪郭をとり、「試案稿」を形作った。この「試案稿」は五メートルの長さに近かった。その後、幾人かの画師を組織して「試案稿」の上で繰り返して推敲し、改訂した。この一連の作業に二か月を費やし、瞬く間に初夏の季節になっていた。この時になって、「長巻」はまだ墨を加えるかどうか分からず、将来の作業の難しさは推して知るべしであった。

引き続いて、分割された区分により、合計して市の十五名の画家を招聘して統一的に任務を説明し、自分から先に自分の画区のデッサンをしてもらうように頼んだ。まず先に出くわした一つの問題は遊覧客を画に入れるかどうということであった。家廟の範囲内の建築物は魚のうろこのようにびっしり家屋が密集しており、古樹名木が随処にあり、これらをきっちり描くと、画面は結構にぎやかになり、さらにこれに加えて長巻の目的は遊覧客がのどかに往来する様子ではない。そこで、遊覧客は一律に画に入れないことになった。このように、描き始めた。

誰が最初に描き始めるのか、私は美術協会の主席を指名した。彼は私になぜ彼が先に描かなければならないのかと聞いた。私は私の理由を説明した。彼は認めるより仕方が無かった。これは彼が密画（細密に書いた画）の画法に秀でており、画技が最上であるからであった。彼が筆を下ろした後、その他の画師は彼の風格により、すべての画面は協調するのが容易であり、もしある画家が中国画の写意に長けていても、それはまたただ一律に密画の風格に改める難しさを頑張ってもらうだけである。

言って見れば本当は少し道理に適っていないが，画師達は義務として仕事に出て力を尽くしてくれた。私は却って先に彼らが描く内容のデッサンを審査し、私がさらに指摘してみることも免れなかった。良かったことは画師達は言行が道理をわきまえ情理にかなって、この半分素人の私に任せて、なんども手直ししてくれた。これは皆がすべての「長巻」の風格をできる限り一致させることができることを知っていてくれたからであり、グループ創作ではこのことはとりわけ重要であった。ただ基本的に統一された風格画であるだけで、長巻全体から見るとそれで初めて流暢であることができ、二つの透視消失点の近寄った部分はやっとぎこちなさがなくなった。以後の事実がこの要求が合理的であったことを証明し、実行可能にした。

長巻プロジェクトは壮大であり、筆を下した書家、画家三十数名、その中如何なる一名でも書き間違えたら、すべて償う方法の無い欠陥になる。従って、筆を下ろす前にもう一度照合し、合わせて素描用の木炭を使ってそっと先に輪郭を画どり、皆がすべてきわめて慎重に注意し、各人が一部分であるために、とりわけ後ろになるほど、あなたが間違えると以前にすでに完成している別人の仕事に災いが及んでしまい、さらに二メートルの高さの宣紙は少ししかなく、やはり熱心な人が寄贈してくれたものである。すべての過程は順調に進行したと言うべきであるが、ただ一人の書家が詩詞を書く位置を間違えた。もともと大きな妨げでは無かったが、しかし彼はあくまでも又別の位置に新たにもう一度画いた、良かったことは、統括管理する時に、一人の画家が大樹が濃厚に生え上がる画を描いてそれを覆い隠して、やっと他人の眼を遮った。従って、グループ創作は、とりわけ規定が何かを描く状況下では、必ず厳格に各書道家画家の落筆を掌握するべきである。

二〇〇九年夏に開始して、九カ月続けて、本当に忙しかった、作画、文字を書くことすべての計画を都合よく処理し、幾人かの作者は県の中から急いで来てもらった。計画をしっかり作り、作画の順序を掌握するべきである。詩詞は先に完成し、詩作を書く位置は規格はあるが、しかし文字を書くことは画師が仕事を完了した後である。最後は印鑑である。画幅が巨大であるため、すべての印章もまた特大号であり、最後の一方は三寸平方〈約一〇センチ平方〉であり、本当に篆刻の友人には難しかった。

最後に一件の大事は私が完成しなければならないものであり、楷書を用いて巻首に一百九十九文字の〈序〉を書かねばならないことであった。これを私がしっかり書くのが難しかった。私は楷書を書く専門家ではないが、しかしまた一段と力を入れて練習するしかなく、二〇一〇年の春節の後序言を書き上げて、全巻完成し、大事業が成功を

収めた。〈孔氏南宋家廟賦〉の画家は一六名、書家は一九人、篆刻家は六名、詩家は二二名、九カ月の時間を掛けて遠大な計画が完成した。一幅長巻の創作で、このように多くの芸術家、文学者、最大の年齢は八十七、最小の年齢は十二、思わず知らずに「みんなで柴を拾ってくれば火は盛んに燃える」という諺を思い起こさせる。みんなが柴を拾うのもまた規則がある、どんな柴を拾うのか、点火の順序、うず高く積んだ火が空中高く上げることができ烈火は勢いよく燃え上がる。少し不適当であれば、火種を消してしまうであろう。これが即ちグループ創作である。

三七、魚？漁？

散文或いは小説を書くこと、簡単な図画を描くか、これらの芸術行為はたやすくない、しかし一通りの努力を経て、やはり何とか頑張って引き受けることができる。もしあなたが一体の三メートル余りの高さの彫刻と塑像を頼まれたら、あなたは敢えて引き受けますか。引き受けられません。そうです、一般の人はすべて引き受ける勇気がありませんが、私もまた自発的には引き受ける勇気が無かったのです。二〇〇七年一〇月中下旬、当時文教を受け持っている副市長が電話で私に言った。「相談したいことがあるのです。」私は市長のこのように礼儀正しい話し方で聴き、きっと大事がある。すぐに答えた。「分かりました。どうぞご手配ください。」彼は言った「露天に一体の孔子様像を置きたいのだ、逐次市内の各中小学校に送る…」続けての話は彼がはっきりと話さないので、やはりはっきりと聴けなかった。私はためらって答えた。「分かりました。」続いて準備を開始した。私は美術工芸の責任を負っているスタッフにこの事を話した。彼は言った。「そうですね、私はやはりやる勇気がありません」彼は中華全国学生連合会の漫画本を学んでいた。私は彼に恐がることはなく、先に本を読んでみて、大型彫塑の美術過程と必要とする材料を学習し、やりながら学んでいこう。彼はやむを得ず私の段取りを聴くしかなかった。私は彼に言い聞かせて、「全ての過程は資料を調べれば分かるはずだ。分からなかったり、困難なことがあれば、私に相談してください。他の人に相談する必要はありません。理由はいいものができるか或いはよくないか、いずれにしても私達自分の事だからです。成功すれば、功績はすべて君のものです、大胆にやりましょう。」私の心の中での感覚では、全ての過程で、ひどく難しい箇所は有るはずがないからである。

最初に、スタッフが塑造する対象に基づき一つの小稿を創作した。小稿の基本形態は正確でなければならないが、細部は少し粗くてもかまわず、小稿とスタッフの塑像対象との関連度を充分研究しなければならず、合わせて絶えず観察し、絶えず修正するべきである。小稿は非常に重要であり、将来創作の完成品が、これをもって拡大し完成する。小稿はさらに一つの重要な役割があり、将来の大型の彫塑の骨格は小稿によって構造が必要となる。大型彫塑の骨格は最終作品の体量に基づき決定され、三メートル余りの高さの塑像は、幾つかの主要な重力が掛かる部分には鋼材を以て溶接し、真っすぐなものもあり曲がったものもあり、位置は必ず正確でなければならない。この仕事は彫塑の安定が非常に重要である。

骨格がしっかりと完成した後は、骨格に麻縄と麻布を巻き付けねばならない。もし永久的な泥人形であれば、骨格の材料は必ず良いものでなければならない、その後彩色を施す前の泥人形に使うためである。しっかりとした骨組みが完成した後、泥を塗り一層を乾燥しさらに一層塗る。当時使った泥は磁器工場が来なければならず、品質は絶対に良いもので、可塑性が非常に強く、又非常にきめが細かくなめらかであった。すべての骨格の上に泥を塗り上げると、ひとりの人間の骨格のようであり、又肉も同じようであった。あなたが遠い処より想像の眼光で見ると一体の塑像がすでにあなたの面前で直立しているようである。この時、姿態の正確性を決定しなければならない、もし修正する必要があるならばまだ間に合わせることができる。

我々が塑造するのは呉道子が描いた孔子様の剣をぶら下げた画像であり、平面作品を立体塑造に変形するいわゆる二次元を三次元の転換させる。塑像は身長が約三メートル五ぐらいで、仕事をする時、はしごにのぼらねばならず、創作時には一日に上ったり下りたりする回数は数え切れないほどで、これに加えてその年は冬に雨が多く雪も降った、皆の苦労は推して知るべしであった。

泥人形が完成して、その数日は太陽が出て非常に良く、裂け目ができ口を開いた部分をそのつど平らに修理し、引き続いての仕事は込み入った細かなものであった。塑像を完全なものにする最後は観衆の前に現れる全ての外形であり、服装、むき出しになっている皮膚等を含むものである。私は塑造頭部最後の創作にすることに決めた、何故ならこの一つの仕事はさらに精緻にするように要求されたことであったからだ。庭園の中の作業現場に、私は一脚の椅子、一つの茶道具を置く台を置き、毎日何回か座らなければならなかった、仔細は前ページの塑像の初稿を参照されたい。その頃参観に来た人は大変多く、指摘したり、品定めしたりしてくれた。いずれににしろ私達はなにも語らなかった。一度一人の指導者が来て、彼は何と私達の仕事を非常に理解してくれた。彼は彫塑作業に責任を負っている同僚に言った。「ここへやってる人が非常に多いということを知っている、非常に多くの意見を聞くことができる、しかしよく覚えておいてくれたまえ、爺さんが言うことを必ず基準にすることだ。」この話は私にはっきりと分った、私の責任は非常に重いことである。

ある人が私に言った、作業はどの程度進行しているのか、もし一人の彫塑師に指導に来てもらうなら、彼はそこへ行って座れば二三の欠陥を挙げるだろう、一千元余りの芸術指導費が必要であるが。

私は笑った。これはいい金儲けだが儲けるのは難しい。本当にこの通りであった、頭部の細かい彫刻をする時、私はすでに問題を見出していたが、話していなかった。私は彼らに細かく見てさらに詳細に見るように言った、いずれの欠陥を見出すことができなかった。私は拡大した絵カードをハンガーに掛けて比例対照に基づき観察した。私はかれらに上って目玉の間の寸法を測定するよう告げた、結果は比率で計算してみると確実に十五ミリメートル広かった。十五ミリメートル対三メートル余りの塑像に対しては非常に小さい数ではあるが、しかし両目の間のこの少しの距離は、頭部に対して言うなら、即ち小さな数ではない。類似のこのような問題が常に発生し、常に調整した。

降雨が止まり、晴天で湿った布で覆い、一千キログラムの泥人形が一層一層抱き掲げて持ち上げた。すべての作業は、骨格十日、初歩泥貼り付けが一カ月、基本成形が二か月強、完稿半月、前後すべて私達が行った。数えて見るとまるまる五カ月の時間がかかった。最初の事であるため、時間は少し長くかかった。それはアマチュアの作者には、この一件の巨大な芸術プロジェクトはすでに非常に容易ではなかった、多くの工具もまた揃っておらず、いわんや私達は少しやっては少し削ったり磨いたりしつつ、作業をしながら学んだのでなおさらの事であった。

二〇〇八年陰暦の二月のある午後、私は依頼された副市長に電話をして、見に来てほしいと頼んだ。彼は庭園に着いて頭を上げて一目見ると、驚いた。「あなたが私に要望されたことではないですか。」と私は言った。彼は話した。「おやおや！当時私はあなたにこの事の管理をかけ受け持ってほしいと思っていたのです。入札募集、入札、品質，価格等。」本当に知らなかったのだ。彼がはっきりと言わなかったのか、それとも私がはっきり聴いていなかったのかである。泥人形が完成した後、彫塑工場に金型を修理するのに来てくれるよう通知した。それは一種の工芸技術である。ただ金型を再製することだけで、はじめて鍛銅或いはガラス繊維強化プラスチックの製品塑造を生産することができる。

また良かったことは、一つの電話の誤解が私達に彫塑芸術の門を開かせてくれた。この後、我々は家廟恩官祠の為に六体の宋、元，明、清の各時代に於いて孔氏南宋家廟に対し恩恵を賜った役人の泥人形を作った。この六体は人の身長と同じ高さの塑像創作の時間は非常に短かった。天候が大変暑く彼らは扇風機を要求したが、私はエアコンをつけても問題は無いと言った。ある時、市委員会の書記が家廟に来訪したので、私は彼に恩官祠を見ていただくようにした。彼は参観しながら尋ねた「君たちは誰に頼んで仕事をしたのだ。」私は答えた。「私達自身が自分で作ったのですよ。」最後に、彼は

真面目に言った「あーあ！彫塑家のベールがこんなふうに君達に剥がされてしまったのか？」合わせて言った、私達に褒賞を出すと。私は具体的な作業をした若者に言った。「君に何をご褒美に上げようか？」　彼は一言答えた「褒美はすでにいただきました」私は彼の意味が分からなかった。彼は言った「私は魚を求めず、漁を求めます。あなたは私に漁を教えて下さいました。私は非常に満足しています」その実、良い処をさらに多く得たのは私である。

三八、石に刻みこんで金となす

二〇〇九年某日、ある人が私に一冊の美術報を送って来た。私は気の向くままにざっと目を通して、書画版に一つの長くつながった印章を発見した、合計五つの印面、さらに落款と隅の印鑑、丸々美術報版面のちょうど一縦線を占めていた。もう一度見ると、作者は意外にも十分よく知っている友人であった。この君は大学の中国語系で、性格は内向的であり、思想は良いが弁舌は上手くなく、ずっと党務工作に従事していた。天命（五十歳）の後で、金石芸術に無我夢中になりついに芸術殿堂の有名紙に登場するのに何年もかからなかった。この後〈人民日報〉の副刊で作品を発表し、確かに私を驚かさせた。この君は自分を〝愚夫―平凡な人間〟と名づけ、数年の時間でなんとこのような成果を上げたのは、ちょど彼が一面の印章が言うところの「舞わない鶴」本当のことは舞わないのは自分であり、ひとたび舞えばはひとつの雲の中である。

以前一人の友人が省市印刷会社の一人の有名人に託して私の為に一個の印章を直すことになり、一文字の値段は五千元である。四個の文字ならば丁度二万になる。非常に高くて手の届かない価格である。しかし話を戻して言うならば、当代の自称〝書道家〟〝画家〟は、一平方メートル当たりの価格はややもすれば万元以上にはならないのではないか。

どのように印章を刻み込むのか。少年時代にあまり多くの芸術活動が無かったので、私もまたかつて自分で〝滑石（滑らかな石）を少しやってみたことがあり、磨き上げた印章の材料に刻み込んだことがあった。刃物等は無く、自転車のスポークを使って刃を作り、刃を研ぎ、というのは〝滑石〟が非常に軟らかいからであり、刻めるからだ。この趣味はあまり長くは続かなかったが、ただ偶然のためであった。

以前数年前に政治協商会議の一人の親友が私に彼の為に二個の印鑑を直すことを頼まれ、印鑑の材料費は上乗せすると言うことであったが、私は敢えて取り合わなかった。しかし彼は必ず私に彫ってほしいといい、私が彼に尋ねた、「あなたはどうして私が彫ることができることを知っているのか。」彼は言った。「あなたを見ると如何にも印鑑を彫る専門家のようである」この老翁の称賛の下に、私は彼の為に一朱一白の二個の名前を彫った印章を作った。彼は書道家であり、非常に満足してくれたが、惜しむらくは私は印譜を残していない。

このように、私は印を彫ることに対して小さな体験をすることができた。

印章は中華文化芸術の一つであり、歴史書によれば商代に始まり、造紙技術の誕生に伴い、印章の普及及び使用が促進された。その後、書画技術が発達し、印章を使うことが盛んに行なわれた。私が推測するのに表音文字の民族は概ねまた少なくとも印章の類の芸術があり、例えば東南アジアの国家は印章がある場合は漢字を採用することになっている。私は以前韓国のある大学校長を接待した時に、彼に一つの名章を贈ったところ、彼は大変喜んだ。欧州人はサインで記録とするが、我々中国人は表に書き埋める時最後の一項目は捺印する、その意味は署名捺印することである。過去中国人はすべて一個の名前を彫った印章を生涯携帯して、宝物と見なしており、特に書画家は、自らは印章一握りを使い、名前を彫った印章はまた遊び印になっている。書画の鑑定家は常に筆跡を以て、作品の真偽を鑑定している。

私は家がくれた名前を彫った印章があり、聞くところによれば当時一人の大家が彫ったものであると云う。私はずっと身辺に携帯して使っている。大学に入った時、一度郵便局で現金を受け取りに行き、印章を使った後、郵便局の一人の老先生が印章に対して、印面を繰り返してしげしげと見ているので、私は心中とても奇妙に感じ、何を見ているのか、老先生はきつい老眼鏡をかけていて、彼はレンズの上を透かして私を見ながら、一言たずねた。「この印章は誰があなたに彫ってくれたのですか?」私は一言答えざるを得なかった。「ずっと昔家で私に彫ってくれたものです。」彼は又暫く見て、縁の辺りまで細かく見た。最後に老先生は一言いった。。「しっかり保管してください」数年前私はこの印章を一人の玄人の友人に見せると、彼は私の疑惑を晴らしてくれて話した。「印石は田黄凍(福建省寿山郷に出る濃黄色で半透明体の美石)、彫法は精緻老練でそつがない、印鑑の側面や上端に彫りつけた文字や図案は筆勢がするどく硬くて強く簡潔であり、芸術造形が非常に高い。これは素人が見るとにぎやかになり、玄人が見ると値打ちが分かるものだ」

一度一人の省市の有名な篆刻家を接遇して、私は一寸の不注意で間違いを起こし一言玄人の話をした。私は「篆刻芸術は最終的に朱文一片白、白文一片紅ですね」と言った。その後、このご仁は背後で聴いて、彼はなお私もまた篆刻を研究する者であると思った。それは誤解であって、わたしは只普通の理解をしているのみであった。そのご仁はかえってこの言葉を述べた。「朱文は一片の白、白文は一片の紅は金石人(金石の如く私情にとらわれない剛直な人)が命を奪う要求です。」

暇な時に、私は幾つかの印譜を読むことを好み、楽しむ余りに、却っていくつかの収穫があった。印面の配置は合理的でなければならない。漢字の字画は多少の違いは甚だ大きい、たとえば「葉仁之」三文字に、さらに一つの「印」の字を加えて四文字にすると、どのような配置が均等であること、これは細やかに磨き上げる、当然著名人の処理方法を参考に見ることができる。字体の書き方は出典が有り、楷書、隷書、篆書、金文（古代の青銅器等に記された銘文）はいずれも字典を調べることができる。絶対に自分で奇妙で風変わりな字体を作り出してはならない。この次に、刃物を使うことは篆刻の基本的な技能であり、秘訣は無いと言え、ただ練習を多くし、腕力と指力を多く鍛えることである。もしあなたが本当に篆刻を学ぶならば、私はあなたがいわゆる近道を行ってはないことを提案し、一定不変の心—恒心の下に、先に「鉄線」を刻むことから始めるべきであり、書道で楷書から始めるのと同じことである。これは基本的な技能であり、家屋を立てるのと同じようであり、基礎は丈夫で安定していなければならない。もしあなたがこの芸術路上であまり遠くへ歩きたいと思わず、自分はアマチュアで遊んでいるなら、必ずしも段取りを踏んで事を進めることはない。私達の「贈り物部」が収蔵し徴用する為に、私が以前彫った一個の〝東南闕闕里〟（廟の前に立つ石の彫刻の意）の印面の寸法は五〇ミリメートル四方で、今に至るまでなお使っている。

最後に印鑑の側面や上端に彫りつける文字や図案等について話しておきたい。この辺款は篆刻者が印を彫る簡単で要領のよい説明で、記した時間、篆刻者等の内容である。一個のよい印章の芸術価値は印面の芸術価値にひけを取らない。西泠印社の一人の大家が私の為に名前を彫った印章があり、辺款は本当に素晴らしいもので、大切にして手放すに忍びないものである。しかし常に出くわす状況は某人が比較的好く彫られた印面があるが、しかし辺款は記すことができない。辺款は彫ったものでは無く、特殊な刃物で穿り出したものであり、一つの字は数刃で掘り出す。好い辺款は字が小さく、はっきりしている。現在、先の尖った刃物を使って書くと主張する人もあるが、これは別のやり方と見なすことでしょう。

ただ同じ物事でも各人によって見方がそれぞれ異なる事ができるということでしょう。

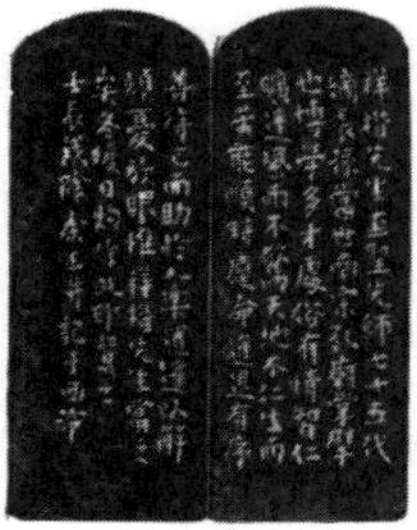

三九、瞬間を止めておく

私は撮影課に話す時、以前〝撮影〟に一つの定義を与えた、〝撮影とは何か〟〝写真を撮る道具を以て、生活の一瞬間を記録すること。〟教科書上どのように言っているか私は知らない。私は独りよがりで〝写真を撮る道具〟この一つの単語のグループで、〝カメラ〟という名詞を使ったことが無かった。科学技術の進歩が驚くほど速いことを、誰が予測できただろうか、たった数年の短時間で、ほとんどシャッターを押す一瞬間のように、写真を撮ることができ、フィルムはデジタルに取って代わられて、今日ではほとんどの人が携帯電話で、皆写真を撮ることができる。撮影は本当に「滄海変じて桑田となる」と言われるように世の移り変わりが激しい。かつて撮影の為の三要素は絞り、速度、距離であったが、徹底的に〝バカ〟にされてしまった。今日の撮影は只シャッターを押す一つの事だけが残された、写された写真は選択を経て、コンピューターを使って写真屋のコンピューター端末に伝送し、写真が出来上がる。従って今日の写真撮影愛好者は多くなって、また確実に撮影は「家の門」殿堂、を出て行き。本当に一般大衆の芸術になった。

撮影が非常に多くの肝心な技術段階が〝バカ〟にされてしまった後、それでは撮影には何が残るのか、残ったのはただ構図を決め素材を適切に配置することだけである。いわゆる〝構図を決め素材を適切に配置すること〟は、あなたが撮影したいと思う対象を指しており、ある人物、ある風景、ある人と風景の、あなたが状況を選ぶ範囲内に取り入れることである。今日一枚の写真の成否は基本的にあなたが構図中の内容の選択能力にある。

一つの撮影界で常に語られている述語を先に言うと、シャッターチャンスを捕えてカメラに収める「抓拍」と対象をセットして撮影する「擺拍」である。「抓拍」は日常生活の中で写す値打ちのある事物を発見し、ちょうどよい時に撮映することを指す。「擺拍」はその主題を表現するために、その場面を装飾し、撮影完了することを指す。撮影芸術の真の意義から言うならば、擺拍は取るべきではない。最も有名なのは、数年前に陝西農民の周某が写した華南虎を発見し、仮装の現場で撮影した詐欺は、その地方で虎を発見したことは、結局非常に多くの部門と人を騙した。〝周虎〟の行為は醜悪であり、後に社会を騙した事により、訴訟になり、さらに投獄された。当然、これは極端な例である。しかし今日幾つかの写真展の中で、「偽物の写真」はやはり見かけることができる。もっとひどいのは完成した写真をコンピューター上で加工製作することは本当に撮影技術の真の意義がどこにあるのか分からない。

私が言うこの類の擺拍は作者が自分のある一種の目的を達成する為に作った偽物である。しかし「擺拍」もまた何一つ取りえが無いということではなく、以前一枚の有名な並べて写した写真が私を心からその通りであると心服させた。写真上には一列の満一歳になったばかりの子供が全部レンズに背を向け，一列に並び、小さな尻を丸出しにして、白人もあり、黒人もあり、黄色人種もあり、子供達はすべて木の棚によりかかっている。この写真は非常に人を感動させ、明らかに作者の「擺拍」である。この大きさの子供が多くの皮膚の色で、彼ら自身が一緒に集まることは有り得ない。「擺拍」

であるけれども、しかし写真が表現する主題は積極的であり、この作品は写真形式を用いて人類が和やかに調和を保つ主題であり、撮影作品と称すことができないか、やはり討論するべきである。

撮影は「抓拍」を強調すべきであり、またそれが真の写真を撮ることであり、現場で装飾せず処理しないものである。フィルムを使って撮影する年代では、撮影者はシャッターに対処して比較的に注意し、綿密に撮る。一度シャッターを押すと一枚のフィルムの意味であり現像しプリントする等々、コストは低くなかった。これはいや応なしに撮影者は細かく対象を観察せざるを得ず、構図の枠の中で取捨選択して注意し、慎重にシャッターを押す。現在この一切がすべて存在しなくなり、随意にシャッターを押し、はなはだしきは一回押すと連続で五枚十枚と続けて、駄目であればすぐ削除する。結果は大網をまき、魚を取れるかどうかは次の話である。その実、カメラの技術が如何に進歩しようとも、手軽で素早くなっても、撮影技術の真の意義は変わることのできないものである。コンピューター制御の楽器のキーでピアノの演奏をするのと同じようにそれは楽譜に正確に音楽を敲き出すことができるが、しかしそれは永遠にピアニストの演奏に代わることができないのと同じである。

私が大学に入学した時、ある同級生は自転車競技の達人であった。一つの画報社が彼の為に表紙の写真を写すことになり、撮影記者はまるまる一週間を使ってやっと任務を完了した。明らかに記者はフィルムのコストを全く考慮せず、彼はただ一枚のよい写真を出す為であった。授業に出る、寝る、記者は私の同級生について、道を歩き、食事をし、自習し、グランドに出る…、私は思った、記者が考慮したことはスポーツマンを熟知し、スポーツマンに記者を受入れさせ、彼の画面が、真実で、自然で、正常な状態でおのずから現れる表情と態度であった。撮影が開始された二日間、私は何度も記者がトラックの辺りで身体を寝そべらして自転車が彼の身辺を疾走して走り抜けていく、一回、二回、三回…、画報が出版されて、その写真が表紙に載った、やはりて一枚の十分真髄を伝える写真であった。画報記者のこの撮影過程はおおかたカメラ技術と関係が無いであろう。一度、一人の友人が私に会いに来て、その夜我々は一緒に食事をした。彼と一緒に来た彼の友人を、私は知らなかった。夕食の間ずっとその人も話をせず、ともかく周囲を見ていた。夕食が間もなく終わる時、その人は言った。「孔先生、私はあなたに写真を撮って差し上げたいのですが如何ですか?」この時、私はやっとこのご仁が某画報社のカメラマンであることを知った。彼は食事の間中、ずっと私を注視していた。私は言った。「いいですよ」身体を起こして上着を着ようとすると、彼は「要りませんよ、ネクタイも直さないでいいですよ」と言った。彼は合計三枚撮り、どれも皆成功していて、その中の一枚を私はずっと使っている。そのカメラマンは夕食の時ずっと私を観察し、最も良い撮影角度と表情と素振りを考えていたのだ。今日我々が肖像写真を撮影する時、こんなに真面目に撮るだろうか。

これは、すなわち撮影芸術の真の意義である。魂を反映する最も良い瞬間を捉えることである。

アマチュアの撮影は、このようようにする必要はないが、しかしレンズの画像を使って意義のある生活瞬間を記録しておくことはするべきである。画素が高くない携帯電話を使っても、味わいがある生活瞬間をやはり撮るべきだ。孔府花園には大変多くの管理者のいない無人販売スポットが設けてあり、遊覧客が自覚してお金を投げ入れて物を持って行く、最も人気のあるのは池の辺りで魚の餌の無人販売スポットであり、一袋一元である。遊覧客達は自分でお金を投げ入れ餌を取る、たまたまお金を入れずにこっそり餌を持って行く。これ大多数は新調のしゃれた服を来てめかしている二十数歳の青年であり、多数の人々は規則を遵守している。一度、私は一人の五、六歳の少女がつま先立って金銭箱にいれている姿を映した、天真爛漫でかわいかった。これは新時代の公民の素質を体現したものである。さらにもう一枚、初夏の頃池には多くのカメが池の石の上で甲羅を干すので、私に写された。この写真は、言うならば擺拍であるが、これは絶対に不可能である、と言うのはカメ達が一字に並ぶと、少しでも物音がすると、直ちに池に逃げ込むからである。最も良い瞬間を待って、抓拍する楽しみはまさにここにある。この種の抓拍写真は従うべき規則は無く、あなたは只生活に気を付けて、無作為に事を進め、巧妙にシャッターを押せばよい。

携帯電話を使っても、カメラを使っても、あなたが一枚の良い写真を撮りたいと思うならば、あなたは注意深く生活に気を配り、真心のこもったその一瞬間を捉える。本当に一幅の良い撮影作品を完成しようとすれば、確実に容易でないことである。どうぞ注意深く構成を定め、どうぞタイミングよくシャッターを切ってください。

四〇、奇妙な〝七〟

世界でほとんどすべての民族が数字に対して一種トーテム式のこだわりを持っている、たとえて言えばある民族は「十三」を好み、ある民族は「十三」を忌み避ける。華人世界は「四」を忌み避ける、台湾地区のエレベーターは第「四」階と第「十四」階は明示しない、それは「四」と「死」が諧音(漢字の発音が近い)の故である。そして「八」に対しては、発財(金持ちになる)と諧音であり、「八」の数字を偏愛する。しかし今日の台湾では、路線バスは八路車が無い、というのは〝八路〟が人に八路軍を連想させるからである。金持ちの人の自動車のナンバープレートは「九九九九」となり、「九」が「九」が「久」の字と諧音になるからである。それらの偏愛と忌諱(忌み避ける)はどれも諧音の故であり、規則的な理由は無い。しかし「七」に関しては，忌諱する人もいないし偏愛する人も無い、まさしくこの数字「七」は、非常に多くの奇妙が存在している。

随分以前の事だが、私達はある種の子供「七巧板—知恵の板」と呼ぶ玩具で遊んでいた、七つの形状の異なった木板で各種図案を寄せ集めることができ、今日のレゴ(積み木)に似ている。民間には「七仙女」という伝説があり、非常に美しい神話の物語であり、言われているのは玉皇大帝の七人の女の子の一人が俗世間の農民董永に嫁入りする物語であり、すなわち皆さんがよく知っている「樹の上の鳥二対が…」、さらに「七月七日—織女星が牽牛星と会うために天の川を渡ろうとした時に、カササギが群がって橋の形になり織女を渡した」と云う伝説等がある。これらはいずれも中華民族が語り続けてきた「七」に関連がある美しい風俗習慣と物語である。その実、現在世界でも非常に多く〝七〟と関連する事がある。現在世界各国で一週間七日の制度は、旧ローマ帝国の君主タンテイン大帝が紀元三二一年に制定したものであり、最も早くはバビロンに起源があり、彼らは日、月、金、木、水、火、土を神として順次祭り、一周り七日であり、君主タンテイン大帝はそれを一週と定めた。人が制定した規則の外にも、自然界にも非常に多く「七」と関連する現象があり、北斗七星のように、白光は紅橙黄緑藍紺紫七種の組み合わせてできる。動物界の生命の妊娠と子供を産むこともまた「七」と関連があり、母鶏は四つの「七」、二十八日でひよこを産む、ウサギは妊娠すると、また四つの「七」日で子ウサギを産む、母豚が妊娠すると九つの「七」で子豚を産む、虎は十五の「七」で虎の子を産む、民間で言われるのは人は懐妊すると、その実一〇カ月で赤ちゃんを産む、すなわち四十の「七」日…これは偶然ではないだろうか。

こんなに多くの神話物語或いは民間の風俗習慣が、或いは妊娠して子供を産むまでの期間、或いは天文現象はいずれも「七」と関連がある、この中にどんな自然法則一類の原因があるのかは分からない。私はさらに一項目の「七」と関連が極大の事情―音楽を紹介しなければならない。すべての音楽は皆「ドレミファソラシ」より成っており、即ち一、二、三、四、五、六、七　七の数字で作り上げられ、高低を加え、長短の変化、万華鏡〈玩具〉に例えて更に万華鏡で世界中ですべての音楽を作り上げている。かつてある馬鹿な〝数学家〟が順列・組み合わせのを用いて方法で推計したいと思いこの七つの数列により一体どれぐらいの楽曲を創作できるのかを試みた。彼は失敗した。何となれば音楽は型苦しい事物の集合体ではないためであり、音楽は人々が音楽の方式で人の生活に対する感銘を記述し、感銘は計算する方法が無いのである。

人類は類人猿から進化して来ており、先に言語があったのかそれとも先に音楽があったのか？私は先に音楽があったに違いないと考えている。動物は人類を含め、興奮した時或いは怒り出す時或いは傷が痛む時発する声は完全に異なり、この種の感覚は自然におのずから出て来る声であり、これが即ち音楽である。早朝の時分に鳥が鳴く声、夏の夜野外の蛙の声、荒野の草原のオオカミの咆哮…これは原生態の音楽ではないのか。ここから推定して、人類が進化に入る初期は、言語は形成されておらず、人と人との交流は声を用いており、狩猟が成功する毎に、愉快な声を使って感情を表現していた。この推測は、音楽が言語より早かった事の理由であり、ただその種の音楽は本能的であり、自然の流れであった。

人類の各民族は自分の言語を持った後、言語の効果の下に、音楽は当然理性化の向上と前進があった。合わせて一歩一歩とそれぞれの民族が自分の民族文化を特色、地域特色音楽を形成して、十六七世紀の後には世界共同の認識の音楽が生まれてきて、地球人が皆聴くことを好む音楽になった。チャイコフスキーの交響楽、ヨハンシュトラウスの円舞曲、華彦鈞先生の「二月映月」、等々である。この音楽はすでに各民族の言語を越えて、皮膚の色を越えて人類の共同芸術になった。

言うまでも無く、言語は人と人の付き合いで最も重要な手段である、しかし言語もまたその力強さが無い時、例えば人々が憤怒する時、たとえ広範な大衆のスローガンを用いて憤慨の感情を言い現しても、まだ表現不足である時、さらにどんな言語方式画あるのか、無かった。声をからして力を出し尽くしての表現手段である。
どうしようか？これは音楽を使って補うことであり、たとえば〈大刀行進曲〉である。人々は唄っている〝大刀は鬼子共の頭上を叩き切る…〟

ドドドド　―ソラ　ソミ　ミ―レ　ド
大刀は　鬼子共の　頭上を　叩き切り殺す

さらに人々が肉親を失った極度の悲しみの時のような時に、言語は悲しみ嘆く悲痛さを現わすには不足であり、泣いて悲しみを現わす形を取り、或いは葬送曲を奏でる。今日私達が聴いた葬送曲は、湖南民歌〈小さな未亡人が墓参りをする〉を改編してできたものである。従って、人々が感情が極度に高まった時、言語は蒼白になって、この時に音楽の力を借りてこの一類の感情を現わす。当然、悲憤、哀しみ嘆く以外に、人々が興奮した時、また音楽の助けを借りる、例えば解放をめでたく祝う歌曲は。〝解放区の空は晴れ渡っている空、解放区の人民はみんな喜ぶ……〟

ミミ　ミレ　ミレ―ド　ドミソ　―ミミ　ミレ　ミレ―ド　ドミ　ソ　―
解放区の空は　晴れ渡っている空　解放区の人民は　みんな喜ぶ

何故か？この中には一つの理由がある、すなわち音楽は繰り返すことができ、数え切れないほど繰り返すのであり、言語は駄目である。皆さんは魯迅先生の小説「祝福」を読んだことがあるだろうか、祥林嫂の子供が狼に殺された後、彼女は一日中同じことを話ししていた。「私は本当に馬鹿だった、本当に、私がただ雪が降る時には野獣が谷間では食べ物がないので、村にやって来ることがある、私は本当に春にもやって来るとは知らなかった。」祥林嫂は人に逢うとすぐ同じ話をしたので、多く話をすると、皆は祥林嫂が精神病になったと思った、その実彼女は病気ではなく、ひどく悲しみ痛んだだけであった。もしこの話を歌曲に合わせていれば、状況は違っていただろう、唄うことを学ぶことになったかも知れない、私はこの段の話のために歌曲に合わせて、女性のソプラノ歌手に頼んで試みに唄ってもらった、皆さんは非常に好い反応を示してくれた。

これは魅力が尽きることの無い音楽である。奇妙な「七」に感謝します。

四一、凝固と流動

いつから始まったか知らないのだが、非常に多くの母親達がたいへん「胎教」を重視しており、お腹の中の子供が音楽を聴き、胎児と対話する等、いずれにしろ有益無害である。しかしどのように啓蒙教育を重視しなければならないか？あなたの子供が読む最初の本は何か？　唄う最初の歌は何か？

私はここで話すのは読むことと唄うことであり、子供に十分深い印象を与えることができることを示す。さらには彼の将来の審美観の芸術作品に影響するまでになる。私が読んだ最初の一冊の書は「聊齋」であ、その時書中の非常に多くの字を知らなかった。隣近所の一人の独身者に縁があり、毎晩いつも私は彼に着きまとって物語を話してもらった、毎日話をすると彼もまた煩わしくなり、一冊の「聊齋」を投げ与えてくれ、自分で読むように言った。私はこのようにうのみで「聊齋」を読み終えた。私が暗誦した最初の書は「成語小詞典」であり、「一網打尽」で暗誦することを開始した、年長者はただ何条を暗唱しているかと検査するだけで意味は問わなかった。私が学んだ最初の歌は「送別」であった。その後初めて知ったこの最初の歌は李叔同大師が詞の格律に従って詞を作り、楽譜はアメリカの作曲家の一人ジョン・ポンド・オードウエイが書き、曲名は「夢に見る我が家と母親」であった。この歌を学んだ時は私がやっと小学校二年生のクラスであり、多分この歌はその頃の流行歌であったと思われる。この歌は深々と私の人生の音楽記憶の中に焼き付けられ、それははっきりと私の子供時代の後の音楽知能指数の開拓に対して無形のものを生み出し、取って代えられない、永久不変の効果をもたらした。

長亭の外　古道の辺り　芳香草が　空に繋がり

ソ　ミソ　ドーラ　ドソ　ー　ソ　ドレ　レ　ドミ　レド　レド　レ

ソ　ミソ　ド　シ　ラ　ド　ソーソ　レミ　ファ　シ　ド

夕べの風が　柳を払い　笛の音が残る　夕陽は　山　の　外　の山

〝啓蒙一品〟に関しては、音楽、書、画、等々、を包括して一人の人間に対する影響は、今に至るまでなお専門書を見ていないが、しかしきっと存在している。例えば、子供の時に誤りを犯すと、大人があなたの尻を叩く、その原理はあなたに深く再び犯してはならないと深く記憶させる。誤りを犯すと尻、すぐに油を搾られる。これは絶対に深く記憶される。やはり李叔同大師の〈送別〉に返ろう。現在分析すると、大師の詞は絶対境地が深く、感情が懇切であり、アメリカ人ジョン・ポンド・オードウェイの曲は流暢であり、短い数段のフレーズは華麗なわざとらしさが無く、一筋の小川が秀麗な山間に絶えず流れているようである。これもまた「啓蒙一品」を説明すると、必ず絶対優秀品になる。

あの時代は現在の空気の中で格式の音楽が充満し玉石混交している状態ではなかった。六十数年前、一曲の「送別」はあたかも神仙界で奏でる音楽が私の魂の中に溶け込んでくるようであった。高校の時に娯楽活動が少し多くなり、私はグループの娯楽委員を担任し、活動の必要性から数字譜を熟練した。その後西安建築工程学院の試験に合格した。建築を学んだ故に、建築が凝固の音楽であると思った。

大学に上がって五年の内、四年半音楽に接触した。トローンボーンを吹くことから始め、吹奏楽隊を指揮し、学生管弦楽隊を指揮することに到り，小歌劇の監督になり、現代劇の監督になり、雑然としており行き当たりばったりで、十三八組み合わせを混成し、なんでも解かりなんでもゆるく締まっていないアマチュア音楽愛好者になった。その期間、音楽に関して、私は以前陝西歌劇院の指揮者を訪問した。彼が語った一言が今に至るまでなお耳に残り、印象深い。彼は語った、中国人の対聯と同じようであり、上下聯があり、横額がある。上聯は商売が繁盛して、四海に通じる、下聯は財源が豊かで三江に達する。そして横額は主題であるべきである。彼は〈東方紅―中国革命の代表歌〉の例を挙げた。もし「ソ　ソラ　レ」が上聯であれば，下聯は必ず「ド　ドラ　レ」である、良い音楽の下聯は唯一であるべきで、上聯は楽曲の旋律でなければならない。この旋律の構成が安定すれば、それが基礎であり、次に続くのは技巧と芸術は共を重視する。この全ては、私が「凝固の音楽」の学習過程の中で、学ぶに至った「流動する音楽」であった。

大学を卒業後、約十数年の時間は政治活動であった。そして私も暇ではなく、宣伝隊の副指導者になり、さらにアコーデイオンを弾いた。これは二次的であり、主要な事はやはりこの一段の時間で著名な楽曲を聴いたことであり、たとえば、バレー「マーメイド」、大合唱「祖国頌」、さらには森林や、緑色の海洋、現在では探すことができなくなった。社会の芸術雰囲気も少しゆったりと緩やかになった時に、バイオリン協奏曲〈梁山伯と祝英台〉が発表され、街ではベークライトやプラスチックの毎分三三回転のレコードが売られていた。その頃給料が低く、自分で蓄音機とスピーカーボックスを組み立てた。現在では「熱烈なファン」と呼ばれているが、その頃私は表題の無い音楽を楽しんでいたので結構熱を上げていた。

　四人組が倒れた。政治環境の改善に伴い、社会の芸術雰囲気はさらに緩やかになった。一九八〇年春夏の変わり目に、一人のアメリカ留学生の歓送会を家でしている時に（その頃家庭にはまだテレビが無かった）突然ラジオ放送で「河北…鉱の孔祥楷さんのリクエストで、我々はブラームスのD大調第二交響曲を特別放送します。アナウンサーが紹介して、この交響

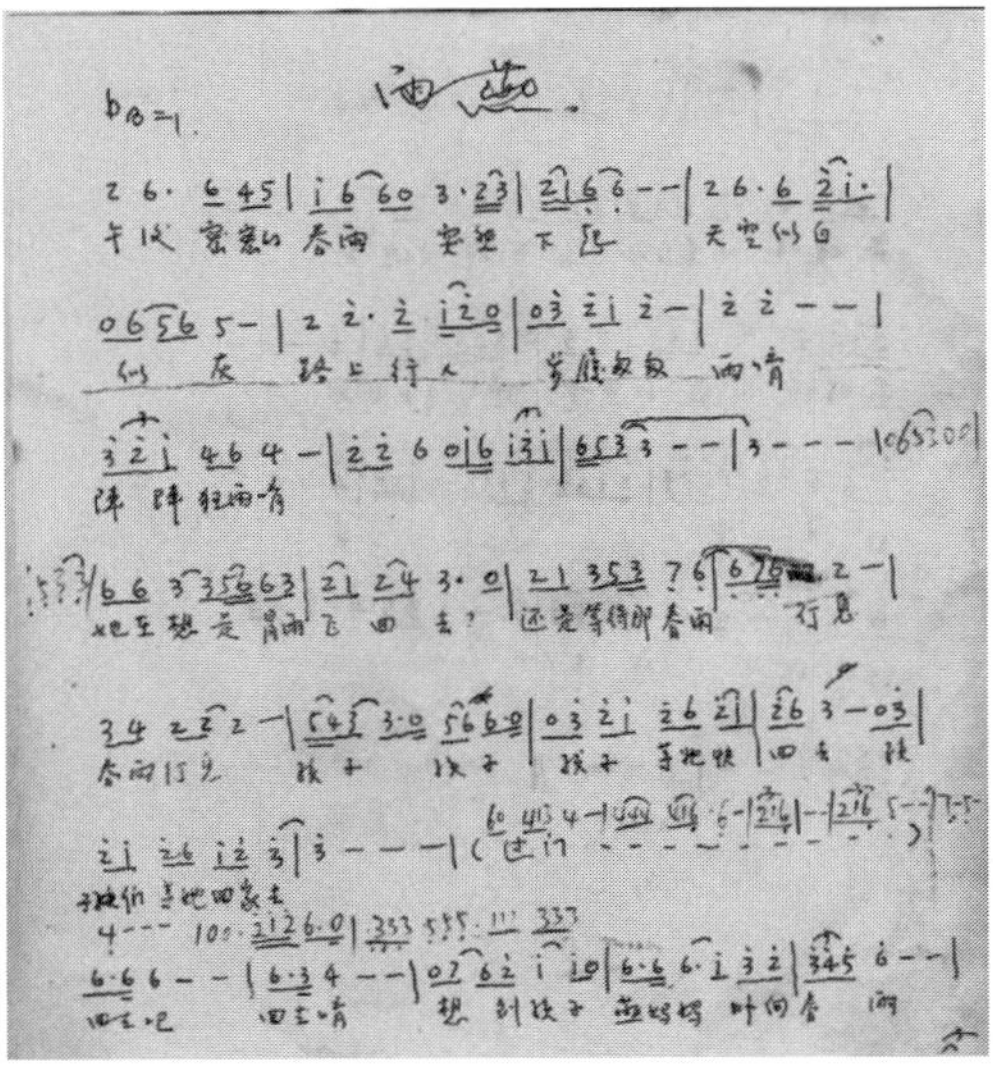

作者手稿

曲は作曲家がオーストリアの避暑地アオート湖畔の一村落で創作された作品です。これは一部の暖かく明るい、オーストリアの田舎の風情が充満した作品で、最初の演出は指揮も作曲家自身が行いました。」一しきりの簡単な紹介をした後、アナウンサーは言った「時間の関係で、ただその交響曲の第四楽章の活発で生き生きとした…」わあ！私は大変驚いた。私の音楽鑑賞の趣味は非常に大きな刺激を受けた。

仕事に参加して後、丁度二十二年間製図盤にうつむいてへばりつき建築プロジェクトの設計をした、工業建築、民用建築、特種構造建築すべてを設計した。この期間わたしは音楽から離れたことはないのだ。さらにその後、私は指導者の職位に上がった、仕事の責任が重くなったが、しかし私は一貫して音楽に対する強い愛好を捨てなかった。私の部署では私の手中に権限を握っており、仕事の必要な状況下で、従業員の音楽活動を極力推進した。鉱山の時には私は吹奏楽隊を組織して、朝五分間軽い音楽を演奏した。後に大学で、吹奏楽隊を創設した。今日、私は家廟の職員の中で、吹奏楽の訓練をしており、さらに現実的なものになっている。

私は凝固している音楽の中で、流動することを覚えたが、残念なことは、私の音楽が流動的なものになり出した時に、私にもっと楽しく音楽が生活に叙述を楽しませてほしいことである。

四二、音楽はみんなのもの

盛夏の酷暑がすでにひっそりと消えていく初秋の月の夜に、あなたは一人で郊外をそぞろ歩きし、月の色は水に似て、星はまばらである。しんと静まり返っている、あなたはほかに何を聴くことができるだろうか。くつわむしが瓜の蔓の下で歌っており、土塀の近くでコオロギ達の軽妙な琴のような声、スズムシ達の低いささやき、遠方の渓流が川岸を打つ音、眠っていない年取った水牛がモーモー声をだしている…、あなたは一方の石段に座り、静かに聴く…。この全ての音が一緒に残響している、これこそが〝交響楽〟である。交響楽のギリシャ語の元の意味は、つり合いがとれて一緒に響くことである。

当然、自然界の各種昆虫がジージーと声を用いるのを交響楽と比べるのは多いに無礼であるが、しかし原理或いは本質的に〝交響楽〟を理解することもまた大きな間違いではない。同じ球の表面積が非常に多くの小さな四角のものの集合であり、四角のものが小さくなればなるほど真実の面積に接近する、小さな四角の物の面積は小学生でも皆計算できる。楽器が多くなればなるほど細分化し、それが組成する音楽は規範化されればされるほど良く聴くことができる。

同様に、音楽に対する理解は簡単に開始されるべきであり、数学者が加減法より着手するのと同じである。人は皆音に対して自然な喜びをもち、街の辺りの物売りが呼び、呼び声の調子がほかでもなく音楽であり、また筋道である。如何なる音楽もただあなたが聴くことを好めばそれでいいし、喜びは最も簡単な音楽の楽しみである。

常々、人が語るのを聞く。私は音楽が分からない。これは音楽に対する間違った認識であるか、或いは誤解であると思う。ただあなたが嬉しくなり、聴くことを好む、これがすなわち音楽を理解する第一歩である。音楽の起源はほかでもなくすべての人皆と関連があり、何が分かって或いは分からないは存在しない。誰が分かるのか。華彦鈞老先生の〈二泉映月〉は人々が皆愛聴する楽曲である。後に音楽家によって民族管弦曲の形式で借用され舞台に上がり、さらに情愛が深く、もっと人を感動させた。ある〝素人〟という人が聴き終った後一言尋ねた。「二泉は何処に在るのですか?月は何処にあるのですか?」この質問は、大勢の演奏家を返答に困らせた。演奏家の誰もが泉はどこに在り、月はどこに在るのかはっきりとは言えなかった。エスキモーは〝雪〟が七十数種類あることは分かっているが、雪が実際の物質であることは、結局同じ物事でも各人によって見方がそれぞれ異なる七十数種の感覚があり、いわんや音楽は一種の生活感覚の抽象描写であるがゆえに、あなたはそれに対してどのように適切化できるだろうか。ベートーベンの第五交響楽は元は表題が無かったが、後の人がそれに一つの題名「運命」とつけ加えた、その著名な開始部分の〝ミミミドー(ダダダダーン)〟はきっと「専門家」達が語った「運命が門を叩く」と云う事である。指揮者李徳倫が話した。あれは運命が喉にひっかかっているのである。本来確実ではないことを話したのである。ある人がそれをはっきりと言った。決してそんなことではない。〝好聴―聴いて気持ちがいい〟或いは〝愛聴―聴くことが好き〟。「二泉」はただ一種静寂であることを叙述し、少し憂え悲しみを帯びた情緒がある。あなたはそれを泉であれ、井戸であれ、池であれ、聴くとそれは必ず騒がしい集会ではない。

すべての楽曲はみなその旋律及び旋律の変化を通じて一種の境地を描述し、聴く人の為に一種空間想像の環境を提供する或いは聴く者の生活回顧の共鳴を引き起こすことである。人々の生活情緒は三大類の範囲を越えない。

第一類は晴れ晴れと楽しいこと、楽しく祝う曲、賓客を迎える曲、勝利行進曲、結婚曲等々皆この一類である。この類の楽曲は旋律が爽快で、跳躍性が大きく，前に紹介した〈解放区の空〉は他でもなくこの一類に属す。

第二類は平静で、沈思すること。この種類の楽曲の旋律は平穏で、流暢であり、人に飽きもせず飽きさせもせず話す感覚である。ボロジンの〈アジアの草原の上で〉、セイント・サーンの〈白鳥〉、マスツォンの〈故郷を想う〉、華彦鈞の〈二泉映月〉等は皆この類の楽曲である。この一類の楽曲の特徴は聴く人の心情を平静にすることができ、人に往時の理性的回顧に対して共鳴させ、以前の静寂で睦かった環境、事物が眼前の暫時的な悩みを忘れさせる。一九八七年、私が居た鉱山は一次労働災害死亡事故が発生した、事故の処理に三日二夜かかった、死者の家庭は巨大な苦痛を受けてしまい、幾つかの要求は合理的であるに違いないものを提示した。しかし当時の政府は許可せず、私もまた敢えて軽率に口を開か無かった。協議の過程は非常に難しいことであり、例えて言えば家族は土葬を要求したが、私はどのように返事するべきか、三日二夜、私はただ事務室で眠い時に居眠りをし、一日一碗の麺類だけを食べた。事故処理の終結は三日真夜中であった。私はひっそりと帰宅して、一人でソファーの上に横たわり静かにマスニエのバイオリン独奏曲〈沈思〉を聴いた、大変長く聴いて、知らず知らずに眠ってしまった。太陽が昇った時に、私は清潔なシャツに着替え、元気に満ち溢れて事務室に歩いて行った。鉱山の新しい一日が始まっており、仕事は続いており、生活も続いていた。事務室の主任が言った。「この数日あなたは疲れ果てておられる、やはり一日休んでください」昨夜私が音楽で疲労困憊をやわらげて、このやり方で精神を回復したことを誰か知ることができるのか。朝食は三つのマントーとザーツァイ（榨菜）であった。一種の平静でゆっくりしている音楽が人の心情をリラックスさせる効能がある。

第三類の音楽は、憂鬱、忍ぶ、哀悼、悲痛、悲壮等にまで至る。この類の楽曲の演奏は通常高音低音両端の器楽が主導し、重い低音の銅鑼のように、或いは細くかん高い高音である。一種の楽器で使用することが少ない、〝鋸琴〟ミュージックソーと呼ぶが、それが出す音自身がほかでもなく泣くが如く訴える如きである。旧ソ連の作曲家ショスタコービッチが反ファシスト戦争で最も困難な時期に創作した一曲の著名な「レニングラード交響曲」である、第一楽章は、外でもなく甚だしく重く、人に息をさせないようになり、暗雲があなたの頭の上を押さえつけるようで、一続きの人を窒息させる音符が戦争がついに終わったことを述べ現わし、残っているのは静寂と戦場であり、屍が野原一面に横たわっており、戦火がまだ消えていない広野…これが取りも直さず戦争である！　その交響曲を聴くと、あなたはきっと感動する。

私はすべての楽曲は熱烈、平静と悲嘆に帰結する。当然毎類の間には過度の部分があるべきで、どの楽曲もさらに他の類の感覚があり、この類の楽曲には明確な限界線が無く、ただあなたの感覚による区分だけである。例えて言えば、〈青蔵―チベット高原〉は第一類なのかそれとも第二類なのか？

どちらでも良い！〈黄土急な坂道〉はどの類なのか、あなたが言えばそれで良く、こだわる必要はなく、いずれにしろこれらは第三類には属さない。

聴くのを好む、聴くのが好きでそれで良い。分かりますか、聴くのを好む、聴くのが好き、いずれにしろ音楽を理解している。算数を学ぶ知識を用いて言うならば、先に足し算を学べば、あなたは少し算数が分かった。あなたは音楽を聴くことを好きになることから始め、先に少し簡単な音楽を学ぶ、優美な〈青きドナウ河〉、華彦鈞の「二泉映月」等、即ち加減法を同じように学ぶようであり、ゆっくりと再び複雑な音楽を聴くと、もし題名のない音楽なら、ベートーベンの第六交響曲は、すぐ数学の中の簡単な微積分のようである。

私は音楽を楽しむことを〝音を聴く〟と言っているが、いずれにしろすでに音楽の複雑性を簡単化した。そうだ、音楽は元々簡単なものであり、我々みんなの物であり、「大家」のものではない。一つの〝懂―わかる〟の字に脅されてはならない。

四三、理性の音楽

音楽を好きになるには先ず感覚器官が音楽を受け入れることです。それが基礎であり、初歩であり、算数を学ぶには先に足し算を学んで自分のものにするようなものである。もしこの基礎の上に多く点をつけることを理解できれば、さらに深く一つの点が入る、やはり算数を例に取ると、掛け算を学び、一歩昇進する。また感覚器官より音楽を好きになり理性で音楽を理解する。音楽はあなたにさらに多くの愉悦をもたらす。

標題或いは無標題の交響楽は比較的大きな音楽作品であり、演奏する楽団編成は他ならず規模が大きく、従がってまず先に楽団の組成を理解しなければならない。声楽部分は、どちらも高音楽器、中音楽器、低音楽器、更には打楽器がある。楽器の音色の分類は、弦楽器，金管楽器と木菅楽器である。西洋管弦楽と民族管弦楽はどちらもこれらの種類の楽器があり、名目上の品種は雑多で、例えば二胡類は高音の二胡、板胡、中音二胡、低音二胡がある。西洋弦楽器はバイオリン、ビオラ、チェロさらにはコントラバス、いちいち紹介する方法が無い、一番いいのはあなたがCD－ROMを見ることである。いくつかのあまり見ない楽器もあり、専門的に人を探して尋ねることができるが、例えば西洋楽器の中の〝バスーン〟、又英国管と称する一種の木管楽器である。一般の人は〝クラリネット〟と認識しているが、クラリネットと非常に似て、〝オーボエ〟と呼ばれており、この二つはただ吹き口が異なっているだけである。オーボエの吹き口と民俗楽器の中のチャルメラは非常によく似ている。各種の楽器を知るだけではなく、さらに各種毎の音色と楽団中の主要性能を理解しなければならない。例えば恐怖場面を描写する一般的なトロンボーンが役割を果たす、果てしなく広くすぐれて美しい環境描写するにはホルンが吹奏できる等々である。大変多くの楽器の音色はそう違わないが、しかし役割は同じであるとは限らない。例えばハープとオーボエとホルン等々である。あなたはCD－ROMを使ってまた繰り替えして聴くことができ、簡単な処から複雑な処まで、それらを熟知することができる。当然、機会があって交流楽団の演出を繰り返して見ることができれば簡単から複雑まで彼らをよく知ることになる。機会があって交響楽団の演出を見ることができればそれ以上に良いことは無い。楽器が非常に重要であることを理解すれば、それはもっと良いことである。楽器が非常に重要で有ることを理解し、ただよく知るだけで、蓄積が一定の程度まで達すると、あなたが数種の楽曲を演奏する時に、あなたはそれがどの楽器を組成するのか、当然、これはあまり容易ではないが、しかしまたあまり難しすぎることは無い。

楽器の個性と楽団の構成及び音楽作品の楽しみを知ることは本来であれば一緒に進められるべきである。「論語」の中の一章「八佾第三」でこのように話している「演奏の要領は、はじめに盛り上がるような金属打楽器の鳴奏があり、次に諸楽器の参加によって純粋な調和をかもしだし、更に諸楽器の特質が明晰になり、それが連続し展開して終わる」意味は、孔子が魯国の楽官に対して音楽演奏を語り、奏楽の道理を語っており、其れで知ることができ、始める時は音楽と調和が釣り合いが執れ、楽曲が大がかりに展開した後楽曲は美しくなり、リズムははっきりし、又たえず連綿として、ずっと楽曲が終わるまで続く。これが二千五百年前の一人の哲人が楽曲の演奏を語ったものであり、字句の表面上の意味は先に述べた通りであるが、しかし詳細な論述は分からない、というのは〈五経〉の中の〈楽経〉は散逸して世に知られておらず、さすがに二千年余が経ってしまっている。しかしいかなる時代の音楽であっても、その成り立ち、その構成、基本は同じである。他でもなく文章を書くのと同じように、「起承転結」である。「起」は動機であり、原因であり、音楽述語では旋律である。第二部分は第一部分の旋律を次に回す、或いは発展させる、この部分は音楽容量最大の部分である。最後は第一部分と第二部分の主題を取りまとめ融合し、結論付ける、これがすなわち合わせる部分である。この三つの部分はまた呈示部分、発展部分と再現部分と称することができる。

管弦作品を鑑賞する作品で、一番良いのはバイオリン協奏曲〈梁山伯と祝英台〉から着手することである。梁山伯と祝英台の愛情物語は、私達誰もがよく知っており津々浦々に知れ渡っているものである。

ミ　ソラ　ド・レ　ラドソ　ソ　・ド　ラソミソ　レ　―

レ・ミ　シラ　ソラ　ド　レ　ミ　ド　ラソラド　ソ　―

この旋律は人々が皆ニ言口ずさむことができる。この越劇は「梁祝」の主旋律であり、作曲家はこの段の典型的な旋律に基づき、奏鳴曲（ソナタ）により一部のバイオリンの協奏曲を創作した。

「奏鳴曲」式は他ならぬ先に述べた三つの部分である。呈示部、発展部、再現部である。

協奏曲「梁祝」の開始と結末は、また呈示部分と再現部分がよく知られている曲であるが、ただ楽器の構成は、ハーモニー、音階リズム、等々の作曲手法により変化を加え、楽曲の発展部は〝梁祝〟曲の主要部分であり、学問探求、知り合う、読書、十八相送、楼台会、逼婚、化蝶等の幾つかの物語に分けて描写する。この中で作曲家はバイオリンを以て祝英台の音楽イメージを演奏し、チェロを以て梁山伯のイメージを演奏している。音楽の奇妙さは他でもなく同じ旋律を異なった楽器と楽譜通りにふさわしい楽器を割り振って、異なった演奏方法で産み出した境地、効果は大きな差をつける事ができる。〝求楽〟の時に、音楽は幸福で浮き浮きさせる感覚が有る。そして「楼台会」の中ではついに極度に憂い悲しむことに変化し、泣いたり訴えたりするようである。「逼婚」その段の音楽は、甚だ重い低音の弦楽を主として、封建勢力と親が取り決めた婚姻は、父母の命令に反対することは許されず、媒酌人の言葉は強大な力があり、バイオリンの音楽イメージはその中に埋没してしまうようである。一部の音楽紹介資料があり、半時間にも至らない梁祝協奏曲は具体的に話す方法は無かった、何分何秒から何分何秒まで何を描写するか、一段一段叙述する。私は却ってそのように音楽を鑑賞することを主張しない、私は音楽の演奏手法に対して、一つの基本的な理解をした後、自分が音楽表現の物語境地を感じ取る方が、音楽の本体を悟ることができる。ちょうど漫画本を見るように音楽を聴くようで、実際上あなたは既に音楽があなたを震撼させることをなくしてしまっている。

「梁祝」を静聴することを開始してから、あなたは一歩一歩音楽の深い処を楽しむことに進んで行く。一人のアマチュアの音楽愛好者として、この一歩もまた出来ることになり、いわんや本当に音楽作品を理性で理解できるようになるのはまた容易い事ではない。従がって、交響楽の鑑賞を初めて学ぶのに最も好いことは標題から音楽作品を開始することであり、例えば「梁祝」である。さらにスメタナの〈モルダウ河〉のようなものであり、この曲は一筋の山間から流れ出る渓流が集まって大河になり、最後は浩々滔々と大海に流れ入る過程を語っている。この類の曲目は幾つかの音楽家の創作背景資料をできるだけ読むことができるので、鑑賞するのに便利である。無標題の音楽に至っては、私自身がまたよく知らないので、いずれにせよできるだけ多くしっかり聴いてみて、他の人の分析材料を軽々しく見ないこと事である。多く聴き、自分で想像すると、ゆっくりとあなたはこの抽象的な芸術を好むようになる。

最後に音楽をもう一歩楽しむのに気を付けたいことは、音楽理論分析の方法を以て音楽作品を鑑賞することであり、他でもなく数学を学ぶならば、足し算の後に掛け算を学び、さらに一歩深く積分の方法で数学を学ぶのと同じようなものである。本当の話をすれば、多くの数学書を読んだが、仕事に就いて以降は、私はただ加減法と乗法を用いただけであり、「微積分」を私は全く使っていない。従って、音楽鑑賞は、感情から開始して、ゆっくりと理性で音楽を理解することを学び、一人のアマチュア音楽愛好者として、すでに非常によくなっている。人に心配させることは、音楽が幾人かの「大家」の理論をして我々を分からなくさせることである。あなたをびくびくさせて音楽に近づかせないようにすることである。私にもう一言言わせてもらうと音楽は我々大衆のものであり、「大家」が専有するものではないことである。

四四、梅花を独り見る

前世紀の九十年代末新しい仕事に転勤した後、非常に多くの古くからやっていた仕事が改めて日程上に係ってきた。たとえば「夜会」であり、他でもなく一つの古くからの仕事であった。しかし結局は非常に多年に亘りこの一類の事は取り仕切っていなかった。

文化を広く開拓し発展させるために、私達は非常に多くの自称〝内部機構〟を創設した、法人資格の無い〝社〟であり、撮影社，篆刻社、画社、〈論語普及社〉等々の如きものである。その中に更には〈演出社〉があり、この社は夜会にサービスする為である。固定したメンバーはおらず、大変多くの市内の文芸愛好者が自ら志願して支援する。声楽陣容は比較的強く、曲目を演出するのに他人と重複しないように、すぐに自分で幾つかの歌曲を書きたいと考える。二〇〇三年第二次湾岸戦争が勃発しており、中央テレビ局の記者がイラクの前線で実況報道をしていた。連日炮火が人に呼吸することさえできない事態にさせ、戦火の中で民衆はたちまち家庭を失い、離散している…私はソファーにうずくまってテレビで戦争を見ており、それはハリウッドの大作ではなく、本当の大砲や銃弾が爆発しているのだ。

生放送はすでに早朝三時になっており、眠気は全くなく、私は書斎に座って、平和と母性愛の歌詞を書きたいと思い、春雨の中で燕の母親が生まれたばかりの子燕のために餌を探す物語を叙述した。

歌詞は上手く書けて、イラクの周辺は又戦い始めた。私は又テレビの生放送を見た。生放送の打ち切りはすでに明け方に近く、眠っても仕方がない。私は張り切って一挙に、書き終った歌詞に曲をつけた。丁度出勤の時間であった。一首女性が独唱する叙事曲はこのようにして完成した。曲名は「雨燕」。丁度十年経って、いまもまだ歌われている。毎回夜会で歌う時、司会者はきっとこのように語る「春の時節、燕の母親は…」その実、私の心中は、湾岸戦争が起こったことであった。

この歌は非常に長いが、歌詞に続けて曲をつけるまで、五時間もかからずすぐ完成した。その他まだ「大同頌」がある。詞は「礼記」の中の「大同篇」であり、全部で一〇七字である。私が詞の構成を思索し、旋律を試みに書き、前後半年以上の時間が掛かった。「大同篇」は著名な思想性を有す文章をまとめたもので、孔子が〈大同世界〉思想を完全にわかり易くはっきり述べたものであり、〈礼記、礼運〉から出ている。私はともかく文章の中のリズム、韻律でどう見ても失望した、主には私が文章の思想認識に対して深さが不十分であり、文章の勢いを探し当てることができなかった。二〇〇三年の晩秋から二〇〇四年の初夏に到るまで繰り返して、私は文章の構成、思想の認識を考察していずれも向上した。その間の時間の脳裏にはいつもこの事がぐるぐる回っており、ともかく文章の勢いの中で構成が旋回していた。私はいつも一枚の白紙と一本の鉛筆を身に着けて、冥想の中でこの曲が出来上がるようにしていた。ある朝、私は早々と孔園咏春亭に来ていた，四方は静寂しており、私の頭に中で突然一つの旋律が噴出し、私は急いで紙と鉛筆を探り出し筆記した。

ラ　ラミ　レ　ミニ　ド　――レ　レ　ミラ　ドラ　レ－－－－

大　道の　行い　　もまた　天　下　を　　公けとなす

私は大雑把に一度見て、成功は望みがあると意識し、すぐきっちり畳んでポケットに入れた。私は敢えて続けて書かなかった、あまりにも感性に頼り過ぎると恐れたからである。二日目に、私は一人事務室で、注意深くその旋律を思い出した後前日早朝の原稿を開いて、何度も続けて確信した、出来た。私はやっとこの旋律に基づいて一気呵成に書き上げた。これは即ち後に毎年孔子式典の最後に全員で合唱する「大同頌」である。

当然、作曲は決してそんなに恐ろしい事ではない。先に私が話したように女声独唱曲〈雨燕〉は歌詞から作曲まで私はたった五時間ですぐ完成した。〈大同頌〉を書く為に、私は半年余の時間が掛かったがあまり正確ではなく、真面目に言うと〝憋―置いておく〟かなり長い時間、取り上げては又放して置いた。一言で話せば、人をその臘門に入れ難く、〈雨燕〉はの歌詞は私自身が書いたもので、容易に感覚を探し出せたが、〈大同頌〉は思想性、哲学性が非常に強い文章をまとめたもので、ともかく門外で往ったり来たりして尋ね探す。何を探すのか?旋律を模索するのである。

旋律を模索し合わせてそれを他人が認識する方式を用いて記録する、他でもなく作曲である。音を記録するには非常に多くの方式がある。現在使っているのは五線譜であり、更には数字譜、俗称簡譜がある。我が国の民間にはさらに工尺譜、更には一種の文字譜があり、これはおおかたの時間はさらに早く、一句の詩である。「独り梅の花を見て臘〈旧暦の十二月〉雪を掃く」、丁度好く一、二、三、

四、五、六、七、七つの音である。たとえば歌曲〈東方紅〉を、五線譜で記すと数字譜ではこのように記す。五　五六　―　二　そして文字譜では「ソ　ソラーシ」となる。どんな方式を用いて記録するかは道具の問題である、肝心な点は生活の体験を音楽に転化することができるかということであり、さらに外の人がよんで理解できることができる方式を用いて記録する、これが即ち作曲である。

作曲に関して、歌詞を熟知し、歌詞を感じて悟ることの外に、その中から詩の味わいを充分に表現する主旋律を探す外、幾つかの最も基本的な要領を必ず掌握しなければならない。まず先に一首の曲の音域であり、また他でもなくこの曲の最低音から最高音に到る音が全部でいくつあるかということである。音が少ないほど、即ち曲もまた書くことが難しくなる。例えば北京オリンピックの主題歌「私とあなた」は、低から高に到るまで全部で九つの音である。有名な少年少女の歌曲「私達に二本のオールで漕がせてください」もまた九つの音である。音域が更に狭くするも、また八つの音に少なくすることはできない。この類の音域が狭い曲は書き難い、なぜなら用いる音が少なければ，変化の余地が小さくなるからである。逆に音域が広い歌曲は相対的に少し容易になり、従がって大衆歌曲は一般的に音域が一二～一五の間に在る。皆さんが共に愛唱する「射撃練習をして帰ろう」は八音である。これに反して、芸術歌曲、抒情歌曲の音域は少し広くでき往々にして十五から十七音である。私が書いた「雨燕」は他でもなく十五音である。この外、男性低音の歌は女性の歌に比べて一～二音少なくできる。しかし、これらはすべて相対的に話しているので、主には旋律の発展の必要性に順うべきである。

その次は定調（枠を定める）である。これは簡単である。一つの歌がよく書けると、最高音はどんな音であるのか。〝ソ〟か〝ラ〟である。独唱曲の最高音はピアノの鍵盤の〝C〟の位置であった。もし音の条件が良ければ、さらに半音或いは一音上げることができる。大衆歌曲の最高音はEまで下ろして大体良い。

譜を記録でき、音域を制御でき、一つの適切な定調を確定することができれば、残るのは歌を書くことである。それらを一緒にして作曲という。これらはすべて技術問題であり、学ぶことは容易である。作曲がさらに肝心なことはあなたがどのように自分が生活に対する又、風物に対する感覚を音に転化するか。これが芸術である。難しいことは後に在り、急がずに、ゆっくり学ぶことである。

この外を除いて、さらに主旋律の展開にあり、この後元に戻り、一首の曲を流暢に完成させる。短い歌はこのようであり、長い歌はさらにこのようにである。これらは既に作曲の技巧問題に及び、次にさらに話をする。

〝独りで梅の花を見て、臘月（旧暦二月）の雪を掃く〟、何と詩の味わいが豊かにあることか！

四五、旋律を捕捉する

唐人盧延譲は「苦吟」の詩に云う「安という一文字を吟じるのに、茎のひげを数えるために切り取ってつまみひねるように時間が掛かるものだ」。詩の中に一つの絶妙な字を得るために、成し遂げるためにはこのように気力を費やすものである。唐朝の別の詩人賈島は「題詩後」の中で「二句に三年にもなり、一吟に二筋の涙が流れる」、詩と詞の創作の困難さは一部分を見ただけで全体を察知することができるようにすることである。もしいささかもおろそかなところが無い創作態度が無ければ、詩を書き賦を作ることもまた容易である。私達はよく見かけることであるが詩歌会上で一本のタバコを吸う時間に幾つかの詩がすでに紙上に躍如としていることを。作曲もまたこのようである、ある時、場所柄に合わせて付き合いの作品として、又少しの間に完成していることもある。

一年の春節は、丁度休暇で在宅しており、一人の親友から私に一人のテノールを唄う友人の為に歌曲を書いて欲しいと言う申し出があった、しかも李白の「蜀道難―蜀の道は困難である」を指名してきた。おやおや何てことだ！「蜀道難」は全部で二九四字である、以前私は書いてみたいと思ったことがあった、ただ難度が非常に大きかったために、何回も取り上げてはあきらめてしまっていた。今回は仕方が無く、どうせ休暇には余暇があり、再び真面目に一度試みることにしたが、まことに容易くなかった。ただ詩本文の理解、分析、構成に対してだけで、私は十数日かかった。当然この過程の中でたまたま閃めいた旋律が浮かんできた。私はすべてを記録したが、しかし大きく展開しなかった。春節が過ぎ、交際の相互訪問が過ぎ去ったあと、再び静かになって創作状態に入った。

詩人の長詩構成ははっきりしていた。第一部分は蜀の道の勢いであり、書き出しは次の通りである「あれっ、すごい高く危険だ！蜀の道の困難さは、青空に上るより難しい」第二部分は蜀の道が苦難に満ちていることとの具体的な描写に合うものである。「上には六龍が天に還る高い目標であり、下には激しい波が逆折して四川に還り、黄鶴は飛翔して往こうとするが果たせず、猿はよじ登ろうとする度につかまって登る怨みをつらねる」「しかし悲鳥が古木にしるしをつけたのを見て、雄が飛んでいき、雌は林間を飛び回り、又子供を戒めて夜の月に鳴くのを聞き、人気の無い山を愁える」、この部分は非常に長く、全詩の五分の四になる。第三部は締めくくりである。「守るところの者或いは親しくない者は狼と山猫に化けている。」「牙を磨き血をむさぼって、人を切ることも、もつれた麻を切る程である」。「錦城は楽園と云われるけれども、早く家に帰る方が良い、蜀の道は難しく、上は晴天より難しく、身を横にして西を望み長嘆息する」。全詩は二百九十四字で叙述されている堂々たる名作であり、古代に於いてこのように、群山や険しい峰が続き、人が山を越える方法が無い、天険であった。

長詩の構成部分分析はただ作曲の開始であり、この種の文学要素を少し多く分析した。分析の過程は多少とも旋律元素の萌芽があり、しかしこれはまだ音楽の創作ではない。長詩構成の分析を通じて、私は音楽旋律の基調は音が低くなければならないと決めていた。ゆっくりと感情を述べるには、起伏の変化が鳴奏曲モデル式の書き方が良いと決めた。この時やっと音楽を書く刻苦奮闘の道のりに入った。私は常に夜が更け人が静まるまでぼんやりと座って、一枚の大きな白紙の上にちりちりばらばらに楽句の落書きをした。私は一人で作曲をする時に習慣があり、先に詩詞の感覚に基づき一つの基本リズムを決定する。さらにもう一つは自分が理解する詩の趣の環境によって一つの旋律を決定し、一般的にはすべてE調に降ろすよう選んでいた。この幾つかの点はどんな道理か説明することはできないが、ただ一つの習慣のみであった。いずれにせよ昼間も夜も特には重要な仕事も無く、頭の中ではともかく〈蜀道難〉が離れなかった。この長詩は非常によく知っていた。どの一夜だったか、テレビの五チャンネルでサッカーの試合を見ている時に、突然一句ミラミ　ド　レ　ミ　レ・私は大急ぎでテレビを消して、まるで宝を得たようであった。この旋律が一種高山を仰ぐのを止める感覚である。又一種静寂で畏敬する感覚がある。この旋律が続いて行くのにつれて、本当に「血眼になって探し求めていた人がひょっこり眼前に現れる」或いはいわば「何気なしに首を回すと、その人は却って灯がまさにつきようとする処にいた」という感じであった。

私は一気に大段の音楽を書き出した。

ミラミ　ド　レ　ミ　レド―ミラミ　ド　レ　ファミ―ミファミ　ソ　ラ　ファー―ソラソ　ミ
ド　ラー―
シ　ー　ー　ー　―ラ　ミ　ソ　ラ　ミ　―レ　ドミ　ミー　―レレ　レシ　ソ
シ　ソファ―

レーーーーラミ　ラソソラド　ーレシラソドーーソソ

ラミレー

この一長段の音楽は書き終ってすぐには何もしなかった。二日目に私はやっとこれはただすべての音楽の序であり、一つの長い前奏であり、或いは言うならば呈示部であった。

これは結局私の一つの作曲経験になった。あなたが詩と詞の情趣に対して比較的深く悟った後、あなたは先に詩と詞の情趣を適切な音楽を用いて表現することができるが、この段の音楽はまだ将来の主歌ではない、音楽の呈示文である。他でもなく前で語った前奏部である。この後、私は同じような一件にでくわした。ある一人のバリトンの歌唱家は彼が唄う歌に合う歌曲を書いて欲しいと頼んで来た、私は何を書くのか尋ねた？彼は李白の「静夜思」はどうでしょうか？私は少し考えてすぐに引き受けることにした。この音楽を書くには時間があまりかからない原因は詩の情趣を非常に好く知っていたからである。「床前に月光を見る、疑うらくはこれ地上の霜か。首を挙げて名月を望み、頭を下げて故郷を思う。」できるだけ正確に詩趣を理解する為に、幾つかの資料を調べた、例えば〝床〟とは何か？　非常に多くの専門家の理解は日本人が述べているものであり、堂々と中国人が中国詩人の作品を読むのに、なんと日本人の解釈を聞きにいかねばならないのか、輸出を国内販売に換えることにした。やはり自分の体得を基準とした。それは一日のまだやや暑かったが、そして室外はやや涼しく爽やかな季節であり、移動が可能な寝具があり、古代は「榻《とう》」と呼ばれ、庭に置かれていた。詩人が涼を取る時景色に心が安らぎ、そこで後ろの三句の詩が生まれた。私は絶えず詩趣に入り込んだ。一つの夜が深まる中で、周囲は静まり返り、状景に心が動かされて、詩人は様々な思いがあれこれ脳裏に浮かび情緒に浸った。そこで以下の音楽が流れ出る。(ゆっくりと、深い感情)

ラ・ミ　ソラ　ドシ　ラ・ソ　レハ　ミレ　シ　ー

ラ・ドラシラ　ソミ　レ　レラ　ド　ー　シソ　シミ　レー

シソ　シミ　ド　ー

この段の音楽は美しい追憶であり、ややわずかな寂しく物悲しい感覚を帯び、これもまたただ一つの間奏に過ぎない。この後やっと主歌を書き始める。

ラ　ラ　レ　3ミレ　ード　ー　ー　0ソーラソ　ソラ　ミ　シーシ　ー
ラー　ー
床　前　月　光を見る　疑うらくは　これ地上の霜かと
ララ　ラミレ　レド　ラソーミ　ラ　れ　ーー　ララ　レ　ソラミー　ミ　ー

――

首を　挙げて　月光を望み　　　　頭を下げて　故郷を　思う

ララ　ソミ　ソラ　シミ―　ラ　ー　ー　ー　――

音階E＝一でまで下げたが、後にF＝一に改めた、これはバリトンが難しく、駄目になるからであった。

旋律を捕捉する基本根拠は、充分に歌詞を知り尽くした上で、これから書こうとする楽曲がどんな類型であるか、前で話したのは喜びであるか平静であるか悲しみであるかのようなことである。この後リズムを決定する。この分析作業は非常に重要であり、往々にして少ない労力で大きな成果を勝ち取ることができる。旋律を捕捉する段階の上で、作曲の技巧を除いて、やはりあなたの日常の音楽素養を見なければならない。従ってふだん各種の音楽をできるだけ多く聴き、各種音楽を愛好することも、また作曲の基礎である。あなたは生活を感じ取りに行き、生活の感覚を音に転換する、これが他ならぬ作曲である。「茎の髭を切り取ってつまみひねる」とか、さらに「一吟に二筋の涙が流れる」とかは問わずこれはすべて厳粛な創作の苦労である。しかしあなたが理想的な旋律を捕捉した時に、すべての苦労はみな見返りを受けることができる。

刀は磨けば磨くほどよく切れるようになり、曲もまた書けば書くほど良くなる。

四六、大合唱

一九四十年代、中華民族はすべて冼星海と光未然が創作した〈黄河大合唱〉に感動し、それは広く中華の大地に伝わり、歴史的な地では中華民族が日本人の侵略に抵抗して反撃した壮麗な詩篇を呈示している。三十年後、〈長征組歌〉、の合唱ブームが盛り上がった。

大合唱は一種の創作難度が大きい音楽の種類であり、先ず最初に、大合唱の主題の確定とここより関係する内容は必ず十分な小題目を有さねばならない。それ故に歌詞創作の任務は非常に重要である。その次に大合唱の曲譜の風格及び曲型の多元性である。具体的な創作を開始する前に歌詞は計画がしっかりしていなければならない。一部の合唱は数首の合唱曲より構成するが、具体的な規定は無い。〈黄河大合唱〉は八首の歌で構成され、〝長征組歌〟は十首である。歌唱編成は大きく，歌唱も三から四のパートは八十から百人になり、楽団の編成はこれと釣り合いを取るためにまた五十人以上になる。これらは創作の一部であり、付属する舞台の合唱が必ず具備すべき条件である。合唱チームのレベル、管弦楽パートの構成の現実性等々、もまた統一して計画配分のラインに入る。

孔氏南宋家廟孔子生誕式典は、慶祝式典の荘厳さを保証する為に、式典上では演出性を帯びた表現は行わない。そしてこれらの内容は前日の記念パーティ上で披露される。二〇〇四年孔子の生誕を祭る式典を回復することになった。夕べの集いは二つの内容があり、一つは現代劇〈大宗南渡〉を上演することと、二つは一部の孔氏大宗南渡の大合唱―〈東南の望楼〉を創作することに決定したことである。大合唱歌詞の始動は早くも二〇〇二年初であり、八首の歌詞の内容は煮詰まっていたが、しかし作者の仕事が非常に忙しく、創作の時間が無かった。二〇〇三年の夏になってやっと原稿が渡された。歌詞の原稿が決まった後適切な作曲者がおらず、外部の人に頼むと数十万元が必要であるので、やむを得ず自分が着手せざるを得なくなった。その頃の時間は確かに忙しく、〝現代人が孔子を祭る〟の準備も急いでやらねばならなかった。現代劇のリハーサルもまた私の肩にかかっており、大合唱の作曲任務はやむを得ない状況の下でまた自分が創作に着手せざるを得なくなった。良かったことは八首の歌詞の歴史背景と言葉の意味は私は十分はっきりと知っていることであり、仕事から言うと難度は少しは楽であった。

作曲に関しては、大合唱の音楽と私が先に述べた歌曲著作は合致していた。自分の思考を歌詞に入り込ませることをイメージにするのに、「取り越し苦労をする」必要はなかった。私は以前一人の作曲家を選んで合唱中の一首の詞に曲を書いて欲しいと頼むと、思いがけなく二十分もかからずにこの人は楽譜を完成した。ズバリ言うと、彼は詞の意味さえ、さらにはこの曲の大合唱の中の位置もまったく分からず、この詞の歴史背景は言うまでも無く知らなかった。しばらくするとすぐに書き終った、率直に言うと、これは音楽芸人であり、音楽職人のやり方である。従って、歌詞のイメージの感覚が特に重要である。もし条件があれば、歌詞創作の過程の中で、音楽を作る人にとって最も良いことはできるるだけその間参画し、大合唱の主題を理解し、歌詞毎に担当する主題をわかりやすくはっきり述べる責任を持つべきである。当然、歌詞に対する音楽の韻律はできるだけ見方を提起し、将来の音楽著作の為に、幾つかの有利な条件を提供する。大合唱「東南の望楼」を創作する前に、私は歌詞の作者と相談して決めた、歌詞の書き方は唐詩の書き方ではなく、元曲の風格を用いる、このようにすると作曲の自由度は相対的に大きくなる。

大合唱の構成はリードする人が中心になる形式をとり、多すぎてはならないし、しかしリード役はいないといけない。リード役は唄うけれども、必ず合唱グループと緊密に、有機的に力を合わせることを決して忘れてはならず、そうでなければ、百人余の人が立ったままでやりきれなくなる。

音楽の風格は基本色調がなくてはならない。少年、青年、成年の合唱は少なくても区別がなければならない。現代と古代もまた区別がなければならない。当然また地縁の区別もあるはずである。例えて言えば江蘇浙江一帯の歌と西北一帯の音楽は区別がある。中国人の歌は外国人の味わいで書いてはならない。この幾つかの話は道理は非常に簡単であるが、しかし本当に作曲するには、一通りの技量を用いなければならない。「東南の望楼」を書くとき、私が確定した基調は現代の色彩は不要であるが、しかしまた遥か昔の古典風格を用いる必要はなく、つまり今から七～八百年前だけの事であった。この為音の選択と使用は常に「ラ」と「レ」に集中して、すこし良くなり、例えばこの楽句である。

ソ・ラ　ソ・ソ　シラ　ソミ　ソーレレ　レレ　レド　ド　ソー

多首の曲の構成の大合唱は歌頌型、荘厳型、悲壮型、軽快型等の配置が良ければ、全体の大合唱は聴いていて変化があり、一種の手法で通してはならない。このため、〈東南の望楼〉は第七首は浮き浮きする雰囲気を配置し，一首の歌を書いた。

ララ　ラレ　ド・シ　ララ　ソミ　レー

合わせて四つの声域部を合わせて二つの声域にし、効果は非常に良かった。リード曲の弾力性は少し大きかっただけであったが、全体の構成に基づき類型の専門設計に溶け入れることは難しかった。充分個人の音質の役割を発揮した。〈東南の望楼〉の中で、私は専門に女性のソプラノと男性のバリトンの為に各一首独唱と合唱を書いた。さらに一首は三つのパート（声部）の抒情合唱であり、歌頌型であり、ややゆっくりとした速度で広がる。

ド　ド　ラド　ラソミ　レドラ　ドラ　ラソラ　ソーソラ　ラ　ラ　ソソミ　レ　シミ　レミシレ

ラ　ー

大合唱と独立の合唱曲の作曲方式は決して異なったものではない。ただ前者は統一して計画配置する、各首曲の間はつながっているし又相対的に独立しているように作るべきである。

〈東南の望楼〉の大合唱は主歌が全部で八首、二十日余りで完成した。しかし大合唱はパートを編成するために、却って私は数倍の時間を費やした。パートの難度は確かに一つの楽曲に劣らない。四つのパートは女性のソプラノ、女性のアルト、男性のテナー、男性のバリトン、もし一般の規則によれば、もし男性のパートを女性の副歌形式に配合するならば、本当に一首の曲を書くよりさらに難しく、不協和音を用いて頭脳に浸透させることができる時があり、これは〝七〟の運用は難しすぎた。しかしこの精力は出し尽くす値打ちがある。大合唱の上演効果はまずまずであった。私は心中分かっていたが、その時上演した〈東南の望楼〉のパート編成はやや雑であった。幾つかのパートは改めて書き直すことができるが、ただ多分機会はないであろう。その上本当にもう一度やることになっても多分私のハーモニー能力も駄目になっているだろう。

四七、多方面に目をきかし、四方に耳をきかす

作詞でも、作曲でも、パートの編成でも、難しいのは一人二人の事であるが、大合唱を演じるのは百人以上の事である。一社で一万人以上の大企業があり、その長期に活躍する従業員アマチュア合唱隊が系列内で何回も表彰を受けていた。企業側との協議を経て、彼らは〈東南の望楼〉の合唱を引受けたいと承諾してくれた。練習開始を決定したのは既に二〇〇四年五月であり、孔子生誕二五五五周年式典までただ五カ月の時間だけであり、毎週二回リハーサルを始め、後に週一回に改めたが、夜の七時から九時まで、確かに疲れきつかった。合唱団の隊員は終業後急いで少しの食事をし、すぐリハーサル場に駆けつけてくれ、又作業服のまま着替えることもせず、道端で食べ物を買ってすぐに来てくれ、本当に感動した。

指揮の任務は当然私の肩に掛かった。二〇〇四年五月一一日第一回のリハーサルをした、企業クラブで百名の歌手が整然としていた。私は一人のピアニストに頼んで一緒に行った。この従業員アマチュア合唱隊を少しも知らなかったし、彼らもまた私を知らなかった。合唱帳を配った後、私はピアニストに女性のソプラノのパートを弾いてもらった、続いてすぐ歌い始めようとした。合唱団の教師はこっそり私に、先にパート毎に練習した方がよいと言ってくれた。私はあっけにとられたが、理解した。彼らは音譜を読む能力があまりよくないのであった。私はピアノで各パートをいっぺん弾いて

すぐ歌い始めようと考えていたが、そこで私は皆さんはパート毎に分かれて歌う練習をして下さいと言った。どのパートにもみな相当多数の読譜能力が強い歌手がいるため、すべてのリハーサル場は一気ににぎやかになった。

アマチュア合唱隊はただ先にパート毎に分かれて練習を開始するだけで、各パートの問題は重点的に是正し、パートの部長に是正することを任せることができるが、必要な時には指揮者が自ら指導する。いくつかの半音が多い楽句、音域のジャンプが大きい楽句、装飾音がある楽句、短い休止符がある楽句等、これらは皆アマチュア合唱団の短所であり、すべて重点指導する必要がある。そして早ければ早いほど是正効果も良くなる。さらには、音があまり正しくない合唱団員は音が比較的正しい隊員の横に配置し、他の人に〝伝染〟して音程が狂わないようにした。これらの段階の練習はパート部長に責任を持ってもらい各パートが順番にピアノの傍でピアノの音と一緒に唄う。この段階の練習は非常に重要で、各パートが上演中の問題はこの時に必ずしっかりと調整し、合唱のために好い基礎を作る。指揮者は各パートの順番で検査、指導しなければならない。これはパート部長の役割を発揮するべきであり、従がって音譜を見て歌う能力の高いパート部長を選ぶことになり、指揮者の負担を軽減する。大合唱は多首の歌があり、一番良いのは一回で二首を練習することである。この過程もまた読譜能力を向上させる過程である。

各パートの基本練習がしっかりした後、多くのパートと合唱を開始する。この時、指揮者は正式に指揮台に上がる。

指揮者は凝集力であり、威信である。この威信の形成は、全体の心の底から指揮者に対する信任を出さなければならない。ただ指揮者が指揮台上で立つだけで、皆はすぐ自信が自然に沸き上がり、指揮者を信じて正しく歌い、まとまって、よく歌うことができる。これは他ならぬ指揮者の魅力と親和力である。開始する時にピアノ演奏を数回、全体合唱団はそっと声を合わす、そしてゆっくりと声を上げる、指揮者は各パートの中間あたりに歩いて行き指揮する。皆が比較的熟練した後、正式に一度合わせる。

目、耳、手が合唱指揮者の「三大要件」である。

指揮者の目はそれぞれの合唱隊員を見つめ、耳は四部のパートの声の正確さと合成効果を集中して聴き取る。「合唱」が開始されると、絶えず発声部位と口型に注意する。この点はアマチュア合唱団員に対して非常に重要である。指揮者は両手でどのパートの強弱、速さ遅さ、開始停止を注意しなければならない。指揮者の責任は正しく間違いなく歌われているかに止まらず、さらに重要なことは音楽の勢いを歌い出しているか、感情を歌い出しているかである。従がって指揮者のジェスチャーの変化は、腕や指を含めて、動作はすべてはっきりと正確であるべきで、合唱団員が理解出来るものでないといけない。指揮者のまなざしは非常に重要で、絶えずすべての合唱員を見回すべきであり、彼らに激励と自信を以て目配せする。指揮者の耳はどのパート部の歌唱かを聴き分け、楽隊と合唱隊の調和が一致しなければならず、指揮者は指揮台の上で、初めから終わりまで元気いっぱいで、整然と秩序立っており、落ち着いて冷静である。指揮者は合唱員全体の信念の体現である。

二〇〇九年〈東南の望楼〉第二回の上演は上海音楽学院文化の管弦楽隊であり、楽団の大部分は研究生であった。すべての上演は非常に成功し、八首の歌唱が終わった後、四名の朗読者が舞台に上がりカーテンコールに応えた、ある人が花束を私に贈ってくれた、私はこの花束を首席バイオリニストに渡した時、突然「ドーン」、「ドーン」とテインパニーが響いた、続いて大銅鑼が鳴った。一人のチェロを弾いていた女学生が言った。「先生、まだ一曲あります」「まだ一曲だって！」「ああ」もと楽曲本の最後に一首〈大同頌〉が印刷されていた、「演奏しよう」、これは合唱の内容ではないが、彼らが一緒に練習していたことは知らなかった。この時、舞台は混乱し始めた。楽隊は動かなかった。合唱は歌うものもあり、歌はないものもあった。私は突然霊感がひらめき妙案が浮かび、首席に身体を曲げて少しはっきりとした動作をして、私は指揮台の下に歩いて行き、先に百人の合唱隊員が整然とし始め、合わせて楽隊を指揮した。私は微笑を絶やさず、目は一人一人を見渡し、全体に告げた「何でもないよ！」たった二小節経過しただけで、舞台の上はすっかりきちんと並んだ。私は又指揮台にかえり、皆は異常に興奮したが、すべての演出は二つの小節に小さい間違いがあっただけで、よろよろしていた勢いを回復した。

従がって、指揮者は合唱隊の魂であり、組織者であり、協調者であり、すべての合唱隊員と演奏者の威信である。言うまでも無いことであるが、指揮者の音楽総合能力はすべての人に納得させねばならないことである。指揮者の人となりはおだやかで、真心がこもっており、発生した問題に対しては是正方法に注意しなければならず、全体の合唱隊員と演奏者を尊重するべきである。指揮者の挙動は立ち居振る舞いがきちんとして威厳があること。これらは音楽が要求するものでもあれば、また個人の修養でもある。その夜上演が終わった後の夕食会の席上、幾人かの研究生演奏者が私に祝杯を挙げる時に言った「先生、あなたの指揮は私達の先生より心地よいです。」私は笑いながら言った。「それは音楽は私が書いたからですよ。」「その上多分私が〝学院派〟のやり方ではないためでしょう」アマチュアの指揮者は実践の中で経験を蓄積しなければならない、リハーサルの効率を含めて、合唱隊の歌唱レベルや、個人の風格等向上し、自分の音楽能力を高める、これは一つの過程である。もしもう一度機会があれば、私はきっとさらに上手くやることができる。

四八、音をもてあそぶ人

一項目の音楽活動で非常に多くの部門が創設されたが、しかし成功する者は甚だ少ない━吹奏楽隊（ブラスバンド）である。設立は大変簡単で、二十人ぐらいが集合し、各人に一つずつ楽器を買い入れ、にぎやかに成立するが、続いて知らず知らずの中に、鳴りを潜めて姿を消し、無くなってしまう。問題はどこにあるのか？

二〇〇七年初夏、私達の仲間が私に向かって言った。「あなたは非常に多くの地方に行って音楽の話をしているが、なぜ私達自身がやってみたいことを始めないのですか？」私は尋ねた「何を学びたいのですか？」彼は言った。「吹奏楽団を学んでみたいのです。私は言った。それでは訊きますが、皆が誰もがやりたいのですか？」しばらくたって返答があった。「皆全員がやりたいのです。」私は一人一人の身体条件を見て、普及型の吹奏楽器を買うことに決めて、毎日仕事の一時間前に出勤し私自身が指導に当たることを決めた。二〇〇七年六月一九日正式に開始した。全部で十人の楽団であった。しかし独りとして〝ド〟〝レ〟〝ミ〟〝ファ〟を理解することができる人はいなかった。孔府吹奏楽小楽団はここから着手した。開始時には三日間集中して数字譜を覚えることに集中したが、丁度真夏の猛暑で、皆はからかって叫んだ「米をとぎに来た」推してで知るべしで、このような基礎は、数字譜を三日間学ぶだけでは焼け石に水のようであり、さらに多くの読譜は将来の訓練の中で学んでいく。私達の孔府小吹奏楽団が経てきた長い歴史は他でもなくこのように始まった。

第一条規律

八時出勤組は七時に到着し、一時間根気よく吹くハードトレーニングを行うよう決定する。遅刻すれば一分に就き二元の罰金を課す、後に五元に改められた。個別には一回二〇元か三〇元かははっきりしていない。上手に吹奏できたか否かは後のことにする。罰金は目的では無いが、しかし必ず決められた時刻に到着せねばならない。なぜ吹奏楽団は軍楽隊と呼ばれるのか。それは軍隊の規律がなければならないためである。二連休、祝日、休日を除くと毎年二五〇日になる、毎日一時間は年間二五〇時間であり、一カ月の作業日に近くなり、六年で九カ月である。吹奏楽小楽団が設立六周年の報告演奏をした時に、この一〇人構成の吹奏楽団はすでに格好のつくアマチュア楽団であった、合奏，小合奏、独奏に到るまですべてどこに出しても恥ずかしくない腕前になっており、本当に誰もに見方を改めさせた。しかしこの六年間はどのように繰り返し頑張ったかは、ただ私達だけが知っている。

第二条　成功を急がないこと

順を追って一歩一歩進める段階で、焦点を合わせた訓練を行った。まず最初は音階の訓練であった。B調を降ろすことより全部で三つの調子（メロデイー）を練習することから開始し、すぐBに降ろし、EとF調に降ろした。この三つの調子があれば、金管楽器の樂曲については十分使えた。音階、運指法の訓練はすべての楽団の訓練過程を貫徹しなければならず、楽曲の吹奏と結合することになる。重点練習ができはじめて三年目に、又音階と運指法に返った。突然、この時期になると音色の要求を増やした。音階、運指法は人々が歌うことができる曲に合わせて練習しなければならない。例えば〈東方紅〉或いは〈北風吹〉等聞きなれているので詳しく説明することができるような歌である。この段階は大体二〇〇時間がかかった。重点は音の高さの正確さを指導することと運指法の熟練であり、音色に至ってはこの段階では過分な要求をする必要は無く、どの楽器の音色も訓練の深化に従って、各演奏者が自分で磨きをかけ、次第に進歩することができる。どの演奏者も如何なる時でも、全て一つの音色の問題がある。音色の育成はとても長い過程であり、自分の理解を主とするべきである。

音階の基本的な掌握ができた後、引き続きリズムの訓練を開始する。リズムの訓練は実際には音階を学ぶ時すでに関係していたが、ただ訓練の重点が同じではなかった。リズムの訓練は楽団の具体的な問題に基づいて自分が練習曲を少し書いてみた。各楽器はみなこの曲を吹くことができた。この類は楽団員がリズムの短い曲を訓練するために、楽団の訓練の進度に基づき、幾つか多く書き、実際上この段階の訓練は音階の掌握程度をテストすることに在る。この外、各種楽器の情況に基づき専門的に練習曲を書く、ピッコロの如きは幾つかのリズムの速い高音部の楽曲を書き、フルートは幾つかの十六分音符の流暢で明瞭な楽曲を書いた。当然また幾つかの教典楽曲に選択して用いることができる。トランペットの如きは〈ナポリ舞曲〉、或いは〈動物カーニバル〉の中で幾つかの独奏楽器演奏の曲を使い、重点的に各演奏者の自己レベルの向上と自己音楽感を育成した。この一段階は楽団の将来の基礎を打ち立てたのである。非常に多くの金属楽器楽団はリズム訓練に不注意で、専門の時間訓練を用いず、少し運指法を掌握して、楽曲の練習に忙しかった、甚だしきに至っては演奏者たちは簡単な読譜もできず、非常に多くの団員は目を使って読譜したのではなく耳を使って読譜した。「聴くこと」、記憶により楽曲を学び、後に従がって吹奏する。この一点は多くの金属楽器楽団の欠点であり、将来の吹奏レベルを向上するのに難しい原因はここにある。

以上の二歩は約三〇〇時間位を用いることで可能である。非常に多くの事がみなこのようであり、急いではいけない。事前に十分準備をすれば仕事も遅れないと云うことである。

第三条　全体のレベルを上げること

基礎が固まった後、家を建て始める。以上に述べた二歩の基本訓練があって、完全な楽曲の吹奏訓練を開始することができる。

完全な楽曲を吹奏するには、一つの声部の大斉奏を絶対にしてはならない。少なくとも二つの声部、一番良いのは、高、中、低三声部、開始する時から多声部の演奏習慣を養成することである。一つには多声部の演奏は楽曲の美しさを充分表現することができ、二つには楽曲のハーモニー表現手法を熟知する。完全な吹奏訓練は行進曲から開始することができ、しだいに抒情楽曲に移行し、金属楽器の楽曲より開始し合唱或いは独唱伴奏に移行する、全体演奏より二重奏、独奏に移行する。私達はまた幾つかの旋律美を練習し、リズムを重んじる著名な楽曲、〈クワイ河大橋〉、〈中部アジアの草原〉等であった。

アマチュア金属楽器楽団では、上記で話したように最も良いのは一人のよい指揮者である。彼は指揮する外に、さらに楽団の進度により幾つかの楽団に適合した曲を書くことができ、それは楽団の進歩を加速化するのにぴったりと焦点を当てたものである。一人のよい指揮者を欠くことは、アマチュア金属楽器楽団を堅持することが難しい重要な原因である。

孔府金属楽器小楽団の配置が簡単ではあるが、さらに簡単にする方法はなく、ひいては減員になっても配置することができることである。一本のトランペット、一本のピッコロ、二本のフルート、二本のクラリネット、一本のアルトホルン、一本のテナーホーン、一本のトロンボーン、一つのチューバである。以前は非常に多数の人が加入を望んだが、最後はやはり一人ずつ逃げて行った。私達は人を堅持した。ただ孔府にいるだけで、私達の金属楽器小楽団は絶対に「大同頌」を演奏する。

聴いてください。早朝の時、あの抑揚がある楽音が孔府花園で正確な時刻に響き出る。今は中等の複雑な楽曲が彼らの楽譜スタンドの上に置かれ、数回リハーサルされており、すぐ聴いてみることができるのです。

四九、生活への畏敬

春分が過ぎたころ、明け方前に雨が降り始めた、時に大きく時に小さくなり、ずっと止まなかった。窓の外では新しい竹が濡れて深々と腰を曲げていた。春雨は油のように貴重である。春雨の美しさは趣を超えている。昨夜はしっかりと考えたが、今日は〈文芸漫談〉に一つのピリオドを打たねばならない。窓の外の時に軽く、時に重い雨の音を聴きながら、ひとしきり表現し難い気持ちが次々と浮かび上ってくる。

一年が終わった、丁度一年であった、辛苦の後の名残を惜しむ気持ちが自然に巻き起った。冒頭で私は一つの綺麗な罠を研鑽すると述べたが、これは一年前の冗談であった。一年後の今日、いままさに嘘偽りの無い気持ちである。

「人を育成するコラム」、この言葉は真実である。必ず時間通り原稿を編集者の手中に届けなければならない、開始した時は一カ月分の原稿を送ったが、多忙のために、その他の理由で原稿は半カ月分を送ることになってしまった。差し迫った時には一回分だけを送った。この緊張した気持ちは自分だけが知っていることであった。何故だろうか？「文化漫談」が開始されると、第一部分は文字類であった、事前に少し準備していたことで、比較的順調に運んだ。その後は美術であり、最後は音楽であり、分類ははっきりしていたが、毎回ごとにどんな内容があるのか、具体的な目次内容を列挙する。この文字類が終わった後、美術類の計画をすることになった時、私は呆然とし始めた、これはこの方面の実践経験が多くは無かったからであった。美術類が完成した後、もともと音楽類は上手く書けると思っていたが実際にはそんな具合にはいかなかず、実践経験は少なく無かったが、文章にするのが難しかった。とにかく書けば書くほど難しくなった。又文章が益々よく書けていると励ましてくれる人も有り、私はさらに真剣に考えなければならなくなった。私は絶対に読者に顔向けしてはならないと自分を戒めた。

さらに二つの原因が有った、一つは多忙であったことであり、とくに七八九の三カ月は祭祀式典準備作業の任務が非常に重く、文章を書く計画の時間が無かったことである。もう一点は毎篇の文章が必ず一千七百字上下でなければならず、多くなっても少なくなっても調整が難しくなる等々、このような事であった。一年「混」が過ぎ去って、今日はついに免除されとうとう文章を密閉する筆を執ることができた。

ずっと書いて来て、私は真剣に述べることができることは、私が他人の書を書き写していないこと、また専門学者の話を借用しなかったこと、自分が文芸の某一部門の内容に対して自分の理解、思索、合わせて自分が実践してきた経歴を、自分の体得を用いて文章にしている。この中、例を挙げることも、定義も、叙述もいずれであることを問わず、すべて「私は考える」と「私はこのようにした」としている。例えば私は〝文化〟に対して私の定義をした。長い人類の社会発展の過程の中で人類が活動し蓄積してきた精神と物質成果に於いて、それは社会段階の人の生存状態と内心世界を記述しており、その中の一部分はすでに永久不変である。別の一部分は永遠に演繹、変化、発展するものである。私は講義の中で常にこのようにしてきた、この中で一つの命題に対する叙述が正しくない問題に対してであったことである。今反省してみると、「正しい」の言葉は全面的ではないことがありうる。「正しくない」はさらに細かく考えてみるとまた幾つかの道理がある。例えて言えば私は散文を次のように定義している。散文の「散」は雨傘の「傘」の字に違いない。ここから展開して散文に対して叙述した。新聞を見て、親しい人に逢い、文化人に逢うと私はこの事について討論したからである。最終的に皆の結論は〝すこしおかしい、しかしまた道理が無きにしもあらずである〟が、「〝文化〟には不十分であり、気品があるとは言えない」。専業でない人はこのようでしかないのである。従がって、私は真心をこめて言う。この一切はすべて詳細に研究することができる。

〈文化漫談〉が掲載されて大体三十回の後、各方面の反響の声がたくさん寄せられだした。読者の思いやりと激励の為であり、是認する声が幾らか多かった。これは「談」がやはり話し合う値打ちがあることを説明している。

どうすればこの一点をやり遂げるのか？私が論じた文芸範囲の事は、どの専業かを問わず、ただ私が以前足を入れた領域だけであり、これにより創作した「作品」であり、私は始終「呻吟する病」をあくまで持ち続けている。生活の中に浸っている私達は、あなたが生活を悟り、生活を認識し、生活を理解し、生活を思考するべきである。たえずこのようにしなければならない。ただこの基礎の上で、実践すれば、あなたは初めて一つの満足できる作品ができることになる。そこで私は非常に多くの人が常に語っている一言に思い当たる。「芸術は生活を源とし、生活より高い」前半の語句は絶対に間違いがない、生活が無ければ芸術は無い。しかし後半の半句は、難解でしかない。生活より高いのは何か？やはり生活だろうか？　ヒマラヤ山は地球上で最高の山である、それではヒマラヤ山より高い山は何か？　それはヒマラヤ山の山頂の浮雲である。従がって、あなたが専業の文芸専門家であるか、それともアマチュアの文芸愛好者であるかを問わず、絶対にヒマラヤ山山頂の浮雲になってはならない。我々はただ生活に近づき、生活に悟りを感じ、生活の恩に感謝し、生活の真理を反映する、これが文芸人の本分である。くれぐれも取り越し苦労をしてはならない。これは他でもなく東施が永遠に西施になることができない原因である。

このように認識すれば、私達はある種の寝言を盲信する必要は無くなる。良い文芸作品は、ただ生活に集中し、生活を要約し、生活を見定めるだけである。生活は芸術の永遠の源泉である。専業とアマチュアの間にはっきりとした境界は無く、ただ生活に深く入りさえすれば、あなたはすでに芸術創作の基礎がある。この基礎から出発して、絶えず探索し、実践し、さらに探索し、さらに実践する。一つの愛好する心があれば、頑張って続ければ、きっと佳い結果を得ることができる。例を挙げて言うと、拙作の大合唱「東南の望楼」はその上浙江省二〇一二年の五の一（メイデイ）プロジェクト賞を受賞したのである。私は夢にも思わなかった賞を得ることができた。

窓の外の春雨はまだ止んでおらず、青春の親孝行の竹は雨の中でやはり深々と腰を曲げている。土地は春雨を必要とし、万物は春雨を必要としている。文芸が生活を必要とするのと同じようである。私達は深々と腰を曲げるべきであり、敬虔で誠実に生活に対して敬意を表す、生活万歳！

自分が原稿を審査する過程の中で、私は毎篇の文字数がみな長くないことに気づいた、原因は二つある。一つはコラムの紙面に字数の制限があること。二つには私がある一つの問題に対してただこの点の知識があり、講義をし終るとそれでよく、話に尾ひれをつける必要が無かった。それですぐこのように完稿となった。

本当に断筆することになった。私は心より〈衢州日報〉に感謝します。総編集長に感謝します、紙面割り付け編集者に感謝します、コラム刊頭の篆刻家、木刻家、及び私の原稿をコンピューターにインプットしてくれた友人に感謝します、さらには大変多くの読者の方々が一年中私と付き添って下さり、激励し、支援していだいたことに感謝します。皆様方は私が一つの綺麗な罠に潜り込む為に一緒にご苦労いただきました。

〝罠〟は綺麗で、しかし結局は〝罠〟であり、あなたはこの為に真剣な労働に奉仕していただきました。今私はやっとこの罠に潜り込んでしまいました。私は非常に疲れました。しかしこの疲れのおかげでやっと五十篇の文章があります。一言ことわざを引用すると、「疲れるが楽しみながらやってきた」と云うことになった。

もしまた一つの〝罠〟をかけたら、私は引っかかることができるのか?できます。ただその罠がもっと綺麗なものであれば、ただ罠をかける人がもっと狡猾であることが条件になる。

〈編者注〉二〇一四年やはり春である。時は一年隔たって、「文化漫談」が又帰って来た。一年前、孔祥楷先生は一年の時間を使って、本紙にコラムを開設し、広大な読者と彼が各種文芸形式の透徹した理解と悟りの会得を分かち合った。その堂々たる五十篇は、九万語に及ぶ著述であり、内容は奥深いが表現はごく解かり易く、重きを挙げて軽きが如く、噛み砕くことができ、品評することができ、再度復習することができる。

当時最後の一篇のコラムの文章「生活を畏敬」するの中で、孔先生は自称して「文化漫談」を書くことは一つの「綺麗な罠」に潜りこむことであったと言っている。彼はさらに言っている、「もし再び一つの罠を仕掛けたら、私は潜り込むことができるか？ できる。ただその罠がもっと綺麗で、罠をかけるさらに狡猾であることが条件である。」その一言は当時は談笑のようであったが、現在意外にも本当になった。それで、孔先生は旧題を拾い上げて，私達に「何を語るのか」？

これに対して、編者はただ次のように言うことができるだけであり、「漏らすこと」には差しさわりがある、どうか多くの読者が重大な注意を払っていただくようお願いする。

五〇、企業が管理する

中国共産党十一次三中全会の前に、我が国の社会経済生活の中でただ公有制の国営経済と農民の有限の集体経済だけがある。社会主義というのは、その時自称〝社会主義国家指導者〟のソ連共産党の規定では、世界各国の社会主義国家は、必ず三つの特徴がなければならない。一、公有制。二、計画経済。三、労働に応じて分配。従って、当年のソ連は商店は商品の販売はあるが、しかし商業部は無い。これは道理上話が通じない。三中全会の後、中国の大地では、ソ連共産党が規定する、社会主義の三つの特徴は変化し始めた、まず最初に〝中国の特色のある社会主義〟を提示した。この後には「計画的商品経済」が出現した。商品を承認し、続いてすぐ市場問題になり、ずっと「社会主義市場経済」になり、現在我々は往々にしてすぐ直接〝市場経済〟と言って。それに次いで〝多種経済要素〟となり、外資企業、合弁企業、また私営経済が出現した。個人企業が出現した後、個人を激励して誠実な労働により豊かになることを提示された。外資、合弁、或いは個人私営企業が出現し、続け様に一つの言葉「企業管理」が表われた。この類の性質の企業の管理モデルと国営企業の管理モデルは明らかに別物である。国営企業の管理者と被管理者の身分は同じであり―「企業の主人」であるが、その三種の企業の出現は、他でもなく主人と雇員の身分区別ができた。当時社会で一つの皆がよく知らない言葉が表われた「炒鱿魚―解雇する」国営企業では、どこの工場長も敢えて「炒」一人の従業員の「魷魚―烏賊」を退職させることは無いはずである。非公益の企業では、これはすでに新鮮なことではなかった。続いて現われたのは「跳槽―転職する」等々の現象である。この一切は皆企業が市場に進入し、企業収益を追求し、利潤の最大化をはかったことに起因する。そこで一つの当時皆があまり詳しくない名詞「企業管理」が出現した。

企業管理を解釈するには「管」と「理」の二つの事であり、管理する人はいるが整理する人はいない、これは当時幾つかの国営企業に普遍的に存在する現象であった。管理する人が居るならば整理もよい、管理する人が居なければ整理も駄目、これは少し良い国営企業であった。管理する人が居るか居ないかにかかわらず、どの人も主体的に彼がしなければならない仕事をやりとげるのは、これは私営企業であった。一つの企業が数千人、分業が明確であり、職責がはっきりしており、計画専業者が企業の正常操業を指揮できる。経済体制改革は実際上被管理者が主体的にあなたを管理することを解決している。残っていることは他ならず「管」の事である。如何なる企業も言っていることはあくまで投入と産出である。投入引く産出―以下であれば即ち損失である。投入引く産出―以上であれば利益である。一時期、社会上で各種企業の企業管理訓練クラスが始まり、非常に多くの大学が管理専業を管理系までを設立した。現代化管理は流行語になった。「管」と「理」の関係が正常化されて後、他ならず如何に「管」の問題を解決しなければならなかった。それでは、どのように「管」なのか？この中で、実際上二つの事であり、即ち企業管理と管理企業である。

先に企業管理を話しする。これが具体的な管理であり、専業の管理である。要約すればこの一つの性質管理の管理は三件である。一、コスト管理。二、生産管理。三、生活管理。企業活動の中で生じるいかなる事情も、みなこの三件の中にくりれることができる。幾つかの事はその中の二種類の管理に関係する、たとえて言うと安全管理である。生産管理中にもまた安全問題もある。食物のような安全は他ではなく生活管理中の事情である。さらに例えば設備管理は、すでに正常生産問題に及び、またコスト管理に及ぶ。もし各種設備が百パーセント正常運転を要求するなら、設備が故障の作業が存在しないなら、それはすぐ非常に多くの機械或いは非常に多くの部品を換えなければならない、大量の更新は生産コストに関係するので、そこで設備の重要性とその欠陥の重大さの程度を看てみることになる。従がって私は設備管理の中で提案する、設備の完全良品率が八十パーセントに達しておれば使ってもよい、幾つかの二次的部位の小さな欠陥は先に何とか間に合わせる。一九八九年、私はかってフィンランドで一社の鉱山浮選場を参観した。その工場では地面上の電動機の上部が一層の薄いほこりをかぶっており、これは我々の国内の生産工場では許されないことだった。私がこの問題を指摘すると、フィンランド側は却って反論した、この程度のわずかなほこりは生産稼働の生産に影響しないし、これは作業者の労働強度を軽減し、又作業者が幾つかの別の作業をすることができ、もし一人減らすことができると感じるならば、それは作業環境上一人の人を削減することができる。元々彼らはこのよう理解しているのだ。そして私達は設備を清潔にみがくことを、本来の姿と見ている。

前段でこのような管理は具体的で、専門的であるが、各職場の為に実際に適切で実行に移し得る管理方法を取り決める。ある企業の各専門分野の管理制度の規定は山ほど積みあげられるほどで、実際に用いられるのはただ少しだけであり、その上往々にして一つの専門部署でもまた実行することができない。たとえて言えば財務管理の中で当日の生産コスト算出するべきであるが、その要求が合理的であるとしても、しかし財務課はまったく対応できない。当時私は黄金鉱山の鉱山長をしていたが、私は選鉱場、販売課、財務課等の幾つかの部門と調整して、今日はどれだけの金を生産して、どれだけの金銭を使ったか、このような事に過ぎないが、大工業生産であるために、それぞれの仕事の段階が非常に複雑である。もし個人が豆腐を売るならば処理しやすい。どれだけの豆を買って、どれだけの燃料を使い、豆腐にするためにどれだけの補助材料を使ってでき上がり、豆腐を売ってどれだけの金額を回収するか、足し算と引き算をして、今日いくらの金額を儲けることができたか、ただ一人二人の事であるだけだが、今日一両（五〇グラム）の黄金を製造する為にいくらの資金を使ったか算出しようとすれば、その事情は他でもなく非常に複雑である。ここでは話さないが、もしあなたが興味を持ち私を訪ねてくれれば、私は詳しくあなたに説明してみる。企業の特性は千差万別であるが、法則はすなわちこの一つ―利益である。従がって、企業管理を具体的に言うならば、専業は、生産、コスト、生活の三件の事である。手品は誰でも使えるが、からくりはそれぞれ異なる。私はかつて一種私達自身が創造した価格コスト管理法を実行した。一つの生産作業部門で製品を完成すると、工区は鉱長に売り、鉱長は再び次の生産工程に売る、価格はコスト目標を通じて決定し、このように次の工程にずっと黄金を銀行に売る。銀行の価格は私は勘定に入れないと言った。鉱山の最終黄金生産の全てのコストは必ず銀行の価格より低くなければならず、低さが多くなればなるほど、鉱山の経済的効果は好くなる。それは計画経済の年代であり、銀行の黄金購入価格は毎少両当り四八元であった。毎年の利潤は四千万元ぐらいであり、私達鉱山の年間自己保有利潤は一千四百万元強であった。それは一九八八年の時代であった。今日に換算すると、鉱山の年間自己保有利潤はどれだけになるであろうか。一言で言えば、企業のそれぞれの段階で管理が精細に、厳格に、合理的に最大の利益を追求することである。

五一、企業を管理する

一九八六年一〇月、私は全く心積もりの無い情況下で、上部機関が私に鉱長を担当するように任命した。上部機関がどのように考慮したのか私は知らないが、しかし一人の非鉱山専門家の人間が鉱長になる難度は推して知るべしであった。良かったことは私は大学卒業後すぐ鉱山の仕事に配属され、現場で二十数年間仕事をしてきたこと、ふだん各専門工程の技術者と非常に親しくしており、幹部や作業者とも非常にうちとけて付き合っており、鉱山の生産中の事情の困難さはあまり大きくないはずであった。それでは、企業の第一責任者として、仕事の切込み口はどこにあるのか?

私は絶えず各方面の意見を聴きとっていた。みんなはいずれも誠意をこめて自分の見解と意見を話してくれた。日常の仕事以外に、どうすれば良い鉱長になり、鉱山の管理をしっかりできるか、私はたえずずっとこの問題を深く考えていた。このように三カ月が過ぎて、見る間に春節が近づいてきた。付近の農村定期市（農歴毎月七日が定期市の日）になる日に、鉱区大路口広場では非常ににぎやかになり、皆は正月に用いる食品、器具、装飾品等一切の商品が並べられていた。鉱山は燕山山脈の深い処に在り、市街区より百キロ離れていた。鉱山従業員の生活は非常に不便であった。ある時、私もまた機会があって彼らと定期市を見物に行った時に、突然二文字が閃いた。〝生活。〟

班のスタッフと相談して、生活に着手することにしっかり取り組むことにした。一箇所の都市から遠く離れた鉱山で、一千五百人余りの独身従業員と五百人強の共働き従業員であった。小さく深い山溝に三千人余りの人々が集中して暮らしており、生活は非常に不便であり、煮炊きするのは石炭であった。住むのは坑道の平屋で、食べる豚肉は販売社が毎日供給し、野菜はごく少なかった……日常生活は推して知るべしであった。家にお客が来ることになると、すぐトラックの運転手に頼んで外で幾つかの季節向きの野菜をついでに買ってきてもらうことになり、従がってその時にはトラックの運転手は非常に歓迎された。私は副食品を供給することでこの事を解決することに決めた。家毎に一枚の野菜カードを準備し、サービス会社が毎週時間通りに毎周二回四～六種の野菜名称を公布し、家毎に帰宅する前に野菜注文カードを「野菜注文箱」に投げ入れておくと、行政課が取りまとめて、二日目の朝早くトラックを出して仕入れをし、午後には家毎の野菜籠に分けて、退勤時に各自が持って帰り、毎週二回、野菜の価額を月末に統一して決済し、みな大変喜んだ。

食の問題が解決して、煮炊きする燃料はどうするのか？　当時各家はみな石炭を炊いており、非常に不便であった。冬には暖を取る必要があるが、オンドルを焚くのでまだやっていける。夏にはほとんど同郷人が売る松の木の枝を燃やすので、松の木の枝は品不足の物資であった。年を追って平屋を解体し二階建て以上の家に改造し、どの家もスチームを通した、しかしご飯を作るには石炭を用いるのはやはり大問題であった。そこで一箇所の人が住んでいない深い山間に一軒の貯蓄量三〇トンの天然ガスの缶置き場を修築することに決心した。その時代小都市でも、液化ガスを用いることはまた非常に少なく、このように鉱山に住む共働きの従業員のために燃料問題を解決した。合わせて農村に住む独身の従業員全員に一年四缶を、集中して郷の所在地に送り、さらに自分で家に帰る際に運ぶ。実際上農家の家庭では一缶の液化ガスは半年より少しすくない期間使うことができ、彼らはオンドルを焚き、豚肉を炊くのはみな大きな竈が必要であり、その上農村が燃やすものは多かったのである。多くの従業員は大いに面子が立ち、ガスコンロのスイッチを開けば炒め物やご飯を炊くことがみなできる。同じ村の中で外で勤務する人は非常に多かったが、私達の金鉱従業員だけはガス缶があり、肩身が広く、面子が立った。その年開灤（地名）石炭鉱の従業員でさえまたこの事柄は知らなかった。その時液化ガスの供給は指標（ノルマ）を根拠にしなければならず、私達には無かったが、あちこち縁故に頼って調達するしかなかった。一缶の液化ガスに価格はいくらか？　二元四角程度であった。何故か？それは当時北京市民の供給価格であった。私は当然指標の無い液化ガスの価格は必ず高くなることは分かっていた。ある人が尋ねた。「上級機関が知ったらどうするのですか？」私は答えて言った。「私達は貧乏な山の原始林で国家の為に黄金を掘り出しています。北京市民の価格を越えはしない少しの恵みを受けることですよ。本当に検査されてからもう一度言って下さい」その年一句の話が流行った。先に生産、後に生活。それは特殊な時期の一種高尚な精神であった、しかし大工業生産になると、生活はいつまでもこのように永遠に下に置いておくわけにはいかない。その上建設初期には私達もまたこのような苦難に満ちていた、私が鉱長に任命された時、私は第八番目の鉱長であった。このように類似した事が非常に多く実行されており、例えば井戸下の工場労働者の保健規準を引き上げ、井戸下労働者の在職療養制度が確立している。井戸下労働者の平日の正常出勤、退勤の集中宿泊、食事待遇は非常に高く、金銭を必要としないのは、毎期半月であった。野菜の事、液化ガスの事にかかわった仕事は多かった。省公司は発言した。この若者は生活を掴んで本当に猛烈すぎる。

私は胸の内で自分で区別していた、私は生活問題の基本を正常化する計画を立て、従業員は主要な生活困難が解決した後、私は生産目標をしっかり取り組むことにした。生産副鉱長が知恵を出した。その時毎日五十機台を（これは鉱山の専門語であり、説明しない）出しているが、毎一台当たり九人が必要であるが、一人半減らすことができないか?ということであった。私達はこの事を秘密裡に画策し始めた。その年まもなく元旦になる。事務室に非常に多くの高級飴、高級タバコを買ってもらい、すべての井戸下鉱区の指導者に参加してもらい一つの座談会を開いた。彼らはこの布陣を見たことがあるだろうか?「巧克力―チョコレート」三文字は聴いたことがあるが、まだ見たことも、食べたことも無かった。皆誰も非常に喜んでいた。会議がほとんど終わりになった時に、私は言った。「計画課が来年の生産計画を割り振ることを始めています。今皆さんと一緒に相談したいことがあります。生活上非常に多くの鉱山でやることができることはすでに多くやりました、現在は生産定額の上下の技量を必要としており、先に井戸下から開始します。各機台の定員を九人から七人半に減らすことはできませんか?」この発言はいっぺんにすぐ火鍋をひっくり返したようになった。ほとんど殴り会いになるようであった。しばらく言い争った後、年齢がやや高い区長が話をした。「みんなは騙されたのか?みんなは何時鉱長が素晴らしい飴やタバコやでみんなを招待したのを見たか。この山はやっていくこともできるし、やれなくとも何とかなる。自分が見るに、彼に任せようよ、これもまた鉱山にとって良い事だ。みなでしっかり手を握ろう、鉱長のために困難を分かち合おうよ」彼は同意した。彼は身を翻し残っている飴とタバコを服の中に入れた。区長達はこの情景を見て皆真似をして、自分の面前の卓上の飴とタバコを一掃し、叫びながら「鉱長にまかせよう。解散だ。」

労働定額は鉱業企業の最優先の大事である。その年代はまだ出来高払いは無く、ただ労働定額上には文章になっていた。各主要な生産工程から着手し、ずっと補助生産作業場まで全面的に労働定額を上げ、相当する一段の時間があり、各工区、作業現場は鉱長と話し合うことを恐れる、それはきっと定額を上げることであり、人力消耗を下げることである。然し定額を上げるには、必ず実行可能性がなければならない、私は全鉱従業員生産コスト低減大会上で一言話した。「いずれにしろ自動車は水道の水では運転できない、しかしガソリンを節約するかはできるのである。一人の老運転手が私にガソリン節約方法を紹介してくれた。曲がり道は少なく曲がる、前進はムラなく均等に走る、できるだけブレーキを少なく踏む。ガソリン節約では無いだろうか。集会の後、労働者達は議論して言った。「鉱長は本当に計算することができる！」生産コストを低減する為に、各方面の準備をしっかり行った、例えば機械化は省エネ設備を使用し優良品質の原材料等々を選んで用いる。当然、従業員の生活問題を解決することは最優先の大事である。私は土地革命年代の一言の話を想い起した。土豪をやっつけて田地を分ける。田地を分けるのは千万の農民の利益に係わり、土豪をやっつけることは人民政府の最重要な任務である。ただ革命事業と個人の利益は統一することから始めると、我々の事業はやっと前進することができる。これは大体また私が生活問題を解決することを見定め、さらに生産発展を促進する構想によって来るところであるのだ。

五二、仕事を終えたら

前編の文章で述べた〝企業管理〟は具体的で、専門的である。そして大工業企業が運行する中で必ず存在する〝管理企業〟の問題である。管理企業は一種の大構想であり、大画策であり、効果はもし戦争述語で説明するなら、企業管理は戦術であり、管理企業は当然戦略とすべきである。企業はかくの如きであり、事業機関もまたこのようである。生産部門はこのようであり、サービス部門もまたこのようである。非常に多くの人が集合する部門は、みな一つの管理問題が存在している。私は時の冶金部部長（大臣）が私に一言語ったことを記憶している。「孔さん、公共の金銭は自分のポケットに入れなかったら、どんな問題もみな大丈夫だ。」実際上彼は私が生活にしっかり取り組み企業発展の仕事の順序を促進することを認めたのであった。

鉱山作業は、削岩、採掘、地質鉱脈調査、発破をかけ破片排出する各工程は非常に厳しく、非常にくたびれる。八時に出勤し、一般に昼の十一時半に作業場所で保険食を食べる。食後急いで当日の任務を完成する。正常な作業は午後四時半に退勤する。しかし井戸の下の労働者は大急ぎで当日の任務を完了し、一般にみな午後二時半に退勤する、地上の作業者はすべて午後四時に退勤する。従がって毎日四時から五時まで、休憩広場は大変にぎやかで、多くの人はポーカーをしており、負けた人は顔の上に罰点紙を張られた。ある時私が通りかかると、従業員達が一緒になって叫んだ。「鉱長、来て一緒にやりましょうよ！」しかし私はする勇気がなかった、私はかれらを負かすことができなかった。さらに幾人かの労働者は円座になって一緒にじゃんけんをしていた。「両家好！」、「六六順！」と叫んで、負けると一小杯の白酒を飲まされ、ゲームに参加している人より見物人の方が多かった。にぎやかに見ながらがやがや沢山の人が笑いさざめいていた。0時班と四時班の労働者は早朝から大勢の人が非常に限られた小市場をぶらぶらしていた。市場はすべて附近の農民が自分で作った幾つかの野菜、果物、鶏卵、薪のような日用品を売りに来ており、数量も非情に少なかった。その時は証券と引き換えに一人当り一カ月一斤〈五〇〇グラム〉だけであり、従がって購買販売組合は毎日豚を殺さなければならなかった。河北農村では豚を殺す方法が珍しかった。先に大きな棍棒で豚の頭を猛烈に一撃すると、その豚は直ちに気を失って倒れる。すぐさま豚の右足に口を開け、空気ポンプを使って空気を入れ、生きている豚は丸くふくまされた後、屠殺用の刃物で血を出し、もう一度大鍋に入れて、毛をはぎ、胸を開く。従がって毎日早朝時ではあるが一つの景観であった。多くの日班〈午前八時～午後五時の勤務〉に勤務しない労働者はみな暇ですることが無く、購買販売組合へ行き豚殺しも非常に手軽な多くの人の一つの楽しみであった。一つの大きな朝の群れを成して道連れで「購買販売組合へ行って豚を殺すのを見に行こう」

じゃんけん、罰点紙張り、豚殺し見物。この大きな工鉱企業は、作業を三班〈スリーシフト〉を実行しており、正常には一班五百人、そのうえ千人近い人は休息時間に何をするのか。もし企業が関連している条件を提供しなかったら、彼らはただじゃんけん、罰点紙張り、豚殺ししかなかったら、彼らを咎めることができるのか。

私は党委員会宣伝部、鉱工会、鉱団委員会を呼び出して鉱山労働者の余暇生活を検討し、活動内容、活動方式、組織者と推進部門のことをはっきり手配することにした。団委員会組織と各種愛好者小組、撮影、美術、文学……、労動組合は影絵芝居組合、これは河北東の民衆が最も見るのが好きな地方芝居であった。非常に多くの労働者と農村の人がみな歌うことができる、レベルは別とした。宣伝部は毎日早朝ヨハンシュトラウスの一〇分間音楽会を行い、さらに各工区，各職場間のバスケットボール試合を組織し、毎週月、水、金曜に開催した。毎日夕ご飯の後、早々と小さな椅子を持って野外球場に来て場所取りをしていた。球技は推して知るべしであるが、観衆は選手のニックネームを叫んで、「下手くそ、かんばれ！」、「豚野郎、がんばれ！」 週末には影絵芝居があり、威風堂々銅鑼と太鼓であった。私自身も金属管楽団を組織することに責任を負い、基本団員はみな大学院を卒業したエンジニアリング技術者であり、彼らは学生時代に一定の基礎があった。半年ばかりの訓練を通じて、模範的な演奏をしだした。

自分の活動の他に、毎年また大都市の専門歌舞団に鉱山で公演してもらうことを要請した。この為に、私は以前女性ソプラの声楽家で〈私はあなたを愛す、中国〉を首唱している葉佩英の家を訪ねたことがある。彼女は私の真心を感じ取り、一つの山溝里の鉱山会が正式に歌舞団の来場公演を招請した。この為、彼女は北京民盟芸術家を組織して、北京歌舞団を主要俳優とする上演団が鉱山にやって来た。鉱山労働者はが自分の為に楽しむ外に、外には大きな文化舞台があるのを知った。誰も出て行って観たことは無く、呼んでくるのは良い方法であった。

視野を広げるために、映画クラブ放映者に、「一場の立体映画を放映できないか？」と尋ねた。彼はフイルムは借りることができるが、特別の眼鏡をかける必要があると言った。私は言った「それではすぐ借りてください」、労働者達に映画の中の汽車が頭上から通り過ぎるとどんな感覚か知らせてやりたかった。

これらの他に、まだ余暇の時間がある。私は技術本部長と相談して、技術的な雑誌を創刊し、〈金山コーナー〉と名づけた。なぜなら鉱区の最も高い山の峰の名前が〝金頂山〟であり、それ故にこの名前を用いた。最初の出版の時に、その年の冶金部長〈大臣〉戚元靖氏に題辞をいただいた。この期刊誌は内部の刊行物であるが，鉱内工程技術者、技術労働者技術職称の進級には、必ず当期間の論文を基準とする規定になっている。毎篇の専門的文章はすべて一人の高級技術者が審査する。鉱山合理化の提案、小改革の技術的文章は、またこの雑誌に掲載した。技術員、技師が毎年投稿する数量は国家正式技術刊行物原稿費基準により原稿費を出す。一時期、生産の各段階の技術問題を掘り下げて研究する人が多かったが、また幾つかの文章は改革課題に転換し、鉱山の技術革新の為に推進する効果があった。

ある時、教育を分担して教育を受け持つ副鉱長が、私達の鉱山の従業員は生産現場を離れ教育訓練計画をまだ完了しておらず、全国黄金教育会上で批判された。その教育訓練は生産現場から一定比率の人数が上級指定の学校に行き、教育訓練を受ける、教育訓練が必要な人は往々にして皆生産上非常に職場を離れにくい人で、教育訓練を必要としている人は学習する方法が無く、幾人かの補助作業職場の人で教育訓練を受ける必要のない人が間に合わせで送られる。このような教育訓練はどんな用があるのか？私は鉱長事務会上で一つの提案を行った。みながすべて賛成した。方法の規定は毎木曜日夜、全鉱はどんな活動も行わず、六時半から八時半まで全鉱はしばらく一切の活動を停止し、鉱区の有線テレビもまた止める、勤務しない人はみな学習する。覚えているのは当時二十七個の専業と五十八個の班が成立しており、何をして何を学習したか…。二十数個の専業、五十数個の班には、毎班一名の教授、両名の助教授を配置し、教材は自分で書き、毎年一回試験をし、不合格者は暫時ボーナスを止め、三カ月毎に一回追試をし、合格すればボーナスを回復した。その時、毎木曜日の夜は、路上に人はおらず、鉱山の指導者達は職場を検査することに責任を負った。このようにして真剣に行った効果があり、非常に多くの作業労働者が本職場の関連製造工程図面を画くことができるようになり、この種の進歩は本当に想像できなかった。多く従業員が文化芸術を必要としており、また科学技術の専門知識を必要としていた。全ては急ぐことはできないし、ゆっくりとした時間である。詩人杜甫が語っている〝しっとりと潤いある物は細やかで音がしない〟、水滴が石に穴を開けるほどの特殊な根気にたよるべきである。

ある時、鉱区の道端で二人の労働者が雑談をしていた。「朝のラジオ放送で何とかラウスという人の、あの歌はなかなか良かったよ。」ああ、元々彼はシュトラウスの音楽を聴くのが好きだったのだ、それはまた毎年ウイーンのゴールデン大広間の新年音楽会の曲目だ。彼らは〝あの何とかラウス〟は世界でトップクラスの音楽家なのだ!。然し知ることができた。

五三、大家長

燕山山脈の深い所にある一つの鉱山は、一軒の大家族のようだった。一代下の人はみな私を〝孔伯父さん〟と呼び、私より一代上の人は〝孔君、孔ちゃん〟と呼ぶ、叔母さんたちは私を〝坊や〟と呼ぶ。ある時、私は騒がしさにぶつかって定期市をぶらぶら見物しに行くと、宗家のお婆さんが私を呼んだ「孔ちゃん、あんた来てよ！」私は近寄って尋ねた「宗お婆さん、どうされたのですか？」彼女は丁度鶏卵を買おうとしていた。彼女は言った。「孔ちゃん、あんたがどちらが間違っているか決めてくださいよ。あの人（鶏卵を売る人を指す）は二元四毛だと言うのよ、私は彼女に二元四毛五十銭渡すと言ったら売らないと言うのよ。」もともと二人のお婆さんの勘定は反対になっているのである。私は急いで言った。「宗お婆さんゆっくりやり取りしてください。急がないで。」私は一周りしていた環から抜け出し歩いて帰った。二人の老婆はまだ値段を決めていなかった。私は事務室に帰って、宗お婆さんの子供に電話をかけた。「すぐに定期市場に行って看てください、君の母親が鶏卵を買うのに値段を決められないのですよ」

二千人余りの大鉱山では、皆の基本認識は、鉱区に住む各家各戸はよく知っていた、普通は家と家の間は互いにみな関係がよく付き合いがあった。現在は情況が変わって、我々の一部分の人は、当時の幹部若返り化、知識化の要求の下に指導者の地位に上がった。付き合いすることは本来人情の常であるが、しかし鉱山の一人の長ともなれば、この事はかなり複雑であった。春節が近づくと、贈り物をする人が多くなる。私が技術員であった時は、その頃平屋に住んでおり、誰かの家でおいしい包子蒸しを一皿送ってくれたのを味わってみるのは非常に良い人情であった。現在私の地位は変わって、贈り物をしてくる人が多くなった。非常に多くの人は良い人情であるが、ある幾人かは何かのことがまだ上手くいってない為に、年越しのささやかな気持ちを表し、鉱長に面倒を看てもらうためであった。どうするのか？　私は一種〝たらい回し〟の方法をとった。甲がある物を持ってくる、私は受け取り、乙がある物を持ってくると、私は甲の贈り物を乙に寄贈する、丙が送って来た贈り物を私は受けとり、乙の贈り物を丙に寄贈する。このように贈り物を回していき、ずっと回って最後の従業員からの贈り物は最初に贈り物を持って来た甲に送る。彼らが私に送った贈り物は、彼らの間で大きな一回りをして私の手の上には何もなかった。当然、数十分の贈り物の中でも、価値の高いものも有れば低いものもあり、例えば一小袋の栗も有れば、二斤（一キログラム）の栗とも会い、価格は千差万別であった。私の贈り物を受け取る方法が伝わり出した後、贈り物をした人は罠にかかったと大声で叫んだ。「鉱長は本当にずる賢い！」このようにして私に再び贈り物を送る人はいなくなった。この後、私は鉱長事務会で語った従業員達に直接的な利益に関連する職務に対して、各主管処のやらなければならないことは、すぐしっかり処理すること。鉱長事務室で討論したことは、事務室に渡し、政策により、やることができることはすぐやる、できぬことははっきりと解説し、無理やり従業員に贈り物をさせてはならない。

類似する良い人情関係は、私は幾つかの規則を定めた、原則は私達が指導職務を担任する前にすでに各部門間で双方向に連携が取れ順調に動いておれば、それを継続して保持していくことができる。指導者が職務に着任後はすぐに改善する必要はない。私の鉱山から百里（五万キロメートル）余り離れた鉱山があり、聞くところによると鉱山の人達は師走から正月の十五日まで食事に招かれ、毎日順番に公金で飲み食いする、それはやはりやりすぎである、度を越した贅沢である。私はさらに規定した、どの家でももし老人が死亡すると、必ず一番先に私に通知し、私は直ちに弔問し、老人の葬儀をきちんと手配する。どの家の子供が結婚することになっても、指導者達は集団でお祝いに行き、テーブルには座らずお祝いの飴を食べ、時にはまたお祝いの酒を飲むことができる。これらはすべて深山の鉱山の良い生活であり、吉事凶事の礼儀はこんがらがって分からない。

鉱山の中には自分が経営する小学校と中学校があり、企業が経営する学校は非常に困難であり、教育の品質は非常に保証し難い。しかし子供は小さく、自分で身の回りのことができない。従がって小学、中学は自分で解決するしか仕方がない。高校はどうするのか？　県市の公立学校の入学試験に参加しても合格率は低い、今日の社会は高校文化が基本的に必要である。そこでただ県長、県教育局と相談するしかなく、往ったり来たり何回も繰り返し、ともかく成功することができ、彼らは私達の鉱山子弟が高校で勉強することに責任を負い、ただ毎年幾らかの教育経費を県立高校に支払うことになった。当然しなければならないことであり、次の世代に良好な教育条件を勝ち取らなければならない。又託児所の昼間は大変熱く、クーラーが必要であり、幼稚園の遊戯設備も更新しなければならない…すべてが金銭の事であり、ただ鉱長を訪ねようということになる。

もともと、生活問題は食べる事だけではなかった。

ある時、コストコントロールの為に、私は会計、財務課長を呼んで言った「李君が事情があって休みを取って帰宅したいと言って来ています。」私はどんな事だと尋ねた。彼は私に報告してきた。財務課長が私の事務所に来て話した、この若者は化学試験室の女性を恋人にし、付き合いしているうちに慎重さに欠けて女性を妊娠させてしまいました。私は驚いた「ああどれぐらいなのだ?」「七カ月です。」河北の農村では特別な言い伝えがあった。「七カ月の子は生きることができるが、八カ月の子は生きることができない」。私は彼にこんな言い伝えがあるかと尋ねた。彼はこんな言い伝えがありますと言った。私は言った。「それでは結婚したとしよう」年齢が足りません。李君は二十歳で、女性は十八です。「計画生育委員会は同意しません。」その時、結婚制限年齢は男二十二、女は二十。私は少し考えて、説明した。「それではあなたは証明書を延ばす、李君は二十三歳、化学試験室に告げて女性の証明書を二十一歳とする。すぐ行ってやってくれ」この後、二枚の証明書を私の事務机の上に置いた。家族計画委員会の数人の事務員がやってきた、私は尋ねた。「鉱長は結婚を決裁する権利がありますか?」彼らは答えた「それは当然ありますよ」私は机の上の証明書を指さして、言った「私は批准しました」彼らは、一目見るなり大声で叫んだ「鉱長、この証明書は偽物です」「ぐずぐず言わないでください、私が作成したのです、まだ偽物であるのを知らないのかとおっしゃるのですか?あなた方が偽装しているのを知らないのはいいことですか?でたらめを伝えることは許されません、事が発生したら私が責任を取ります。」「その日の午後、二人は結婚した、後に大きな太っちょの赤ん坊が生まれた。私は心中中国は一人多くの子どもが生まれたのではなく、ただ二年だけ早く生まれただけのことだと思った。

鉱山労働組合主席が事務所の筋向いで、午前中非常に激しく言い争っており、さらに泣き声まで出していた。退勤の時に、私は主席に何があったのか尋ねた、彼が語ったのは一人の労働死亡事故家族が家を建てるのに助成金を要求したが、彼は経費を補助することが困難であるために労働死亡事故家族の要求を満足させる方法がなかった。私が鉱長に任じられて、二十年間ですでに二十四名の労働者が公用で犠牲になっていた。私は言った、「主席、それなら、私は事務所会で一度検討して、さらに労働組合に二万五千元を渡すので、どうか労働組合は原則的に組合員毎に一千元、その時の豚肉はまた一斤当り三元ぐらいであったが、労働死亡事故家族に実際の生活問題を解決するのに渡していただきたい」事務室がこの事を決定した時には、私は突然労働死亡事故の労働者の子供のことを思い出して、大きくなった子供に、毎月小学生は一五元、中学生二〇元、高校生三〇元を渡し、金鉱が他ならず彼らの父親として、子供達に学校に通う時の経済的にゆとりを持たせることにした。毎年夏休みには、さらに彼らが鉱山に数日来ておいしいものを食べ、あちこちで遊んで、かれらがよく勉強するように励ました。これらの事が終わった後、多くの労働者達は心を込めて言った。「私達は家族がこのように素晴らしい待遇をしていただくことを望まない、鉱山には多すぎるほどの人情があるんだ！」

私は結局反省してこれらの事を考えてみて、考えれば考える程、鉱山は大家族であり、鉱長は大家長であると思った。

五四、祖先の祭祀を行う

孔氏南宋家廟の修理復興工事が竣工した後、二〇〇〇年七月一日、家廟全体を対外に開放した。二〇〇一年。家廟が所在する街道の改造が完成した。二〇〇二年、衢州市党委員会書記と私は二〇〇三年孔夫子の祭祀を回復する一件を相談した。社会の各界からこの事に対して要望があった。私は市党書記に対して式典は二〇〇四年の孔夫子誕生日に設定することができないだろうかと提案した。「なぜか?」私は言った、二〇〇四年は孔夫子生誕二五五〇年であり、中国の民衆は比較的五十の年を重んじています。書記は許可した。

式典の準備作業グループは市委員の一名の副書記、政府の一名の副市長と私が構成した。最初に協議した時に、二名の指導者は曲阜に行って曲阜が毎年どのように祭祀を行っているか見てみたらどうかと提案した。私は言った、北宋の式典のＤＶＤができており、行って看る必要は無く、今我々は一つの組織を決めなければなりません。彼らは尋ねた。「誰が孔夫子を祭るのですか?」彼らは同時に言った。「当然、私達ですよ、これは言うまでもなことでしょう?」私は言った。「結構です、私達が祭ります、また現代の人が孔夫子を祭るのです」後で私はおもしろおかしく言った。「生きている人」が孔夫子を祭るのであって、私達が古代のような服装をして祭り事に参加する必要はありません。

先人に対して祭りは人類社会の重要な習俗であり、「論語」の中でも「終わりを慎み遠きを思えば民の徳厚きに帰す―」（論語・学而第一）老人や亡くなった人に真心から喪に服し、そして先祖の祭りを手厚くすれば、民の人情風俗は自然に厚くなるものである。

「終始一貫して祖先を祭るように努力すること」は、中国も外国もみなその通りである。イエスキリストの復活祭（イースター）は毎年春分満月の後の第一日曜日である。釈迦が在世当時の誕生日の花まつりは毎年五月一三日である。二〇〇二年国際連合は花まつりを国際記念日と定めた。中国では「浴仏節」と称して、時期は毎年農歴四月八日となっている。これらはすべて先哲を追想する記念日であり、キリスト教を信仰する国と仏教を信仰する国すべての盛大な集いである。これらの祭祀は、二千年余りのそれぞれの歴史時期と社会段階の中で存在しており、しだいに変動しているけれども、しかし一筋の変動しないものがある。それは外でもなく相応する時代の人が先哲を供養することであり、それ故に、〝現代人が孔夫子を記念する〟この原則が正しいのである。みなが聞き慣れているので詳しく説明することができるが「ただ思いつかないだけで、やり遂げることができなかっただけである。今は私達が思いつき、また道理があれば、それではどうすれば実行するのか?」話し合っている時に、二人の指導者は言った。「それでは君が案を立ててください！　問題があれば電話をして下さい。私達がやって来て解決しましょう」、この担当はすぐこのように私の肩の上にかかってきた。

この段階では、私は続けて非常に多くの座談会を開いた。学術界、教育界、メデイア界、人民大会代表、政治協商会議委員、民間代表等々、さらに絶えず普段付き合っている幾人かの友人達にも教えを請うた。先ず最初、皆さんに新中国成立以来私達が孔夫子の記念式典を回復するのにどうしたらよいか心おきなく話していただいた。第二の問題は現代人が孔夫子を記念することをやり通すと云うこの考え方が正しいか否か広く言論発表の道を開くために、この二つの問題はあらかじめ説明しないで、それぞれ別々に議題を出した。最初の問題に関しては、みなさんの意見は基本的に一致し、またテレビを用いてその中で孔夫子を祭る式典と形式を見ることにする。また黄帝を祭ることまで話した人もあり、また紹興は大禹を祭る式典を行ったという人もあった。甚だしきに至っては杭州では以前銭王祠で銭鏐を祭る昔の形式の式典を行った事を話した人もあった。私が私達は現代人が孔夫子を祭ることをやり抜くつもりであることを話すと、座談会の人は再び意見を出す人は少なかった。みなさんはこの原則は正しいと認めたけれども、しかし結局前例がなければ反対できると思い、ある座談会では人民政府が指導する孔夫子の式典に、「市委書記は参加するのか、参加するのであればどこに立つのか?」私は「当然参加するし、主催席の真ん中に立つ」と答えた。二〇〇九年には、祭祀の式典は人民政府が主催した。ある日私の電話が鳴って、私に尋ねた。「もし省政府の代表が女性でもいいのか?」これは政府の電話であり、引き延ばすことはできなかった。私は少し考えて、すぐ答えた「孔夫子は中華民族の男性と女性の孔夫子です。省政府を代表されるだけで男性も女性もどちらもご参加いただけます」この問題は突然問われたのだが、即刻回答せねばならず、更に正確に回答する必要があった。

彼らは私の反応が速かったと語ったが、実際はそれほどでもなく、私は毎日「現代人が孔子を祭る」ことを考えていたので、当然、男性も女性もみな現代人である。ただこの事はやや深く入った思索が有ったので、この種の問題の解答は、困難な事柄ではなかった。

私は二〇〇〇年五月上旬、家廟に来て責任者としての仕事をすることになった。当時大成殿孔夫子像の前には一つは位牌があり、その上には「大成至聖先師之神位」、制作は非常に粗末で、当時孔夫子像が塑性されている時で臨時に置かれていたものであった。私達は新たに一つの位牌を作っていた、最高のマホガニーで製作した。出来上がってから、表面にどう書こうか？　私はずっと考えていたが適切なものを思いつかなかった、そこで「文字の無い位牌」となっていた。私は結局やはり孔夫子の為に一人の中国教師の先祖の身分でなければならないと考えて、「神」の文字を使うべきではないと思った。外の人が位牌の上に何故文字がないのかと尋ねると私はただ出来上がったばかりですと答えるのみで、文字を彫刻する時間がなく二〇〇四年九月が近づいて来て、ともかく祭祀の式典までに回復することができない時には位牌の上にやはり文字がないことになる。私は位牌の上に「大成至聖（孔子の尊称）先師之位」の八つの文字を刻みあげることに決めた。その後、ある賢明な人が拝謁した時に位牌の上に「神」の文字がなかったことを見つけたが、皆はこれが正しいのだと認めた。なぜか？これは現代社会が孔夫子に対する一種の認識である、孔夫子は人間であり、先生であり、思想家であり、「神」ではないのである。

二〇〇四年の祭祀活動のすべての仕事は私の処に集中し、私は全面的に計画しなければならなかった。「現代人が孔夫子を祭る」ことはすべて新しい仕事であり、一連の煩雑なシステム　プロジェクトとなり、全ての活動はいささかも疎かにすることはできなかった。式典上ですべて文芸実演を帯びた形式はみな取り消した。しかしこの活動を失くすことはなかった。そこで孔夫子誕生日の一日前の夜に一つの大型記念夜会を行なうことを画策した。すべての夜会は九十分間とし、二つの内容とした。一つは現代劇〈大宗南渡〉、もう一つは大合唱〈東南の望楼〉とした。その年五月の後半に、昼間に現代劇を上演し、夜は大合唱を並べた。当時、私はやはり著名な演出家謝普を招聘し首席芸術顧問に担任してもらった。謝監督は夜会で一篇の講話を行った。彼は話を始めるに当たって語った。「明日は中国読書人の祖先生誕二千五百五十周年です……」すべての準備作業は少し乱れた時もあったが、しかし基本的には整然と秩序立って進行していた。私は本当に昼夜兼行で仕事をし、指導者たちは私が病気にならないか心配した。私は言った。「何でもないですよ、祖先が守ってくださるから！」

中国孔子基金会の三名の指導者がみな衢州にやって来られたが、私は挨拶に行く時間も無かった。祭祀が順調に終了してすぐ私は一名の副会長の朝ご飯に付き添い、合わせて彼を見送った。彼は一言語って、私を驚かせた。「孔さん、あなたは問題を引き起こしたね！」私はあわてて尋ねた。「どうしてですか？」彼はにこにこして言った。「あなた方のこのような方式で孔子を祭ったことは、かれら（別の地方の孔夫子を祭る）どうするのかな？」ああ！もともと私達が「現代人が孔夫子を記念する」一事であったことである。かれらがどうするのか、それは関わることのできないことである。

五五、祭ることは在《いま》すが如く

二〇〇四年初め、ある一大文芸活動プロジェクト会社が私を訪ねてくれ、一部の孔子生誕二五五五周年の計画提案書を渡してくれた、その表紙には大きくはっきりと「現代人が孔夫子を記念する」という文字が書かれていた。ああ、本当に速い。きっと私が召集した座談会に出席した誰かが意図を漏らしたのであろう。実際はその時私はまだ少しも事の真相を知らなかった。文化会社は意外にも計画本文を作っていた。私はおおざっぱに見てみたが、各種大型活動の一般的な計画にすぎず、「継承篇」、「奮闘篇」、「未来篇」、等々このような類のよく見るありふれた大型活動の文章であり、内容に至っては、私は見る必要はなく、きっと大型娯楽活動の幕開きの歌舞、某著名な歌手の独唱、第テレビ局の某有名な司会者の類の登場である。私は彼らの研鑽、活動能力、営業に徹する勤勉さと努力には頭がさがる。しかし私が予想した意途とは全く異なった構想である、私は非常に礼儀正しくプロジェクト会社の来訪者に断った。しかしこの事は本当に私が警鐘を鳴らすことであり、すでに進み出している一筋のことではあるが当面非常に多くの祭祀活動とは異なった道であり、それだけに祭祀活動の中のすべての事柄はみな一つの合理的な設計でなければならない。

〈論語・八佾〉で述べられている「神を祭るには神が目にいますように心を込めて祭られた。そしてよく言われた。私は自ら祭りに当たらねば、祭らないような気がする」これは二千数百年前の孔夫子の教えである。祭祀の式典は荘厳であり、また祭りに参加する人の真心をこめた態度である。現在大成殿の孔夫子像前の〝神〟の文字は〈論語〉この段の教戒は依然として深く物事や問題の本質に触れている。祭祀の時に先師が存在されている如くであり、それで私達は祭りに参加する人物であり、当然自分の真実の身分を以て祭りに参加する、そうしなければ〝祭りは祭らない如し〟となり、これは即ち〝現代人が孔夫子を祭祀する〟道理だけよって来ることである。

毎年九月二八日は孔夫子の生誕記念日である。長年に亘る祭祀の実践を経て、だんだんと私達の〝現代人が孔夫子を祭祀する〟という規則が形成されてきた。

祭祀の方式

五年に一年は社会各界の公祭となり、祭祀に参加する人員の範囲が大きくなり、できる限り各地の人員も参加することができ、周辺の各省は既にみな招請しており、残りの四年の中、二年は祭孔大典と文化記念日としている。さらに二年は学祭とし、各学校の校長、教師、学生が祭りに参加する。例えば二〇一三年の祭祀は、主題が〝現代職業教育の推進〟であり、全市各種の職業院校はすべて代表が参加した。孔夫子の六芸教育を強調し、現代職業教育を推進し、職業教育が国家建設にたいする重要性を強調し、非常に好い効果を収めた。五年の中で、この三種類の方式を用いて順番に交替し、祭祀活動を一種類の方式に限定せず、合わせてより多くの階層の代表が孔夫子祭祀の活動に参加し、更に伝統思想の拡張と普及に利することになり、私達の祭孔活動により一層の持続性を可能にすることができる。

基本儀式スケジュール

会議は少なくとも議事スケジュールがある。どうして先祖の祭祀のスケジュールは完全な古代方式に準じなければならないのか、しかし中国化を少し行うべきであり、そして現代人が受け入れることができ、私達は一歩一歩祭祀のスケジュールを整えた、区別すれば、礼啓、祭礼、頌礼、礼成の四つの部分である。項目毎にみな具体的な内容があり、最も創意工夫があるのは礼成の時に、祭りの参加者全員が〈大同頌〉を合唱することである。〈大同頌〉の歌詞は〈礼記〉の〈礼運〉篇から採り、全部で一〇七字あり、一種人類の理想社会の描写であり、最後の一句は〝外の戸は閉めず、これを大同と謂う〟。本来大同社会の基準はこのように簡単である。〝外の戸は閉めず〟である。現在世界のどの国ができているだろうか？　アメリカの家庭はまだ鉄砲を備ている。　この歌詞は非常に多くの人が歌え、例え、歌えなくても、式典が開始される前に、会場のスピーカーで絶えず放送し、歌詞に合わせてすぐほとんど習うことができる。

時代の印象特徴

これは現代人が孔夫子を記念するこの一原則に重点を置き考慮することを案出した事柄であり、〈祭文〉が開始されるより、私達はこの一点に注意した。〈蔡文〉は主祭者が参加者全体を代表して先聖に向けて。現代人が聖人に対する崇敬と私達の社会と生活を言い表す。文章の形式は完全に中華民族化し、基本的には文章が長く、字数は一致している韻律文であり、中間には意識的に個別に常用ではない文字を挿入する、例えて言うと〝釁〟の如きは、これは古代の学校の意味である。さらに私達は祭りに参加した人毎に胸に着ける名札は、その上にすべて〈論語〉の一章句を刺繍した、それぞれ異なったもので、私達が花籠を献花する時には、専門に製作し拡大した特大の民衆が日用する大竹籠を用いて、その中には黄金色の菊の花を一杯にした。祭祀に参加する人は一律に現代の正装を着て、サンダルを履いてはならず、裸足で靴を履いてはならず、女性達は長いスカートを着ることとした。さも無ければ一律に入場謝絶として、それを以て、祭祀の厳かでしめやかであることを現わした。

決まりきった手段や格式に陥らない

これもまた私達の新しいものを作り出すことであった。献礼をする時の如くは、二列で相対する献礼の代表が、五穀の粟、豆、麻、麦、稲等の古代、合わせて今日まで人々の食用の農産品及び筆、紙、硯、墨の文房四宝を献上する。どの成人も一人の児童を携え二列の隊伍が音楽の音の中を大成殿に向かってゆっくり進み、多種多様にまじめで荘重な中で各階層代表により「論語」の章句が朗読され、労働者、農民、教師、学生、住民、更には外国の朋友もいた。外国の朋友はかなりぎこちない中国語（実際は勉強し始めたところで、しかも原稿の上に外国語の音声を記入している）で朗読していた。この種の〈論語〉に合わせた朗読は、中華民族の伝統思想の継承と発揚である。ただこういった具体的な段階で心を込めた計画があって初めて、〝現代人が孔夫子を祭る〟要求を展示することができたのである。

音楽設計

祭祀の音楽は一種すでにある旋律の音楽を離れることは非常に難しいことである。その一段の時間、私はできるだけ　それらの古く緩慢なリズムの音楽にぶつからないようにして、私は旋律の基調を希望に満ちた、公開的な主調に定めた。〈大同頌〉の旋律の基礎が有り、従がって祭祀音楽を書くことは相対的に少し容易であり、すべての祭祀は四曲の過程があり、区別すれば主祭者、祭祀に随伴する人の着席、五穀を献上すること、花籠を献上することの四首の曲である。主祭者が酒を献上する際にやはり一首必要であるが、しかし非常に書き難く、雷同してしまう。祭祀の音楽もまた、私達現代人が大式典を記念する一大特色である。現場で聴き、普通の時に聴くのは、素晴らしい事であり今日の時代感のある音楽である。

記念品をしまっておくこと

すべての設計された記念品は、私達が非常に気を付ける。記念品の意義は原則的に言うならば、祭祀に参加する人はみな毎年違うが、一部の作業員を除き、礼生、ニュース作業者の如く、なぜなら彼らは毎年活動の為に奉仕するからである。大部分の祭りに参加する人は初めてであり、従がって記念品の価値は私達が非常に気を付ける、上着に着ける祭典参加者の名札は、最初は大型の別針を使ったが、後に磁石の名札に改められ、最終的には磁石札に〝XXX周年孔子生誕記念〟の字型、これはしまっておく値打ちがある。私達の祭祀参加の招待状は一人一人毛筆で書く、これもまた心ある人のためにしまっておくことである。

何事もそれぞれの段階で、細部には頭をより多く使うことである。これはすなわち「現代人が孔夫子を記念する」この原則の実現が顕著である、政府が以前私達に指示した、すべての活動は情熱、厳粛、安全、節約の原則を貫徹するよう要求して、私達は基本的にやり遂げた。すべての貴賓の胸飾りは廟の中の銀杏の葉と柏の枝を使って作ったが、ただ十二元を節約しただけであった。

又すぐ九月二八日になる、どうぞ大成殿の礼啓の荘厳な鐘の音を聴いて下さい。

五六、廟堂を出る（一）

二〇一〇年一度中央指導者が家廟に来られて、私は大成殿で彼に私達が毎年孔夫子の誕生の式典を行っている事を紹介した。彼は私達に現代人が孔夫子を記念することを貫徹していることに対し賛同を表し、語った。「中華民族の偉人を記念することは現代のやり方でなければならず、時代と共に進むのだ。」その日安全を考慮して、周囲の遊覧客は非常に少なく、私達二人は大成殿前の通路上で記念撮影した後、彼は突然私に尋ねた。「君達は毎年の祭祀式典の外には、まだどんなことをしているのかね?」簡単な問題のようであるが、しかしこれからこの大指導者が考えている事情の深さを見なければならない。この問題は答えやすいがまた答えるのが難しく、大切なポイントは日常私達はどんなことをしているのかを指導者は非常に穏やかであり、私達二人は歩きながら雑談をして、私は主要な事を選んで、できるだけ簡単に紹介した。見たところ、彼は満足したようで、最後に一言話した。「こんな風に上手くやれるのなら、廟堂を出て、青少年が集まる場所に行き、伝統思想文化を普及する仕事を増やせば、国家、民族にとってはよい事である」私達はどんなことをしたらよいのか?

最初に始めたのは放送局に委託して、小学生と中学生の〈論語〉物語と中学生の〈論語〉講演であった。何故先に小学校、中学校から始めたのか、これは小学、中学が活動を始めるのに相対的に少し容易であったためである。

物語を語る

教師は〈論語〉の某一章、例えば〝自分がして欲しくないことを人にしてはならない〟の如きを学生にはっきりと説明する為に、子供達が自分がこの段の〈論語〉内容に基づき自分の考えを話をすること、合わせて自分の生活の中から、関連する例を挙げること、更には教師或いは家庭の保護者より自分の認識を、一つの物語に編集する。この一つの活動は，団市委員が各建（市、区）は団を組織し、各小学の応募参加を働き掛ける。最初のコンテスト、第二次コンテストを経て最終的には市の最終コンテストになる前にすでに非常ににぎやかになっていた。一人の子供がコンテストに参加するのに少なくとも五六名の成人がついてきて、母方の祖父母、父方の祖母、父親、母親さらには親戚まで、子供はお祝いの服を着て、コンテスト会場は祝日を祝うような雰囲気になった。学校によってはさらに専門に物語を語る子供の為に簡単なセットを製作した。一段の「論語」の物語はこんなに多くの人を呼び覚まし、絶えず解釈し、理解し、表現し、これは一種の伝統思想の広範囲の普及ではないだろうか。物語を語る子供に至ってはきっとその中からさらに深い教育になっており、一生深く心に刻むことができる結果になり、一生に影響する。このような活動を展開することは、更に多くの学生に参加させれば、それが影響を及ぼす幅と範囲は一回の有名な学者の報告会に劣らない。これは伝統思想を学習する小さな子供からしっかりとつかんでいると言える。

演説コンテスト

中学生は演説コンテストを普及させる。小学生が物語コンテストで話すのは教師と父母の参与度が大きく、結局子供の年齢が小さいので、非常に多くの段階は父母が必要であるし、教師が作戦を立てる。中学生の演説はコンテストの難度が他でもなく大きくなる。先に二〇章の〈論語〉の章節と句読を公表しコンテストに参加する学生が教師の指導の下に準備し、章句の解釈の如きは、章句に対しての理解に基づきどのように構成するか等である、公表された〈論語〉の章句は非常に難しいということはないが、しかし一人の中学生に対して言うならば、知識の範囲、生活の経歴を問わずすべて相当困難である。記憶しているのは初年度に公表した二三条の章句〝勇者は懼れず〟、〝先んじてその言を行い然る後にこれに従がう〟〝君子は自分の言葉が行いより以上になることを恥じる〟、〝過てば改めるのに誰に遠慮がいろうか〟等々である。当然、教師は学生を指導する時にできるだけ学生が章毎に認識するように努力するが、しかし学生が二十数篇の演説原稿を完成させることを要求することはできない。コンテストになると、私達の競争方法は本当に　少し冷酷ともいえるものである。すべてのコンテスト参加者が一箇所に集中する。どの選手も抽選により各人の演説タイトルを決定し、すぐ会場現場で演説原稿を書く、二時間で完成し、原稿に従がってさらにもう一部書き、本文を評定グループに渡して、控えを持ちかえり演説の準備をし、コンテストの時には暗誦する。なぜこのようにするのか。これは学生自身が〈論語〉の章句の理解を具体的に表し、合わせて中学生の生活演説は自分の体験を演説することが、家長や教師が学生の思考に対する干渉を切り離すことになる。このようにすれば効果はよく、これは同様に中華民族伝統的思想の普及にもなる。毎回決勝戦の時に、一人一人の少年が彼ら自身の〈論語〉の章句の理解を用いて正正堂々と話し、その情景は会場の人達すべてを感動させた。当然時にはまた予想外のことも起こった、ある年一人の江山からきた女性中学生が、演説している時言葉が途切れて、演説の内容を忘れてしまい、泣き出してしまった。コンテストの後、私は特に彼女を探して慰め、彼女と写真を撮り、土産を贈ると、彼女は涙を拭いて笑った。これも一種の教育ではなかろうか。

弁論大会

高校生の〈論語〉学習は、私達は弁論方式を採用して、どの学校も大会参加チームを結成し、各チーム四名の弁論家により結成した。一般的には高校二年生で結成した。弁論テーマはデータベースから抽出し、大体二か月余りの準備時間があったが、しかし弁論の順番は大会の二日前に抽選で決定した。どの学校の弁論チームもすぐ一組の応援団を組織し、弁論のテーマ設計に基づき攻防内容の模擬試合を拡げた。指導教師は、初めの数年は規定されなかったが、一般的には国語教師、歴史教師、或いは政治教師が担当したが、後に私は各専業教師が順番に担当することを提案した。始めた時は異なった見方があり、私は準備会の席上で提示した。「学生の思想道徳教育はすべての教師の責任ではないのですか？すべての専業教師がみな学生の思想道徳教育に関心を持たなければならないのではないですか？」最終的に全員が賛成した。指導教師は一人の化学教師から始まり、ある一年は数学教師になった。そこで私は大きなことを放言した「急がないでください、きっとある年は体育教師になりますよ。」そこで、教師達は面白おかしく〝難儀委員会の主任〟にした。これもまた正しい、ただ学園文化の難儀が正しく、難儀がよければ。難儀は積極的な成果を挙げる、この〝主任〟になることをやってみたらどうか。

子供達の才能は本当に計り知れないものであり、弁論の現場では激しく論争し、舌鋒鋭く、機知に富んだ言葉を次々と飛ばし、炎が飛び散るようであった。このような生気に満ち活力にあふれた場面は、あなたが自らその場に臨んで、初めて深く感銘を受けるであろう。一次の決勝弁論が終わり、評価委員達は現場で得点を計算している時、中間で約十分間の間隔があった、私から決勝戦の現場で総括論評をすることになり、両チームの選手はみな自分の位置に居た。私は突然言った。「今私は臨時に一つの弁論のテーマを出します、私の左側は正方、右側は反方です。出題後、準備時間はありません。直接討論して下さい。どうか注意して問題を聴いてください」正方は先に卵があり、反方は先に鶏があった、「開始!」子供達は早速舌鋒するどく討論した。会場はたちまち騒がしくなった。まさか私達はこの古い弁証法的問題を本当にはっきりさせることができるのか?さにあらずであり、、子供達が参画してしていることを重視して、コンテストの全過程を楽しみ、とても長い人生の中でこの一連の素晴らしい経験を楽しんだ。丁度良い時に弁論を終えて私は続けて話した。「学生は真っすぐ流れていく河であります。学校、小学、中学、高校、大学はみな埠頭であります。河の流れが埠頭を過ぎる特、埠頭は河の水に一つの清潔な環境を与え、水質を純潔にし、少しの汚染も出してはなりません。」

このような活動方式を用いて、伝統思想を学習し、学校は受け入れることができ、学生も受け入れることができ、家長もまた受け入れることできる。子供達はこの健康な学園の文化環境の中で、たくましく健やかに成長する。

五七、廟堂を出る（二）

高中小学生三種類の形式の〈論語〉学習コンテストは成果を得て、我々は学園に行って伝統思想を伝える自信をしっかり固めた。そこは青少年が集中する場所である。今日文化生活は多元化しており、学生達に対する誘惑は多種多様であり、インターネットカフェ、システムネットワーク、スマホ等があり、多くの学生がネット病にかかっている。一日中夜通しネットカフェに迷い込んでいる、知能は彼の頭の中に在るのかそれとも携帯電話の中にあるのか分からない。ネットカフェの前に広告がある。「未成年は入場禁止」「効き目があるだろうか？」これらはファーストフード文化のケンターキーチキンに続いて、マグドナルドは一緒に青少年生活に跳びこんで来たが、私達の子供の身心健康健康に絶対に役立たない。

もし適切な良師がいなければ、ただ報告会のみで、この類の〝ファッション〟の誘惑を防ぐ方法はない。そこで私は高中学生の〈論語〉学習コンテストがある程度の成果を挙げた基礎に立って、市の教育部に協力して幾つかの学園文化活動をさらに広げた。〈論語〉学習コンテストは毎年挙行されている。学園劇コンテストと高中学生合唱記念日の計画を始めている。この二つの活動は隔年一回挙行され、家廟管理委員会と市教育局が主催し、各学校が順番に引受ける。

学園劇

学園劇は一種の〝ミニ現代劇〟であり、一幕劇であり、実演時間は十五分である。学園生活の中でよく見かける幾つかの消極的な行動に基づき、中華民族の伝統思想を対比して、短い劇の形式を用いて、自己教育をするのが目的である。たとえば学校内で互いに張り会う気風があり、ある学生は学習よりも身なりのブランドで張り合い、同級生の間で信頼されず、好い事をしても理解を得られないで、甚だしい場合は誤解を生んでしまい、恩師と家長等々の恩を感じていない。これらの現象に焦点を合わせて、教師より創作グループを組織し、学生が主として俳優になった。初年度より非常に素晴らしい成果を得ることができた。

ある学校では脚本の構想もまた学生が参加した。脚本の創作もまた教師の文芸能力も向上過程にあった。短い劇は非常に書き難い一種の文芸作品である。一つの良い脚本は主題より引き伸ばされる矛盾の衝突を欠くことはできず、人物形成、矛盾解決がなくてはならない。この中、幾つかの脚本を書く技術を運用しなければならないし、演出過程の中の化粧、服装等も気をつけねばならない。これは教師が学生に対してすべてが一種益を受ける芸術鍛錬である。

このような活動が転換して以来一年毎に進歩した。一般的に言うと、どの学校の脚本創作グループも相対的に固定していた。脚本は演出の基礎条件であり、演出の内容はみな学園生活であった。たとえばある学校の短い劇は見栄をはっており、某学生は二足の〝ナイキ〟マークの靴を買いたいが、父親はタクシーを運転しているので、家庭条件は決して豊かではなく、そこで矛盾が生じた。同じグループで女学生は非常に節約をこころがけており、農業に従事する母親は街に行ってキュウリを売ってから学校に来て、二本のキュウリを彼女に残したことを、彼女は母親に不満を持った、なぜ少しでも多く売ってお金を稼がないのか？　さらには一つの脚本は、一人の同級生が毎日食堂から多くのまんじゅうやマントーを買っており、別の同級生は彼女を誤解して、彼女が持ち出して売っていると思った、実際は彼女は一人の障害者に食事を送っていた。このような誤解は当然人情の劇であり、皆全員に対して非常に良い教育である。各学校がただコンテストの為だけではなく活動をひろげるよう激励し、学園の中で学生たちが余暇の時間を利用して学生自身が学園劇を自ら創作し、自ら指導し、自ら演技するのである。当然、教師は強い関心を寄せ、指導するべきである。これが学園の文化建設に大いに益するこになる。

合唱記念日

弁論大会もよいし、学園劇をよいが、参加人数がやはり制限されるので、私達は、中学生の合唱記念日を思いついた。合唱記念日の主題は「祖国を愛し、故郷を愛し、学園を愛す」ということにした。要求もまた非常に過酷であり、自分の作詞、作曲、指揮、伴奏、演唱、〝五つの自己〟である。相談をしている時、幾つかの学校はみな難しいと言った。その通り、難しい。私は尋ねた。「このようにすれば学生、教師、学園に対してよいことはないだろうか？」皆はすべて「当然よいところはある」と言った。私は言った。「難しくないというのはどんな意味ですかね？やりましょうよ！」本当に強情な変更不能な推進であった。

その年の中学生合唱記念日は、私が歌詞から厳しく検査した。というのは歌詞が学園化、学生化してはならないし、全ての合唱は絶対に倍の労力をかけて半分の成果しか上がらないことになってはいけない。続いてさらに曲の審査であり、各校の作曲は、すべて音楽教師が真剣勝負であった。彼らの胸中は自信が無かった。合唱記念日を成功させる為に、私が一件一件検査するしかなく、意見も出した。指揮、伴奏はあまり大きな問題は無かった。第一年度の合唱記念日の評価審査グループは私が招請し、すべて音楽家で、その中の一人は省音楽協会の首席であった。コンテストが終了後、彼は私に話した。「合唱評価委員会には、私は数百回出席したが、しかし学生合唱記年日に自己作詞、自己作曲、自己指揮はいままで見たことが無かった。君達のやり方は奇想天外であった！」

何が奇想天外であったのか？　珍しかったのは学園文化の健康な発展の為であり、私達は全力を尽くした。思いがけなく珍しいことは有益であり、新しい事をやり遂げたということであり、子供達の明日の為である。

高校生合唱

学園劇

五八、文化の使者

二〇〇七年一一月、省長が客人に付き添って家廟に来られた。拝謁した後、大中堂でお茶を飲んでいる時に、省長が言った。「君の茶の葉は非常に良いな。」私は笑いながら答えた。「何が良いのですか？ 最も多いので、一斤（五〇〇グラム）ですよ」「それでこんなに美味しいのかな」「省長、私達の衢州の水道水が好いのです、杭州よりも随分おいしいのですよ。私達の水道水は、農夫山泉のようです。」この理由は正しい。皆が話をして、おおかたは気楽な話題であった。省長はまた私達の茶菓子を喜んで食べた。この茶菓子は、衢州の人が「お茶請け」と呼び、一つの食品店が私達の為に専門に加工したもので、一斤当り八元のゴマを加え、ひじょうにきめ細かく作り、その上毎回新しい油を使って揚げている。私はこの菓子に特別聴き心地の好い名前をつけて、〝虫草菓子〟と呼んだ、その形状が冬虫夏草のようであったからである。このように民衆が日常のんびり暇つぶしで口にする食品であり、大指導者が食べることのないもので、食べて大変楽しんだ。客人達の話題は非常に広範囲に及び、優秀な伝統思想の発揚を話し、学園の中で中華民族の伝統精神を語り合い、私達の祭祀を話した。突然、省長が発言した「孔君、私は君達に考えを出したい。」彼は茶を飲みながら、語った。「毎年世界各国十数校孔子学院院長が君達の記念式典に参加しているが、君達の知名度は間もなく国際的になるだろうか？」

省長がこのように語ると、私は思索した、一校二名、十校であれば二十名。一人当たりの客の費用は五万、二十人は即ち百万。この金は誰が私にくれるのか？　それ故にその時私はやれるとも敢えて言わなかったし、またやれないとも敢えて言わなかったが、胸の中では高鳴っており、顔には難色が現われた。ちょうどためらっていたその時、多分省長は私の困難に気づいて、かれは続けて言った、「これは意義のあることである。この件の費用は省財政庁が君達にきちんと渡す。」ああ！私は本当に四文字で応えた。「望外の喜びです」

各方面に伺いを立て連絡し、ついに二〇〇八年第一次の外国孔子学院の指導者を招聘した。五年来、全部で三十数か国、一二九名の客人が来訪し、予想以上の効果を上げた。年一年と接待は、私達が外国の賓客を接待するプロセスを形成した。

大典に参加すること

祖先を記念、祭祀することは中華伝統文化の特殊活動である。外国の友人達もすべて神聖な好奇心を抱いてやって来て、絶えず通訳に聞いている。どのように衣装をきているのか?。どんな礼儀作法があるのか?。私達の先哲に対しての祭祀は必ずヨーロッパ、ラテンアメリカの各民族とは異なっている。従がって、大典の一日前に、客人たちは現場に行って中国人の儀礼を熟知し、及びいかに献花籠を献上するのか等の儀式の順序を理解してもらった。国際的な友人の参与度を増加するために、私達はさらに客人の代表が祭祀の典礼上中国語の〈論語〉章句を朗読するように配慮した。彼らは朗読用の原稿の上に彼らの母国語を用い、中国語のピンイン注の音表を用いて、反復練習する。ある年、韓国忠南大学校長の宋容浩氏は大声で朗読され、韓国語の音声を使い、ぎこちない中国語で、誠実な心情を帯びて朗読され、効果は非常に良かった。

毎年祭典が終わると、皆が花園の大中堂の座談会で、主に古い中国の儒家学説を語り、今日私達が実践している伝統思想の普及作業、仔細に客人達の孔子学院の教授する問題に回答する。この為に、私達と非常に多くの外国の友人との友好関係が深まり、合わせて市の関係部門の連絡が頻繁になり友好関係が良くなり、専業の学習プラットホームが広がっている。

學校参観

毎年来訪する外国からの友人はいつも二十数人になる。私達は客人を三～四グループに分け、彼らを中学校と小学校の参観に連れていく。学生と対面し交流し、参観する学校にはそれぞれ特色がある。ある学校の学生はクロッキー、デッサンに特長があり、学生達は外国の友人を座らせ彼らに画像を送った。ある学校の学生は書道であり、国画が特長であった。現場で書いた字と作画を送った。ある時、ウクライナの一人の女院長は字を書いた小学生を抱き上げて直接接吻し、中国の小学生は聡明であると称賛した。ある学校の体操場活動は比較的よく、学生達はすぐ外国の友人と体操の試合をした。外国は多分羽蹴り遊びをすることは非常に少ないので、中国学生の羽蹴りを見た外国人は非常に興味を持っていた。利口な学生が鶏の毛の羽を客人に送った。これは今日活発な中国学生の学園生活である。外国の友人は帰国後中国の学園文化を紹介してくれるはずである。

民俗文化の紹介

外国の友人に対して私達の民間の風俗や気風を紹介することは非常に大切なことである。中華文明は広く深いものであり、地域、民族の影響も非常に深い。私達は毎年客人を受けると邵永豊麻餅工場に案内し麻餅（ゴマをまぶして焼いた菓子）の製造工程を参観した。さらに邵永豊の時代がかっている趣のある工場、麻餅を焼いている職人が竹ザルの中で九〇個の麻餅をひっくり返すすぐれている技能を見た。みんなは香ばしくて甘い麻餅を味わい、すがすがしい香りがし心が伸び伸びする緑茶を味わった、その味わいは、きっとコーヒー、ケーキよりずっと良かった。私はこのように認識したが、しかし各国の人の味合いは同じではない。

さらに一つ欠けてはならない項目がある。客人達を地方の芝居である婺劇（ぶげき）に招待した。天妃宮老戯台で上演され、中国人の伝統形式を用いて観劇した。演目はみな全体の一部分のみで、節回しもできるだけ少なくして、立ち回りの武劇を少し多くし、当然さらに変臉の類の技巧劇もあり、見ている外国の友人は目を丸くし口をぽかんと開けてあっけに取られていた。後に、スペインの友人は私達の劇団をバルセロナに招待するので上演してほしいと言って来た。

中外文化交流は国と国が理解する重要な手段である。私達と外国の友人は相談して、三篇の短文を書くようにした。第一篇は、初めて見る衢州。第二篇は再び知る衢州。第三篇は帰国後書いてくる「衢州訪問の印象」であった。

以上の活動を通じて、私達は家に居て〝文化使者〟の役割を担当した。一度杭州に会議に行って、省長に会った。彼は私に尋ねた。「孔君、あれはどうのようになってるかね?」私は彼が指しているのは孔子学院の指導者が衢州に来訪してきた一事であることが解かっていた。　私は答えて言った。「省長、私達の予想をこえています。」

五九、至善に止まる

作者より一言。この篇の文章は〈音を作る人〉の後に掲載されるところであったが、どんな原因であったか分からないが登載されなかったので、ここに再登載することにする。私達の金管楽器小楽団は設立後、まもなく八周年を迎えるが今もまだ継続している。信じられませんか？　朝八時、あなたが孔府花園で聴いてみてください。今朝もやはり練習しています。

私達の金管楽器小楽団は設立七周年のその日、一場の報告公演を挙行した。この公演の為に私達は一カ月準備した。七周年の報告音楽会が確定して、楽団の演奏家達の独奏或いは重奏は主要な演奏方式になる。上演曲目を豊富にする為に、私達はその上二名の声楽家を招聘した。二人とも国家一級の声楽家であり、小楽団が声楽家の為に伴奏する。さらに私達の女性小グループにも歌ってもらう―彼女達は「月光グループ」と自称している。

毎年の報告公演はすべて孔府花園で行われ、すべてみな自分達で準備した。最初の一日、私達は自分達で舞台を据え付け、照明、音響を取り付けた。報告公演の当日は初めから暑さが厳しく、全ての人は作業者であるか、又は報告会出演の楽団員であり、背中が濡れるほど汗をかいた。午後四時から始まって、各部署が寄贈してくれる花籠が次々と到着し、あれだけ大きな野外舞台がいろいろな花籠で一杯になった。夕食が終わってから、賓客が来た。みんなが一つの心情であり、七年来このチームの若者が現在どのように進歩しているのか？

七年と言えば、実際は毎日一時間として、合計二千時間であり、風雨も休まず厳しい練習をしてきた。小グループのほんの少しも音楽の基礎が無い若者達が、さらに良くなったらどこまで良くなることができるのだろうか？

天も不測の風雲があった。元々夜八時に開場が、七時半になって突然黒い雲の上空に一筋の稲妻が走り、続けざまにゴロゴロ鳴る雷が遠い処から伝わってきて、点々と雨水が落ち始めてきた。三百強の賓客が庭園に満員に座っており、二十を下らない大花籠。助けに来てもらった声楽家…まさかこのような大規模の公演が雨の為に延期するのか？天よ！この冗談は大げさすぎる！雨はだんだん大きくなり、ますます激しくなり、私は雨の中に立って、心の底からさけんだ。天よ！　私の短い一刻を借りて、私達にこの忘れ難い七周年の報告公演をやり遂げさせてください！お願いします！本当に効き目があった。八時になる前に、雨は止み、満場の照明が輝いて、蒸し熱い空気が、激しい大雨により、格別に涼しくなった。ああ、天が爽やかさを送ってくれたのだ。

一本のトローンボーンが高いスタンドでゆったりと〈孔園の夜景色〉を奏でた。ラソ―ソ――ララ――ラレドミソシミー―ラソレー―ラレドミソララー―楽曲は落ち着いて爽やかであり、私達が毎回の夜会を正式に開始する時に自分で作曲した「迎賓曲」である。全部で十人の演奏者がおり、別途一台のピアノがあり、演出の雰囲気は確かに素晴らしいものであった。この後、独奏、重奏曲、クラリネット、トランペット、アルトホルン、チューバの独奏、フルートの二重奏、トロンボーンのリード役演奏、ラッパの伴奏、更にはピッコロと楽団演奏の映画〈クワイ河大橋〉の間奏曲であった。

演奏家達はすべて白色のユニフオームを着用し、真新しい黒皮靴をはき、公演は順調に進行して、拍手が続々と続いた。一つの曲目の演奏が終わると、花束が絶えづ渡された、八十分の音楽会は、充分成功した。来賓者は心から私達の報告を祝ってくれた。我が市の演奏家達は成功し、私達の芸術舞台上では、一舞台の上に金管楽器演奏家は独奏、重奏を上演した。私達の演奏家は成功した。

成功は何によるのか、気力、根気である。

一つの事を見定めると、一切の困難を克服し、筋道が立っていて乱れたところがないことである。時間は歯磨き粉チューブから絞り出すことができるように絞り出すことができたこと。私達の小楽団は勤務の一時間前に開始していること。十日半月はできる、一カ月二か月でもできる。丁度七年の長きにわたって頑張ったのだ。毎日一時間、このとても長い月日、どの演奏者も多くの困難と音楽の難点を克服しなければならない。それはただ演奏者の自分の心の中ではっきりしているだけである。ラッパの奏者は吹奏の息が最大であり、始めた時は吹奏の過程で声がともかく震える、毎回批評され、ひどい場合は叱責される、ある時ラッパの奏者は注意されて涙があふれた。彼は辛抱し続けて、なんと独奏することができるようになった。誰がラッパの独奏を見たことがあるのか、トランペット奏者の唇は裂けて、リハーサルの時は座って楽譜を見ていた。傷口が良くなって、練習を続けた。数えてみると唇は五回以上裂けていた。彼は頑張ってやり通した。今は本当のトランペットの音色になった。みなが頑張り通した。今ではあまり複雑ではない多音部の楽曲も、スタンドに楽譜を置き、数回も練習すれば、全ての楽曲はすぐに上手く吹奏することができる。どの楽員もいささかも音楽の素養が無かったが、みんなが自分の楽器を好きになり、毎回の練習も愉快に過ごす一時間になった。当然、どんなことでもみな同じように、十人の楽員の進歩は早い人もおれば遅い人もいる、個別に非常に努力するけれでも、しかし楽団の進歩の足並みに追いつくことができなければ、どうするのか「集団であるからには、みんなが彼を激励し、また特別扱い」をして、重点的に手助けし、離れもせず捨てることもしない、決して如何なる人も中途退出することを認めない。従がって、私達の金管楽器小楽団はほがらかな集団である。この種の精神は当然生活に染み通り、仕事の中に入る。文学、美術、音楽、鳥にとっての一つの羽であり、個人の趣味として私達はあまり高いステップに達したいとは思わない、ただ継続して努力を尽くし、きっと登っていくことができる。

この種の一切の困難を克服する金管楽器の精神は、自然に、自覚があろうが無かろうが、私達の仕事の中での主要な目的としている〝団体精神、個人努力、集団栄誉〟である。極めて困難である訓練の中で、みなは音楽の楽しみを享受する。あんなに大きい一つの孔氏南廟は、事務室が三人、作業者が七人、どんなことでも自分で手を動かす。切符売り、観光案内、解説、環境管理、みんながどれほど苦労をかけていることか。後に又一つの金管楽団が加わった。余暇の趣味として、何をするのか？

余暇の趣味として、ただ私は選択するだけで、継続していかねばならない金管楽団は、小説、散文、絵画、作曲等々芸術類の余暇の趣味であり、またこのようにするべきである。趣味を継続愛好し、一歩一歩向上する。〈大学〉の冒頭の中に名言がある。「止於至善」この意味は理想に対してたゆまず努力し。完全無欠であることを目的とする。しかし世界上では完全無欠は不可能なようである。

如何なる余暇愛好者もごく小さな進歩を非常に大きな成功と見なすべきである。「良い事は良い人がやらなければならず、良い人は良い事を上手にやる」これは他でもなく私の考え方である。

夜会が終わった後、司会者が言った。「今日我々の金管楽団は見ることができました。聴くこともできました。さらに彼らに時間を提供すれば、彼らはきっとよりよくなり、かれらはきっとより大きな舞台に進むことができるでしょう。」

夜会が終わって、雨が又しとしとざあざあと降った、本当に天が人の願いをかなえてくれた。私達は雨の中で記念写真を撮った。野外の公演は雨降りを嫌ったが、雨はやはり降った。農業の田畑は雨が必要であるのだ。真心を込めてやれば金石といえども切り開くことができる。天がただ私達の面倒を見てくれたのは、ただ一時間のみであった。

その後、私達はやはり段階によって要求を提出することが必要である。如何に愛好するか、継続さえすれば、きっと成功を得ることができる、どの時期まで継続するのか？　止於至善である！

六〇、衢州はただ〝三怪〟だけであろうか

楊　昕

来週は何を見るのか？

又月曜日になった、〈衢州日報・人文週刊〉の扉の一番目に慣例通り〝文化漫談〟があり、孔祥楷老師のコラムである。

四月一日新聞を見ると〈生活を畏敬する〉は第五〇篇（本書では四九篇）であり、また計画では最後の一篇であり、巻を閉じて思うのに、突然一種の喪失感が出てきて、来週は何を見るのかな？

〝大先生〟ああ〝大先生〟、あなたはベテランの〝人に対して刺激が少なく無い〟ああ！

身辺の新聞は、いつでも調べることができるし読むこともできる、今日考えることができないなら、後でもう一度見てみる、なんと探すことができないのである、〝大先生〟私を咎めないでください、だれがあなたにあんなふうに、書かせしゃべらせることができるのだろうか、どう考えてみてもまだある、まだある。しかし、転じて考えてみると、また何もなく、あのパッとひらめく〝名言警句〟は、早くからすでに私の考えの中に流れ込んでいた。

「文化漫談」に於いては、あの先輩の「老三篇」、即ち孔聖人の「論語」、どうどうたる五〇篇、充実して明快である九万字、言葉ははっきりしており、文章は人間味があり、初めから終わりまで孔老

師、この建築を学んだ〝余暇の選手〟として、非常に専門的な〝文化〟に〝漫〟をつけて話された。暇を見つけてはこれを書き、うつむいて拾えば文をつくり、重きを挙げては軽きがごとく、艶のある物は音無く、深く入り浅く出て、言う事なす事筋が通っている。彼はいったいまだどんな「薬」をもっているのであろうか。人を思い悩ませ、人を頭痛させ、人をはっと悟らせる、人を肩から重荷を卸したようにほっとさせる、人を喜ばせ、人を心配させ、また人に茶をもてなすか、酒か、たばこか、或いは飯にして咀嚼するのか、味わうのか、手に取って賞玩するのか。

初めて孔祥階さんの高名を聞いたのは、やはり父親の口伝えであった、それは私が小学校で、まもなく四十年になる、放課後数人の仲間と学校に行く一つの路地の赤い壁の古い家を探検することであり、非常に遅れて衢州二中の家になった。父親はそれを聴いて、私が探検したことを叱らなかったばかりか、私にあの古廟の物語を話してくれ、その中で外でもなく孔子第七五代の長孫で孔祥楷という名前で、民国の「大官」で、奉祀官であり、我々二中の第期次高中生であった。わあ、孔子の後代！父親は私の喚声、それはその頃丁度「批林批孔」で騒がしかった。

前世紀九十年代初、孔さんが帰宅して、市の指導者で、私は衢州日報社の記者として数度「遠望—一般的な交流の意」の機会があり、また常に不意を突かれ、目を見張る言行にびっくりさせられて、何と元々の「聖人」の後代は、また大活動家であった。

さらに後になって、仕事の縁で、孔先生とより近い接触があり、頻繁に交際することになり、現在では一緒に仕事をすることになって、「彼に指導される」機会が増え、益々彼が一般人とは異なるたえず不思議な現象が続く事を強く感じさせられている。

彼は自ら〝家族規則〟を定め、酒を飲む席上、特にビールを飲む時はげっぷをしてはならず、一度祝杯を大ジョッキで上げる。箸は真っすぐに揃え右側に置く、それに音をたててはならない。一杯目は無料である。二杯目からは財布を出して買い始める、一瓶当り二元六角八分、釣銭は出さない、もし金が無ければ、あなたはすぐ借用証を出す。「ここに孔府に酒代〇〇元借用する」であり、拡大して表装し壁に貼り付けている。儒学者がすることであろうか。

彼はまだいくつかの几帳面な「奇妙な癖」があった。一昨年のある日、山東某市委員会宣伝部がばたばたとやって来た、一名が正，九名が副両部委員、他に随行一行十七八名の軍隊であった。中共衢州市委宣伝部は出張中の元部長高啓華の代理で大先生が客人を接待することになり、大先生は会議テーブルの真ん中に座って、彼は〝有り難い言葉〟で口火を切った。―「党の宣伝工作は二件に他ならない一つ目は共産党指導者の大道理であり、有利な情勢への転換は具体的な活動に転化し、毎年これに基づき二~三回にぎやかに行われ、活動は必ず成果がなくてはならない。二つ目は党の宣伝活動の目的は民衆が現在の生活に満足しており、将来はさらによくなる為に工作に努力する…」このような方式で党委の宣伝活動を述べることは、私達の宣伝部門の講話方式ではない、しかし彼は語った。全く間違いはなかった。

彼はさらに幾つかの「世間をあっと言わせた実行」の例を挙げて、孔子を祭る事に多くの工夫の成果があり、党は彼にすべてを任せ「現代人が孔子を祭る」事を成功させることができた。すなわち、伝統的な雑然としたものをひっくり返し、模範的なものにし、一気に自国文化の精華の模範にした。

くだらない事や、正邪も判然としない事や、従がう決まりが無い事や、体裁が全くない事は、大侠客中の義賊のようである。このように何人の〝飯の種〟を奪い、何人の〝出しゃばり〟をやっつけたのか彼は知らない。彼の文芸講話十八般の武芸得意技は、孔管会で仕事をしている若者達は彼の「高圧」の下で仕事をしていて、「文二聯」もその名前がついたが、〝大師様〟と自然に呼ばれている。

なぜ彼であるのか？　私はまた「文抄公―剽窃家の意」答えはすなわち五〇篇の文章の中にある。このように説明すると、あなたがもしもう一歩孔氏南宋を理解すれば、孔祥楷先生と「ゼロ距離」になり、この五〇篇の文章は他でもなく一番良い「心の誘導装置」になる。あなたがもし文化文芸を好むならば、或いは余暇の時に幾つかの文芸講話を並べたいならば、この

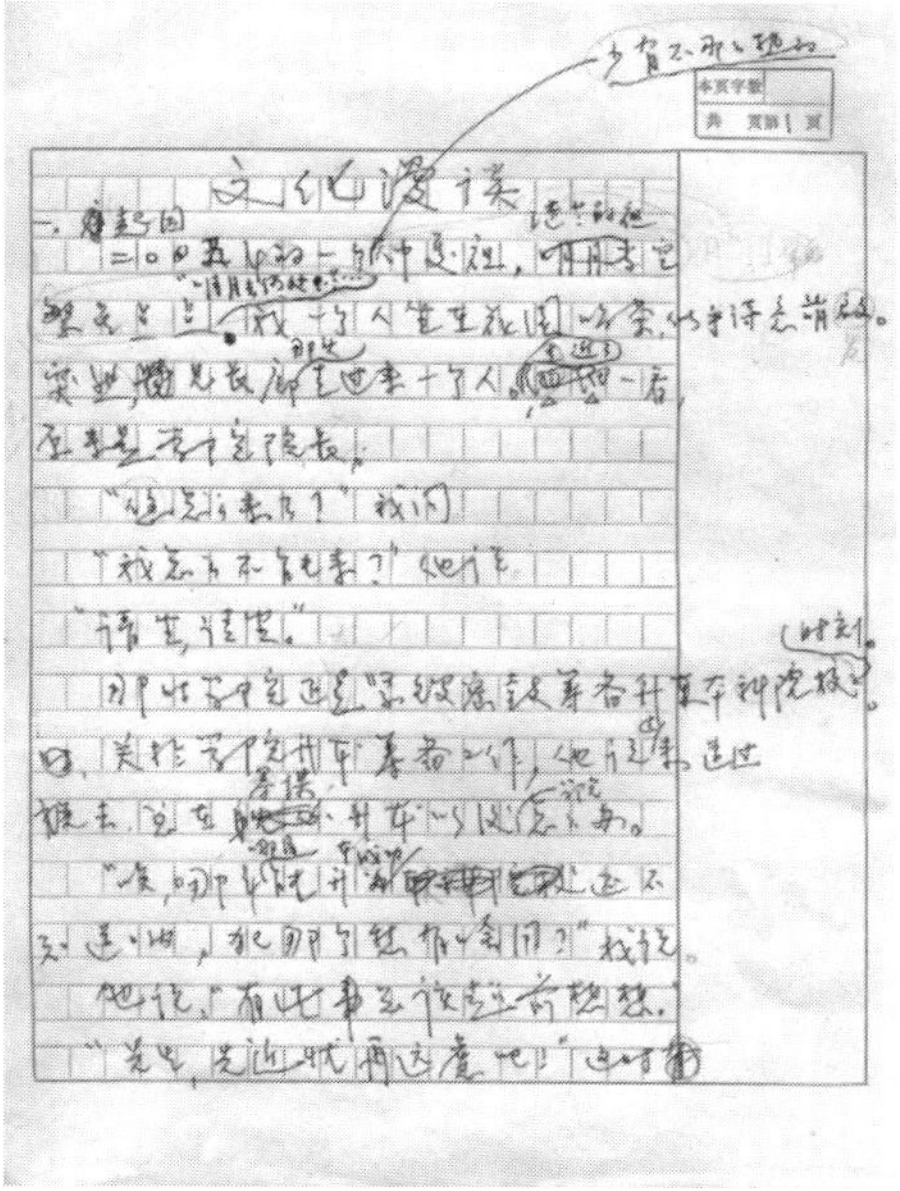

《文化漫谈》手稿

五〇篇の文章はすなわち最も良い「指導ハンドブック」になる。時間があり、興味があればすべて一遍精読することをし、時間と興味が不十分ならば、三五篇を読むことが良い。本当に退屈な時には、あなたはついでにめくるだけでも良い。なんなら、あなたは孔府を回ってみて、孔府の後ろの花園に座って、用心しないで、孔老先生があなたの為に一杯の茶をいれてくれ、上目遣いで話して、あなたの為に手を取って話をする。一度はただでしてくれるかもしれない。そうすればあなたは三六五〇日の書は無駄にならない。

伝説に衢州には〝三怪〟がいると云われている。それでは、孔祥楷孔先生は取りも直さず〝第四の怪〟である—〝鴨怪〟〝白布の怪〟〝鐘楼一角の怪〟すべてがあなたを見ている〝大頭の妖怪〟である—行きなさい－孔大侠がそこにいる。

私は一篇（部）の〈孔大侠演義〉を書く心づもりがあり、今日はこの篇の読後感を書いたが、書き出しともしておこう。（作者は衢州日報社時に社長であった）

六一、みんなの呉良先生

一九九四年の晩春のある早朝、私は突然一件の事を思い出した。今日は必ず呉良先生に写真を送ってあげなければならない、この写真は私の所で実はすでに長い間置かれていた。

一九九三年十月、私が衢州の仕事に帰ってしばらくして、同窓生の程祖徳、廖従徳が提唱して、二中第一回の在衢州の同級生と当時私達を指導していただいた先生方が一緒に集まることになり、集合場所は衢化盆景苑に決めた。その日は呉良先生、項義豊先生等七名の先生方を招待し、項先生がまだ学校で仕事されている以外、その他の先生方はみなすでに退職されていた。これは師生が分かれて四十年近く経った第一回の集まりであり、みなは興味一杯であった、時たま長く尋ねたり短く質問したり、生活を話したり、仕事を語ったり、話が一番多かったのは当然健康の事であった。時折話題になったのは既に亡くなった先生の事であった。とても長い別離の後の団欒に必ず欠かすことの出来ない活動の一つは記念写真であり、先生方には藤の椅子に、学生達は先生方の後ろに一列に並んで、その時ある同級生は先生達より少し年取って見えた。写真は何回も撮り、この写真は全員集合した記念写真で最も素晴らしかった。先生方は藤椅子に背をもたせ、ゆったりと自然で、顔には人生の華やかな時の幸福な表情とみぶりに溢れていた。当然呉先生は真中に座られて、その日の昼間に呉先生は白酒を飲まれた。呉良先生のその写真は私のここにあり、私は自ら持って行くつもりであった、その後私は北京に学習に行き、更にその後瀋陽に行って年を越し、その後仕事が変わって、更にその後……結局非常に多くの事務につきまとわれ、ずっと春の日の午前まで引き延ばされねばならなかった。先生は一週間前に病で入院されていた。見舞いに行くのにただ生け花を持って行き写真を忘れた、今日は必ず老先生に写真を渡しに行かなければならない。

しかし、私は全く思いつかなった、私が病室に入った時、眼前には全身白い治療衣の医者と看護士が非常に厳粛な雰囲気であり、呉先生は意識不明状態であった。私はこっそり写真を老先生の枕の下に置いた。緊急治療が丁度進行中であった…

一九五三年、衢州二中が創立され、〝新建中学〟と呼ばれて開始された。第一次高等学校は五クラスであり。私は甲クラスであった。何故か知らないが、私達のクラスは化学課で呉先生が教えられた、その他の四クラスは別の一人の老教師が教えられた。今から考えてみると、呉先生は当時教育の副校長を受け持っておられ、管理部門の仕事が忙しく、学年とクラスが多くなると負担も非常に重くなるからだ。しかし一教室でも教えなかったら、一人の教育を受け持つ指導者としては何を教えるか不十分である。多くの年月が経った後、私は学校の仕事場に立って、学校の指導者は授業をするべきであると主張した。これは学校での管理の仕事にとってプラスになる。私はこのようにやってみて、又その年呉先生の啓発を受けたのであった。

一つの学年を教えるには、授業のクラスの時間は少ないけれども、授業の準備をする過程と幾つかの学年を教えるのは少しも区別されなかった。呉先生は化学を学び、高校の化学を教えるには十分に余裕があった。授業に出る毎に、彼はいつも一包みの準備された授業計画を携帯されていた。その時の呉先生は四十前後の中年であり、足取りは軽やかで力強く、おっとりと上品であった。一科目の内容は呉先生の四十五分の中で、一筋の小川が果てしない原野を流れるように、静かですき通っており、ずっと私達の心の底に流れ込んだ。授業が終わると、終了のベルの音がまた響き渡った。先生は袖のチョークのほこりを叩いてみて、きちんと整えられると、出て行かれた、彼は歩きながら、折につけ授業を終えた先生達に挨拶をされた。しかし結局そのような授業は数回だけで、会議であったり、或いは外出のため、呉先生は充分各科目を講義する時間が無かったが、彼の講義録を一ページ或いは一ページ弱しかなかったが見ることはできた。何故か分からなかったが、私はかえって呉先生のこのような講義を非常に聴くことを望んだ。彼はこの区切りの科目の内容に基づき、彼が簡略に準備した要点を以て、講義を始められる。この時、呉先生がたえず両目で窓の外の遠方をじっと見つめられ、思索しながら、講義される。このような授業は私達と交流したり、私達と討議するように、さらに一人の先生が彼の研究生に向かって一つの難しくて奥の深い学術論点を分かりやすくはっきり述べるようである。彼はある時一言話された後非常に長い時間を取られた、彼の知識の宝庫の中で検索されており、彼はどんな方式で取り出すか決めようとされていた。同級生達は皆小鳥が母鳥の餌を待つように静かに待った。私達はみな小さなフロッピーデスクのコピーを用いることを待っていた。少し時間が経って、呉先生はしばしば幻の境地から帰って来たように言われた。「ああそうか！先ほど私が話した CaO は湿っぽい空気の中で……」

あなたはこんな風な授業の話を聴いて一種の知識の殿堂の自由な楽しみではないのかということが言えるのではないか。呉先生の作文・答案等を批評し訂正する仕方は、良くないことは良くない、過ちは過ちという、字はきちんと整っておられる。彼が作業を評価するのは一本の非常に綺麗な金星の金ペンであった。その頃、私達は金星、或いは関勒金ペンは、うらやましく涙が出るほどであった。

呉良先生の黒板の文字も素晴らしかった、他でもなく彼本人と同様、文字も達人であった。ある時一度化学科の前の部科でどの科かはっきりしなかったが、科間の当番生が黒板を消すのを忘れて、前の科の先生の黒板の文字は実際少し汚かった。私は非常にはっきりと呉良先生が冷淡に黒板の上の文字をしばらく見ておられたが、顔の上には一筋の非常に言い難い表情を浮かべておられるのに注意した。彼は何も話されず、黒板拭きで黒板のチョークの字を拭われた…。人は何の為にしっかりとした文字を書かねばならないのか?

「文革」の中で私は一度衢州に返った、北京を経由した時、同級生の趙南明さんは私に言った。「帰ったら私からもよろしく伝えてください。先生が右派であろうと黒帮（反動犯罪組織）の様な反動者であってもあなたは敢えて行くのですか?」私は言った。「なぜ敢えて行かないのですか?先生はすなわち先生で、永遠に先生ですよ」その時呉先生は南街のビルに住んでおられ、訪問は一時間余りで、或いは少し長くなることも許可された。その時どんな話をすることができたのか、何も話をしなかったようであることが、最も深く印象に残った。ただ茶椀の上にずっとゆらゆらと湯気が広がっているだけであった。先生の境遇は非常に悪く（一九五七年〝右派分子〟と区分された）容貌はやつれられており、言葉は口数が少なく、呉先生の思いは多く、言葉は少ないと感じた。

その陽光の無い晩春の昼頃、病院から私に連絡があった。「呉良先生が亡くなりました。」呉良先生は永遠に私達を離れられた。あの写真は、呉良老師はとうとう見なかった、彼は彼の後ろに一列の立っている学生達—非常に長い列、を見なかった。

呉良老師が召天されたのを見送ったその日、私は車を運転して呉師のご母堂を葬儀館に送って行った、冷たい風が拭きつける春寒の中で、冷たい春雨が舞い落ちていた。

吴 良老师

六二、夏風・融合

桃の花の雨は引き続き二十数日止まない、ういういしい満足が初めて綻びた桃の花が踏みつけられて散り散りばらばらになった。初めが無い春、即ちこのような桃の花は雨につれて小川に流れて入り、惜しいことに流れて行った。

春が過ぎて、ところが夏はまだやって来ない。これは一つのどのような季節であるのか。

雨は多いけれども、また山を探し川を訪ねる観光客を遮れない。一群又一群の都市の人であり、彼らはあの部厚い鉄筋コンクリート建築の巣から、逃げ出すかのようにこの地を目指してやって来て、彼らは鮮やかな緑色の山を見ては快哉を叫びあの澄み切った青い水を見ては快哉を叫び、てらてらと光る老いた水牛を見ては快哉を叫び、のんびりしている小さな木の船を見ては、快哉を叫び、他でもなくあの甘みのある空気にさえ、また彼らに快哉を叫ばせ、香りの濃厚なミカンは酒と同じように彼らの気持ちを酔わせた。〃多くは見聞のない街の人だ。一言聴くと又一言ほめる。街の人は少し誇り高いが同時に、また少し軽蔑して彼らに皮肉を言う。街の人はからかって言う。田舎の人は汽車があんなに速く走るのを見ると、わあ、これは這うとこんなに速く走ることができる、もし立ち上がると……。

そうだ、お互いさまなのだ。そもそも、事と事は、結局双方の少しの隙間、結局少しのわだかまりがあり、結局少し一時人に理解させせない場所がある。すなわち、この時のように、春が過ぎたが、夏がまだやって来ない、これはそもそも一つのどのような季節なのか。

他でもなく春と夏の間と同じように、都市と農村もまたお互いに必要としており、お互いに依存しあい、切り離すことが難しい関連である。都市の人は大量の物を造り、農村の人に売る、袋入りの食品や、トラクターや、テレビや、農村の人は自分が生産したものを都市の人に売る、茶の葉や、タケノコや、ミカンなどである。ある時、都市の人が不平をこぼして言った。茶の葉は「有機」ではないか、タケノコは少し古くないか、ミカンはすこし酸っぱい。農村の人はおやつの飴は古いのではないか、トラクターは常に油漏れするし、テレビは人の姿がぼんやりしている、結局あれやこれやの欠点であり、結局あれやこれや不本意である。都市の人はやはり一組又一組と現地に来て、農村の人はやはり取り入れ回数毎に行ってみてお互いのよく知らなかった点を知り、又新鮮な世界の理解を深めるようにするべきである。

春夏の間、このどんな季節と称すべきか分からない季節の中で、農村にも雨が降り、都会にも雨が降る。同じではないのは、都会には雨に降られて落ちた桃の花が点々と赤くなることは無く、点々と桃の花がすがすがしく香り、渓流に流れ入ることは無い。都会の雨は、にぎやかな広告掲示板を洗い流し、車の往来が盛んな街路を流れ、最後は下水道の入り口に流れ込む。そして農村の雨は、山を潤しつやつやとし、山は更に緑が碧くなり、渓流を潤し、水は更に澄んで、老いた水牛を元気にし、牛の背中はてかてかと光り、小さな木の船も軽くのんびりと進んでおり…、これらはさらに多くの都会の人を引きつける。

そうだ、春が去って、夏が必ずやって来る。

六三、再び五十年経つと

―衢州二中設立五十周年三百日カウントダウン時慶祝大会での講話

徐校長、教師各位、学生の皆さん

私達はついに一日喜びの雪が飛び交う午後、ここに二中設立五十周年慶祝三百日カウントダウンの大会に集まりました。私は近い処と遠方の、国内と国外の校友を代表して、真心を込めて母校五十周年の誕生日をお祝い申し上げます。

私達の二中は、この半世紀で三万人近くのすぐれた学生を育成しました。彼らは社会に向かって進み、生活に向かって進み、或いは農業のために、工業の為に、或いは軍事の為に、教育に従事する人も有り、政府機関に進む人も有り、学術研究に進む人もあり、また経済活動に従事する人も有り…彼らの中には、各業種のきわめて優れた人物になっている人も少なく無いし、さらに多くは勤勉で誠実な社会主義の一般労働者になっています。

私達二中は三万名の学生を育成すると同時に、一代又一代の優秀な教師を養成しました。教師達はある人はすでに逝去されており、すでに退職されており、ある人はすでにその他の学校に転校されたり、別の部門で仕事をされておられます。さらに多くの人は母校の教育部署で黙々と貢献されています。一代又一代と教師は二中の優秀な校風を継承されてきました。一代又一代と良い教師がおられなかったら、一代又一代の良い学生を育成することは不可能です。私達は母校に感謝すると同時に、当然私達が敬愛する教師の皆さんに感謝しなければなりません。

五十年前の今日、私は皆さん達と同じように台の下で先生の講話を聴きました。今日、私はここに立って三万の校友を代表して皆さんにお話をしています。さらに五十年経つと、きっとみなさんの中のどなたかが五十年後の学生に話をされます。その時、私達の二中はすでに百年の誕生日です。その日になると、私達の二中はさらに一層光輝いて、門下生に多くのすぐれた人物を輩出していることを私は信じています。先生は永遠に先生ですし、母校は永遠に母校です。

皆さん有難うございました。

六四、デユイスブルク愛楽楽団の上演会の挨拶

Ladies and Gentlemen, デユイスブルク音楽会の友人の皆さん

明後日は偉大な思想家、教育家である孔夫子の二千五百六十五周年の誕生日です。私達はドイツ国音楽家の皆さんが祭祀式典にお越しいただき、今夕は優雅な孔府花園で一場の音楽会を挙行していただくことになり大変嬉しく思います。ドイツは中国から八千キロメートル離れており、私はドイツに行った事がなく、聞くところにとると、デユイスブルク市は美しい港湾都市であり、デユイスブルク愛楽楽団は世界の交響楽団として有名であります。そこである人がちょっと尋ねました、あなたはどうしてドイツの音楽家を知っているのですか?、どうしてあなたは音楽家たちと知り合ったのですか?、この話は少し長く、今日は話しません。

私は世界でドイツを、二つの事で知っています、第一は私達の思想指導者マルクス、エンゲルスはドイツ人です。第二に、第一次と第二次の世界大戦はみなその当時のドイツ国政府が起こしたものであります。私はかつて一篇の文章を見ました。私達のある記者がヨーロッパを訪問した時に、彼女が以前訪問したことのあるポーランドの一人のお婆さんを訪ねました、この機会を利用して再度彼女を訪問しました。このお婆さんはアウシュビッツの集団収用所の中で幸いにも生き残った人であり、電話で訪問を約束した後、記者は時間通り、お婆さんの家を訪ねました。彼女はお婆さんが一つの大き

な小包を抱いているのを見ました。お婆さんは彼女に紹介して話しました、これはドイツ政府が毎年季節の変わり目に皆時間通りに彼女に送ってくれる着替えの用品で、セーター、綿入れの防寒靴等々でありました。この篇の文章を看て、私は深く感動しました。第二次世界大戦が終わってすでに七十年が経って、今日のドイツ政府は、なぜその時のドイツ政府が犯した犯罪行為の為に、お婆さんの為に季節の変わり目に服を送っているのか？一九七十年末、さらにもう一つの事は非常に多くの人がみな知っている事です。ある一日寒風が身を切られるような日に、ドイツのブラント総理はポーランドを訪問し、第二次大戦の時にナチ政府が屠殺したユダヤ人の墓前で供養することを決めました。式典が進行中、ブラント総理は突然ユダヤ人の墓前で両膝を跪きました。ブラント総理のこの一挙手は全世界をびっくりさせ、すべてこれを〝ブラントのひざまずき〟と称しました。一つの罪を認めそして罪を贖うことがで

きる民族であり、一つの罪を認めそして罪を贖うことができる政府であることで、人々が信頼しそして尊敬するに値する、この政府と民族の心理と思想が健全であることです。第二次大戦で負けた国は一国に止まらず、なぜドイツ政府とドイツ国民は罪を認め罪を贖うことができるのに、ある敗戦国はできないのでしょうか?

Ladies and Gentlemen　私の話題はとても沈んでいるようです。やはり私達はドイツの音楽家達の素晴らしい演奏を楽しみましょう、上演の順調な成功をお祝い申し上げます。

有難う皆さん、有難うドイツ音楽家の友人達。

六五、終わりに

この〈文化漫談〉の原稿の校正擦りが私の面前に置かれたとき、私は長々と息をつきほっとして、全身が非常に軽くなった気がしたがまだ解脱した感覚にはならなかった。というのは書籍は人に見てもらうものである。本を得た人は、永らく本棚に置いておくかもしれないし、読者がこの書物を認めるだろうか。ある友人が私に言った、「君は心配する必要は無いよ、」新聞がすでにコラムを開設したんだから、しかしコラムは一週一回，奇数日に見ても必ずしも偶数日を見ているとは限らない、現在は白紙に文字を印刷さえすれば書物になる、いつでも翻すこともできるし、いつでも批評することができる、いい話は言ってくれるが、しかし幾つかの深刻な批評や意見は必ずしも私の耳には聞こえてこない、ここで、私は表明する、「心から皆さんの批評を歓迎します。」この書物が改版される時には、さらにくどい数句を加えると思う。

一　文章の基礎は私が衢州学院で講義した〝文化漫談〟の内容であり、開始した数期は比較的余裕があり、原稿の準備も要綱も相対的に緻密であった。後になると往々に一課を準備してそれをすぐ講義するようなことになり、これらのカリキュラムの内容は自然に思考が不十分なところがある。

二　文字の形成は、〈衢州日報〉コラムの要求により、毎期の字数に制限があり、一千七百字上下である。この為一つの特定のテーマ二つか三~四の小テーマに分けて書いた。

三　ほかでもなく葉碧教授の説の通り、私は自分の経歴を書いた。ここで、特に説明しておきたいことは、私が学んだ専門は建築であり、文学芸術、音楽、絵画等の芸術分野ではなかった。私はこのような芸術分類は、目が不自由な人が象をなでるのに似ており、ただ幾つかの場所を多く撫でていたようなものである。その為私の「象」に対する描写は全部が正確であったとは言えない。はっきり言うと、私は素人が玄人に話していた事情がある。このように、私の文章の中にはきっと不適切なところがあり、皆さんの批評をいただきたい。これはまた私の言い訳になる。

四　一人の人は一生生計の道を立てる、大多数の人はただ一つの専業を選択することができる。学生の素質の教科書であるだけに、意図はすなわち学問を探求する段階でさらに多くの文化分野を読み漁ることである。わたしは衢州第二中学の第一回の卒業生であるが、高等学校の時に私は非常に多くの教科書以外の書籍を読んだ。大学に上がった後、専門以外の読書はさらに多くなった。これらの読書歴は、他でもなく私の講義とコラムのよって来るところである。

五　慣例によれば、作者は最後に幾つかの感謝の言葉を述べるべきであり、私もまたこのようにする。程相、貴志浩を組長とする二十数名の助教グループに感謝します、私の文章をコンピューターにインプットしていただいた庄月江さん有難うございました、張継新はこのために組版をしていただき、さらに私達の資料室の皆さん有難うございました。最後に衢州学院が私に五年間の教壇を与えていただいたことと、〈衢州日報〉が私に八，三センチ × 四六，五センチの紙面を与えていただいたことに感謝します。さらに中国銀行衢州市分行が〈衢州日報〉特約で〈文化漫談〉を掲載していただいたことに感謝しなければなりません。

皆さん　さようなら！

完

「後書記」

孔祥楷先生に接して

ここ十数年、毎年に二三回は孔祥楷先生に接してきた。

孔先生の孔子観

祭孔（孔子の生誕を記念する行事。毎年の9月28日。）の挙行方針と方式は、他の祖先を祭祀するのに異なって、類を見ないものといっても過言ではなかろう。

第一、昔の器道具を用いない。

第二、昔の服装を着ない。

第三、昔の曲を演奏しない。

二〇〇〇年前の器道具が見当たらないが、参列者が手にしているのは論語か小冊子。

服装は、一般人も大学生や生徒、軍人や外国人らまで、パンツやスリッパはだめだが、正装だけを要求される。

進行の一節は、孔先生が自ら作曲した〈大同頌〉を斉唱。

式でもっとも特筆すべきなのは、大学生や小中高生を中心に、市民代表と参列者による〈論語〉や他の孔子文献を声高々に朗読する。

これこそ好評絶賛を博すのも当然。

孔先生の孔子思想の伝承

また、孔先生が講演や講座をするときに、いつも主題を「孔子は人間であり、神ではない。世に捧げた最大の貢献は人類愛の提唱、教育は全人類に普及すべきだという思想。」としてきている。

ちなみに、〈論語〉の暗誦、他の孔子の名句など、なぜ口から滑ってでてくるのかと聞いたら、苦笑して、「幼い時に祖母に鞭打たれて暗誦したお陰だ。」と答える。

孔先生は多才な持ち主

書が精進と知っていたが、一緒に訪日して、ある日その場で日本美人を描いたスケッチの神妙さに脱帽した。それればかりではない。作曲は歌のためなどもさながら、交響楽の曲まで作っては上海音楽大学交響楽団によって公演されていた。自作の歌や曲のCDも何枚か出している。他方、家廟の建築の修復、裏庭の改造などは、建築専門出身の自らの一手によっては他人に譲らない。

孔子の血を引いてきて、ジンがいいかね、と何度も聞いたことがあるが、いつも好物のビールかお茶を一口飲んで、「そうかね。」といって、狡猾そうな微笑みを見せて逃げる。

接した孔先生の人間像の二、三をここに記す。

浙江大学　教授　馬　安東

二〇一八年春　於杭州西湖湖畔

翻訳者後記

二〇〇五年に銭寧先生の著書「聖人」を「孔子の生涯」のタイトルをつけ翻訳し出版した。このご縁で論語普及会のメンバーになった。同年5月論語普及会が孔祥楷先生一行の訪日を招聘した際、私が理事長をしていた日中経済貿易センターに入境ビザの手続きやスケジュールのアレンジ等をお手伝いさせていただいた。孔祥楷先生の訪日活動で本書には第7章の「詰問に応答する」という項目で一部描写されておられるが、大阪で開かれた講演会では聴衆に論語の理解を深める講話をされたことは記憶に新しい。

同年十一月日中経済貿易センターの主要な会員であり、浙江省杭州市に精密プラスチック部品の会社経営で一九九四年以来着実に成果を挙げておられた今堀均社長からお誘いがあり、ご一緒に衢州市の南宋孔子廟を訪れた。当日高速道路が渋滞して正午に到着する予定が二時間遅れの午後二時になってやっと到着してしまったが、孔祥楷先生は嫌な顔一つせず昼食会を催していただいた。その後、詳しく南宋孔子廟設立以来の変遷をご説明いただき、孔子廟の内部を案内いただいた。池の傍に三本の楷の木が高く育っていた。その時、毎朝近郊の子供達が集まって来て論語を共に素読し出席後に押印してもらっているそうであった。

それから十年後、論語普及会の有志の五名の方々と二度目の訪問をした。その十年間に南宋孔子廟は見事に整備が進められていた。道を挟んで孔子廟の公園にも若い姿の堂堂たる大彫像が作られていた。

和やかな交流の中で、この写真に示されているように発刊されたばかりのご著書「文芸漫談」を寄贈していただいた。その時に丁度「朱鎔基総理の時代」を執筆しているので、出来上がるには二年ばかりかかりますが私に日本語に翻訳させていただきませんかとお願いすると、にこにこと快諾していただいた。

そして浙江大学外国語文化交流学センター馬安東教授の多大なるご指導及びアジア・ユーラシア総合研究所の川西重忠教授のご厚情を得てようやく華東師範大学出版社日本語版版権を移譲していただき上梓することができた。

今回の翻訳は大変楽しく進めることができた。それは他ならず孔祥楷先生の多芸多能な実践経験が生き生きと語られており、興味深く翻訳することができた。企業経営の真髄から、文學、書道、音楽、美術、演劇、宗教、篆刻、等々分かりやすく述べられており正にオールマイティである。始祖孔子の直系七十五代のＤＮＡが再現されていると感心しながら翻訳できた、孔子は神様ではなく、人間学を極めた＋偉大な思想家、教育家、政治家であったのである。

後書き執筆者◆馬　安東　略歴

浙江大学教授、日本学術振興会招聘学者、前後して広島大学、
筑波大学、京都大学等大学の客員研究員。

翻訳者◆青木　俊一郎　略歴

1963~2003年　松下電器産業に勤務。台湾、インドネシア、中国の現地で海外事業に26年間参画。
2003~現　在　(一社) 日中経済貿易センターに勤務。
現任の活　動　龍谷大学経営学部大学院客員教授、大阪府日中友好協会副会長
日中語学センター学院長、関西日中関係学会副会長
神戸社会人大学学長
著　　　　書　2002年「興亡夢の如し、秦の宰相李斯」(東洋書院)
銭寧　著
筆名、松岡亮　訳
2005年「聖人・孔子の生涯」(東洋書院)　銭寧　著
筆名、松岡亮　訳
2017年「朱鎔基総理の時代」(アジア・ユーラシア総合研究所)
青木俊一郎　著
2018年「文化漫談」(アジア・ユーラシア総合研究所)
孔祥楷　著
青木俊一郎　訳

甦《よみがえ》る孔子の六芸《りくげい》　中国文化漫談

2018 年 8 月 20 日　初版第 1 刷発行

著　者　孔　祥楷
訳　者　青木　俊一郎
発行者　川西　重忠
発行所　一般財団法人アジア・ユーラシア総合研究所
〒 151-0051　東京都渋谷区千駄ヶ谷 1-1-12
Tel/Fax：03-5413-8912
http://www.obirin.ac.jp
E-mail: n-e-a@obirin.ac.jp
印刷所　株式会社厚徳社

2018 Printed in Japan
ISBN978-4-909663-01-6